U0642207

读《郑板桥集》随笔

牟钟鉴◎著

人民东方出版传媒
東方出版社

图书在版编目（CIP）数据

读《郑板桥集》随笔 / 牟钟鉴 著 . —北京：东方出版社，2022.6
ISBN 978－7－5207－2795－2

I. ①读⋯ II. ①牟⋯ III. ①郑板桥（1693—1765）－人物研究－文集
IV. ① K825.72-53

中国版本图书馆 CIP 数据核字（2022）第 080551 号

读《郑板桥集》随笔
（DU ZHENGBANQIAOJI SUIBI）

作　　者：牟钟鉴
责任编辑：段海宝　王璐瑶
封面设计：王欢欢
版式设计：汪　莹
出　　版：东方出版社
发　　行：人民东方出版传媒有限公司
地　　址：北京市西城区北三环中路 6 号
邮政编码：100120
印　　刷：北京盛通印刷股份有限公司
版　　次：2022 年 6 月第 1 版
印　　次：2022 年 6 月北京第 1 次印刷
开　　本：880 毫米 ×1230 毫米 1/32
印　　张：10.375
字　　数：210 千字
书　　号：ISBN 978－7－5207－2795－2
定　　价：59.00 元
发行电话：（010）85924663　85924644　85924641

目　录

小　引

郑板桥作为“扬州八怪”之首，本质上是位艺术家，主要成就在诗、词、书、画。他中举人，成进士，为官山东范县令、潍县令，是当时士人跻身社会精英阶层的必经之路。但升官从政不是他的人生目标，于是为官 11 年后回归扬州，浸润于书画而终其一生。我对艺术实属外行，不足以研究郑板桥，却敬重他、喜欢他，观其画而清心，赏其字而超俗，诵其诗词而广怀，读其家书而增德。我于 1984 年在青岛购得一部《郑板桥集》（上海古籍出版社 1983 年版），便得空翻阅，成为业余的一种精神享受。后来陆续得到北京师范大学出版社出版的《郑板桥集》（1993 年版）、齐鲁书社出版的《郑板桥全集》（卞孝萱编，1985 年版），并于 2004 年写过一篇《在聪明与糊涂之间——读〈郑板桥集〉有感》。近年有鉴于社会上下大力传承发展中华优秀传统文化，以对治世风之浇漓，愈益感到郑板桥是一位难得的体现中华精神的典范，他生平真实而生动的故事值得传颂阐扬。于是我想写点随笔，多从思想史的角度谈读书体会，有意避开系统的学术性的研究，把自己放在一个普通的郑板桥爱好者的位置上，这样可以不拘一格、随意而写、兴尽而止。

关于郑板桥生平、人物形象、事业成就和历史评价，史学家和文艺家早有精辟论述。如《清史·郑燮传》："郑燮，字克柔，江苏兴化人。乾隆元年进士，官山东范县知县，调潍县，以请赈忤大吏，乞疾归。少颖悟，读书饶别解。家贫，性落拓不羁，喜与禅宗尊宿及期门弟子游。日放言高谈，臧否人物，以是得狂名。及居官，则又曲尽情伪，餍塞众望。官潍县时，岁歉，人相食。燮大兴修筑，招远近饥民赴工就食。籍邑中大户，令开厂煮粥轮饲之。有积粟，责其平粜，活者无算。时有循吏之目。善诗，工书画，人以'郑燮三绝'称之。诗言情述事，恻恻动人，不拘体格，兴至则成，颇近香山、放翁。书画有真趣，少工楷书，晚杂篆隶，间以画法。所绘兰竹石亦精妙，人争宝之。词吊古摅怀，尤擅胜场，或比之蒋士铨。内行醇谨，幼失怙恃，赖乳母教养，终身不敢忘。所为家书，忠厚恳挚，有光禄《庭诰》、颜氏《家训》遗意。晚年归老躬耕，时往来郡城，诗酒唱和。尝置一囊，储银及果食，遇故人子及乡人之贫者，随所取赠之。"此传以简练之文记述了郑燮一生的变迁，狂放性格，居官为民，诗书画独特风格，孝行忠厚品德，描绘出郑燮的完整人格。其他评述板桥者亦颇众，如：郑方坤《板桥诗钞小传》、叶衍兰等《清代学者像传》、蒋士铨《忠雅堂诗集》等，可以列出一大串名士与书集。当代大画家傅抱石在《郑板桥集》"前言"中系统阐述了"八怪"与板桥在绘画上的开拓性贡献，特别突出了板桥同情民众、揭露社会黑暗面和他的诗书画“三绝”的成就。文史大家卞孝萱的《郑板桥全集》“前言”告诉我们，板桥所画的兰、竹，受到世界人士的喜爱，这是其艺术魅力所致。

以上都是有代表性的前代或前辈专家的评述，我很认同，并深受启迪。但我还不满足，主要理由有二：一是过于简略，不够细微；二是多从政治上、艺术上立论，而缺乏思想史的视野，因而对板桥的人生价值追求和艺术造诣的历史文化渊源没有作出充分阐释。由此我想在我专业范围内对已有的板桥研究作点力所能及的补充，其中也蕴含着我的生命体悟。总的看法，他是位儒道兼修的大艺术家：用儒家的价值观做人做事，用道家的精神作书作画，而两者又能互补相得，兼修佛家与诸子，遂从精神上支撑和成就了郑板桥的事业。因此，他不仅是位大艺术家，还是位大思想家。这一点被人们忽略了。我所撰写的《读〈郑板桥集〉随笔》系列，希望体现这样几个特点：一是挖掘。把板桥诗词书画背后深层的睿知洞见展现出来，还其思想家的本色。二是联想。把板桥作品涉及的历史、人物、典故、名胜、作品，尽我所知，加以说明，略观板桥知识之渊博。三是发挥。把我读后体会随手写出来，联系现实，有感而发，点点滴滴，不作严密论证，颇多自我抒发，故称之为随笔。板桥如地下有知，将怪我乎？抑或视我为一业余读者而同情乎？依其性格，当是后者吧。

我期望社会上出现一门板桥学，使它成为当代学术的一个亮点，让更多的青年人熟知板桥，敬爱板桥，研读板桥，把板桥的故事传布得更广更远，这对于社会精神文明建设是有益的，我愿为打造未来的板桥学添砖加瓦。

2017 年秋

一、

郑板桥为“扬州八怪”之首，怪在哪里？

郑板桥是否为“扬州八怪”之首？这要看从什么角度上说。有人认为，“扬州八怪”在绘画上成就最高者为金农。也许如此，但不可否定，其中对后世影响最大者是板桥。在国画界以外，现在有几人还记得金农、李鱓、汪士慎等人？社会人士却普遍知道郑板桥，主要缘由在于他的书画流传广泛并有很强的延续性；同时板桥品性之厚重、境界之超迈，非常人所可比。“八怪”之“怪”，按傅抱石的说法是扬州画派开创了中国绘画由山水画旧统转变为花鸟画新潮的格局，从而开出中国绘画史上一个新阶段。那么，郑板桥之怪是否仅限于此？非也。他的为人、处事、从艺都有其特异处，可以说处处皆怪、前后皆怪，这是其他七怪不能与之比肩的。所谓“怪”，就是其人行事能破除旧习、旧套，而特立独行，不合常态，故被人目为怪异，在惊诧中有敬意，“怪”非贬抑之语。

郑板桥之怪，首先怪在书画。我只是个普通的书画爱好者，并无深解。但欣赏板桥书画时，确感觉其与众不同，可以说是独树一帜。其书法自称“六分半书”，集籀、篆、隶、草、楷于一体。奇特处在于板桥书法，横宽疏斜，既有灵秀风骨，又有农夫荷锄扶犁的乡土气息，处于脱俗与入俗之间，使人亲近喜爱。前人云：“板桥作字如写兰，波磔奇古形翩翻”，确实如此，但还不够，似宜再加上一句：“板桥写字如画农，耕作稼穑形拙朴”。我们只要读一读他的诗词与家书，便会感悟到他对农夫的敬重、体贴和对大众的同情、担忧，因此他把这份感情滋润到书法中去，就在情理之中了。当然他的书法中也蕴含着兰、竹、石的画法，有兰之清幽，竹之劲节，石之坚骨，无媚气、俗气、傲气，有真气、灵气、朴气，他把自己的个性、品格和情怀透过一个个生命体的汉字表达出来了，如他自己所说的“书法与人品相表里”。板桥画的兰、竹、石，受到人们喜爱，不仅是因为所画逼真实物，更使人从中获得艺术的美感，将兰、竹、石从自然物上升为

《兰竹石图》

具有灵性的生命，从而提高了欣赏者的品位，成为人们家中的伴侣，使蓬户增辉，这是板桥画的魅力。

其次怪在生平。与板桥同时代的士子，绝大多数走的人生之路是“十年寒窗苦读”，通过科举进入宦途，然后步步高升，以光宗耀祖。他们或修己安人、青史留名；如若名落孙山、心灰志丧，则另觅生路；或教书私塾；或为下级官吏帮差；或依附富家讨生活；或困苦余生。板桥与众不同，他青壮年即擅长于书画，以卖画为生；44 岁中进士，为范县、潍县知县，居官 11 年；61 岁，以请赈忤大吏，罢官；至 73 岁去世，又回归乡里，以卖书画为生。为官短暂，升官非其所好，只为能跻身于社会上层，却非其志趣，而大半生涵泳于艺海，并以此安身立命、自得其乐。他为官时不巴结上司，不找晋升之阶，却时时作躬耕故里、受用田野、寓乐于书画的打算。因此，他罢官后并无失落，更不痛苦，自订润格（书画售价），颇能自给有余，且与友人诗酒往来，乐山乐水，优渥余生。他走的不是仕途人生，而是艺术人生。在当时许多人看来，板桥罢官是丢掉了士人向往的好机缘而落魄，而他却“来而不喜，去而不悲”，岂非怪人吗!？理解板桥的挚友则认为板桥既有“放弃”的智慧，又有追寻逍遥的能力，非常人所可比，故为特异之士。八怪之一的金农在《冬心先生画竹题记》中称赞板桥之品调与艺能，说：“兴化郑进士板桥，风流雅谑，极有书名，狂草古籀，一字一笔，兼众妙之长。十年前，予与先后游广陵，相亲相洽，若鸥鹭之在汀渚也。又善画竹，雨梢风箨，不学而能。”又在《冬心先生自写真题记》中说：“近板桥解组，予复出游，尝相见广陵僧庐，予仿昔人自为写真寄板桥。板桥擅墨竹，绝似文湖州，乞画一枝，洗我满面尘土可乎？”金农与板桥既是相知艺友，又都轻官场而重自由，故高度认同板桥的自乐其性。

再次怪在厚谨与狂放的奇妙结合。如果我们只看板桥为官和齐家之道，必定认为他是清官循吏和忠厚孝行之人，是一位典型的儒家道德君子。如果我们再看板桥交游品评之行，则会认为他是张狂疾俗之人，是一位典型的道家庄子自恣之徒。这种一体两面性格的人，历史上并不多见。按照孔子“修己以安百姓”、“为政以德”、“孝悌为仁之本”的教导，板桥是儒家的模范。但孔子又强调“敏于事而慎于言”、“君子成人之美”，则板桥便不符合上述要求。魏晋玄学家中，嵇康“非汤武而薄周孔”，板桥不同，他是赞汤武而颂周孔。阮籍托好老庄，批判名教，却口不言人过，而板桥喜欢放言高论、臧否人物，非阮籍之属。《板桥自叙》中自谓“板桥诗文，自出己意，理必归于圣贤，文必切于日用”，同时又说“又好大言，自负太过，漫骂无择。诸先辈皆侧目，戒勿与往来”。这就是他的怪异处。但他并非真的乱骂人。他在《淮安舟中寄舍弟墨》中说，他骂的是“推廓不开”的秀才，而对于有一才一技之长者是称道的。他对于南宋理学家亦不客气，“南宋时，君父幽囚，栖身杭越，其辱与危亦至矣。讲理学者，推极于毫厘分寸，而卒无救时济变之才。在朝诸大臣，皆流连诗酒，沉溺湖山，不顾国之大计，是尚得为有人乎！”（《范县署中寄舍弟墨第五书》）可知板桥之狂傲疾世，是依据儒家经世致用之理，把矛头指向言行不一的假道学，指斥这些道学家不能为国分忧，只会在经书的字里行间讨生活。在清代以理学为政治意识形态的情况下，板桥批理学的言行是大胆的、逆潮流而动的，虽被目为怪尚未遭到政治追究已算是幸运的了。

二、

在聪明与糊涂之间：谈谈“难得糊涂”

板桥书写过一横额：“难得糊涂”，颇受人喜爱，在社会上广为流传，以其新颖独特也。平常生活中，人们都想做聪明人，都愿别人夸自己聪明；都不想做糊涂人，都不愿别人说自己糊涂。可是，板桥别出心裁，偏偏称赞糊涂，而且这种糊涂一般人还不易达到。在中国文人里，题写“难得糊涂”者只此一家，这就引起社会关注，纷纷加以解说并列为座右铭。在喜欢“难得糊涂”的人中，有些人把它看作是宣扬圆滑自私、不分是非、明哲保身的处世格言，果若如此，那就是孔孟尖锐批判的“乡愿”，完全曲解了板桥的本心。板桥在此横额下有几句解说：“聪明难，糊涂难，由聪明而转入糊涂更难。放一着，退一步，当下心安，非图后来福报也。”再联系板桥为人行事，“难得糊涂”的真义是劝人在处理利益关系上多一点忠厚利他之心，少一点个人盘算之机，不斤斤计较，要忍让吃亏，多做善事，使自己心安理得，并不求回报。这是一种很高的境界，即人们通常所说的大智若愚，它是经由大聪明的反思而得来的。板桥的“糊涂”乃是“中庸”的兼顾，不是“乡愿”的世故。“中庸”和“乡愿”表面上有些相似，都不走极端，而骨子里完全相反。“中庸”以利他济世为准则，“乡愿”则为私媚世而乱德。板桥认为，要关爱、包容他人，必须“糊涂”一点，就是要自觉吃亏。什么是“吃亏”？俗人认为是个人利益受损，板桥认为是人我俱安。他写过“吃亏是福”的横额，并注曰：“满者，损之机；亏者，盈之渐。损于己则益于彼，外得人情之平，内得我心之安，既平且安，福即在是矣。”这里有着儒家“爱人者人恒爱之”的情怀，又有道家“满招损，谦受益”的智慧。

《竹》

如果读者要真正了解板桥心中的“难得糊涂”，不妨看一下他于雍正十年寄舍弟墨的一封家书，内中说：“愚兄为秀才时，捡家中旧书簏，得前代家奴契券，即于灯下焚去，并不返诸其人。恐明与之，反多一番形迹，增一番愧恧。自我用人，从不书券，合则留，不合则去。何苦存此一纸，使吾后世子孙，借为口实，以便苛求抑勒乎！如此存心，是为人处，即是为己处。若事事预留把柄，使入其网罗，无能逃脱，其穷愈速，其祸即来，其子孙即有不可问之事、不可测之忧。试看世间会打算的，何曾打算得别人一点，直是算尽自家耳！可哀可叹，吾弟识之。”板桥思想里有着“天道福善祸淫”、“天道循环倚伏”的观念，虽未必都符合科学理念，然而包含着深刻的哲理：把聪明用在损人利己上的人，到头来往往是搬起石头砸了自己的脚，工于谋划害人的人，难免以害己告终，所以《红楼梦》里说“机关算尽太聪明，反误了卿卿性命”。这是历史昭示给我们的真理。举三个大人物为例。

秦始皇借秦国积累之威势，吞并六国，建立起统一的中央集权大帝国。但他不满足，要开万世基业，费尽心机，对民众进行超常专制统治，收缴天下兵器，严刑酷法，刻薄寡恩，滥用民力，焚百家之书以愚民，坑杀议政之儒士约四百六十余人以立威，偶语诗书者弃市，以为凭此种种淫威便可实现其永远奴役民众的美梦。结果很快失去民心，传之二世而亡。如章碣《焚书坑》一诗所云：“竹帛烟销帝业虚，关河空锁祖龙居。坑灰未冷山东乱，刘项原来不读书。”贾谊《过秦论》指出，秦之亡“一夫作难而七庙堕，身死人手，为天下笑者，何也？仁义不施，而攻守之势异也”。秦始皇想愚弄天下之人，他一死却被亲信赵高所愚弄，赵高操纵二世于股掌并杀之，很快便断送了始皇苦心经营的大帝国。不仅如此，秦始皇成为历史上暴君的典型，至今被人唾骂。

两汉之际有王莽，本是刘氏汉朝皇亲国戚，为人擅计谋而有野心，在利用朝廷脆弱而篡夺皇位建立新朝后，把孔子礼义仁恕之道当成巩固其权位的工具，表现出十足的伪善，“色取仁而行违”。其结果在全国武装反叛中被屠夫杜虞斩首，又被人割舌分食，以表示对王莽长舌欺人的愤恨。《汉书·王莽传》把他与秦始皇并列，说：“秦燔《诗》《书》以立私议，莽诵《六艺》以文奸言，同归殊途，俱用灭亡”。

近代则有袁世凯，为人沉机默运、野心勃勃，初则假装拥护共和，利用辛亥革命，逼迫清帝逊位，继则利用其实力当上民国大总统，后又自封为终身总统。但他仍不满足，暗中策划，组织党羽，为复辟帝制制造舆论。他自以为时机已到时，便推翻民国，坐上了洪宪皇帝的宝座。结果只坐了83天，便美梦破碎，被国人唾弃，不久死去，国人称其为窃国大盗。凡由私心支配而机关算尽的人，如果身居高位，便会祸国殃民，最终身败名裂；如果主治地方或部门，则会怨声载道，信誉扫地；如果日居社区，则会四邻不安，被视为异类。

板桥的“难得糊涂”，从思想根源上说是受益于孔子的“德不孤，必有邻”和老子的“愚人之心”，孔老都坚信与人为善则人亦善己。老子所谓“愚”乃真朴之义。人类在进化的同时，人性亦有退化，如同一个人在智力成长的同时往往丧失儿童的赤子之心。老子提倡返朴归真，却被自认为聪明的世俗之人目为蠢笨。《道德经》说：“我愚人之心也哉！俗人昭昭，我独昏昏；俗人察察，我独闷闷；众人皆有以，而我独顽且鄙。我独异于人，而贵食母。”（第二十章）一般人总是自作聪明，精于计算，分毫必较，却昧于大道，这是小聪明大糊涂。得道之人，虽昧于个人利益，却明于“知和曰常”（第十六章）、“既以为人己愈有，既以与人己愈多”（第八十一章），这是大聪明小糊涂，可以说是其智可及也，其愚不可及也，故板桥说“由聪明而转入糊涂更难”。《庄子·德充符》有言：“自其异者视之，肝胆楚越也；自其同者视之，万物皆一也”，所以道通为一。这是一个“大我”的境界，人与天地万物为一体，彼此不能分离，社会是一个共同体，如墨子所说“兼相爱则交相利”，反之“兼相恶则交相害”，板桥是有这种智慧的。

当然，社会人群具有复杂性，我们不能要求人人都做圣贤；人们都有个人、家庭正当利益的考量，但底线是不能损害他人。《聊斋志异》说“有心为善，虽善不赏”，意思是做好事动机要纯，否则不宜赞扬，如同板桥以仁心积阴德，不求受惠者回报，甚至不使其知晓施惠者为谁，这个标准也许太高了。人人都想做聪明人而不糊涂，但对聪明与糊涂的理解颇难取得共识。不过聪明人只要不聪明到害了自己，糊涂人只要不糊涂到触犯法律，也就罢了。正如板桥在家书中所说：“他自做他家事，我自做我家事。世道盛则一德遵王，风俗偷则不同为恶。”一个有理想有道德的人，精神生活中会充满光明，心中安详而自在，丑恶和烦恼便会离他而去。今天的人们如果能在业余时间读一读《郑板桥集》，相信能从中得到许多人生的重要启迪。

三、

民间疾苦多，点滴在心头

板桥在潍县任县令时写下一首只有四句而广为人传颂的小诗："衙斋卧听萧萧竹，疑是民间疾苦声。些小吾曹州县吏，一枝一叶总关情。"他在官衙休息时，脑海里不是盘算如何讨好上司、拉拢关系以为晋升之阶，而是念念着意民间疾苦，思索如何解除百姓贫困，颇令人感动！

这首诗是一时即兴之作，还是他一贯心怀的表达？只要看看他平生所为所写便知道此乃其济世安民之志的表达。他不同时期的诗文，有一条红线贯穿其中，便是仁民爱物、以民生为忧，他一直关注着民间疾苦。如《喜雨》喜在"共说今年秋稼好，碧湖红稻鲤鱼肥"，农家丰收在望了。《悍吏》表面上对"圣主"、"县官"说句好话，却无情揭露吏治之残暴，"悍吏沿村括稻谷。豺狼到处无虚过，不断人喉抉人目"，"悍吏贪勒为刁奸。索逋汹汹虎而翼，叫呼楚挞无宁刻"。《私刑恶》抨击官府私设刑堂、拷掠取钱之黑暗，"斩筋抉髓剔毛发"，"累累妻女小儿童，拘囚系械网一空，牵累无辜十七八"。《逃荒行》写逃荒难民卖儿卖妇之悲苦，若非亲见、亲问、细察，是写不出五言62句长诗的。《田家

《衙斋听竹》

四时苦乐歌》对农家的苦与乐有深切生动的描述，表达了他与民同苦乐的情怀。他早年写的小唱《道情十首》，都是写民间社会的生活，用同情的笔墨，写老渔翁、老樵夫、老陀头、老道人、老书生、小乞儿，写他们的喜怒哀乐，又交叉着历史兴衰故事，有韵味乐趣，有觉世功效，提供给民间弹唱者使用，遂广为流传。他对杜甫推崇备至，谓“少陵诗高绝千古”，举其诗之命题如：《哀江头》、《新婚别》、《无家别》、《垂老别》、《兵车行》、

《洗兵马》等，皆是“一种忧国忧民、忽悲忽喜之情”，他的心与杜甫是相通的。当我们诵杜甫的“三吏”、“三别”，同时又诵板桥的上述诗作时，就会觉得两者何其相似乃尔，盖在于民间疾苦点滴在二人的心头。

板桥有诗《赠范县旧胥》，云：“范县民情有古风，一团和蔼又包容。老夫去后相思切，但望人安与岁丰。”对当地良风美俗赞扬之情跃然纸上，再加上平安与丰年，成了他的小康理想的典范。范县原是个偏辟贫瘠的小县，经板桥数年治理，生产生活都有明显改善，且形成良好风习，因此他是满意的。调潍县后，因地广人众，情况就要复杂得多，他努力却始终达不到目标。他作《潍县竹枝词》40首，五言，共96句，对潍县的感受更多的则是忧虑，颇能表现他居官潍县时对社会民情的高度关切。表面上，潍县是繁华之都、山秀水美，“云外清歌花外笛，潍州原是小苏州”，“水流曲曲树丛丛，树里春山一两峰”，“若论五都兼百货，自然潍县甲青济”。实际上，潍县贫富分化严重，社会矛盾尖锐，富贵人家骄奢淫逸，豪强盗贼横行掠杀，穷苦黎民悲戚难活。“斗鸡走狗自年年，只爱风流不爱钱。博进已偿三十万，青楼犹伴美人眠”，“大鱼买去送财东，巨口银鳞晓市空”，“罗绮成箱绣作堆，春衫窄袖好新裁”，“天道由来最好生，家家刀梃太无情”，“绕郭良田万顷赊，大都归并富豪家。可怜北海穷荒地，半篓盐挑又被拿。二十条枪十口刀，杀人白昼共称豪。汝曹躯命原拚得，父母妻儿惨泣号”，“征发钱粮只恨迟，茅檐蔀屋又堪悲。

扫来草种三升半，欲纳官租卖与谁？潍城原是富豪都，尚有穷黎痛剥肤。惭愧他州兼异县，救灾循吏几封书”。

板桥不仅看到百姓疾苦，而且把目光转向不合理的财产占有和社会治理：富豪的盘剥和官府的压榨，使一般百姓挣扎在生死线上，也逼迫一些人铤而走险成为强盗。他看到了问题所在，却找不到解决的办法，只能作为循吏请求上司放赈济贫，却又不免得罪大吏而受过。板桥在辛未（乾隆十六年）建子月书《潍县竹枝词》“后记”中说这是他的旧作，并云：“乾隆十二年告灾不许，反记大过一次，百姓含愁，知县解体。”乾隆十一年、十二年，潍县大旱，灾情严重，穷苦人家卖儿卖女，逃荒外地，甚至出现人相食的现象。《逃荒行》便是一种实录。板桥为救灾而使出浑身解数：令乡绅大户开设粥场，接济饥民；封存粮商仓库，令其平价粜售；捐出个人薪俸，发放穷人。他还大兴工程，修城建垛，招灾民赴工就食。他下令开仓赈贷，情急之下，未能等待上司批复便行之，遭到上司斥责，又有一些富商监生从旁挑刺攻击，遂遭记大过处分。

板桥意识到仕途凶险，好官难为；当官不为民作主，不如回家画兰竹。于是，决意辞官返乡。其《思归行》说：“山东遇荒岁，牛马先受殃。人食十之三，畜食何可量。杀畜食其肉，畜尽人亦亡。帝心轸念之，布德回穹苍。东转辽海粟，西截湘汉粮。云帆下天津，艨艟竭太仓。金钱数百万，便宜为赈方。何以未赈前，不能为周防？何以既赈后，不能使乐康？何以方赈时，冒滥兼遗忘？臣也实不材，吾君非不良。臣幼读书史，散漫无主张。如收败贯钱，如撑断港航。所以遇烦剧，束手徒周章。臣家江淮间，虾螺鱼藕乡。破书犹在架，破毡犹在床。待罪已十年，素夕何久长。秋云雁为伴，春雨鹤谋粱。去去好藏拙，满湖莼菜香。”可知板桥赈灾善举受到别有用心者的多方刁难，而又被上司追责，他终于厌倦了官场，回归了艺术。他自由了！他画竹并题诗《予告归里，画竹别潍县绅士民》：“乌纱掷去不为官，囊橐萧萧两袖寒。写取一枝清瘦竹，秋风江上作渔竿。”他是两袖清风离开县衙的。《清代学者画像传》说：“去官日，百姓痛哭遮留，家家画像以祀。”他心中惦念着百姓，百姓心中也惦念着他。至今潍坊市（潍县与坊子合为一市）人民仍然在纪念他、学习他，没有第二个历史人物能如此家喻户晓，人民的心碑是永垂的。

四、

“四民”之中，农为首，士为末

中国在近代以前的传统社会，是以农业经济为基础、以宗法等级制度为结构特征的社会，辅以手工业和商业，民众文化程度很低，社会治理和文化教育依靠读书出来的士大夫。“四民”是士、农、工、商，这一顺序，精练地概括了传统社会的四大阶层及其在人们心目中的位置。士是精英，列为首；农为本，列其次；工制器，在农后；商贩运，为求利，处最末。民以食为天，农业社会的样式，造成主流意识中的重本抑末、重农轻商的观念，认为“为富不仁”、“无商不奸”。但在工商业比较发达的地区，在强调经世致用的实学思想家那里，也有“扶商惠工”的说法。不过无论在哪里，士为先、农随后，是被普遍认同的。应当说，儒家思想中，有深厚的民本主义，重视农业和农民。孔子说：为政之道是“足食，足兵，民信之矣”，“其养民也惠”。孟子倡导仁政，要“制民之产”，使耕者有其田，解决好农民的吃穿问题，“必使仰足以事父母，俯足以畜妻子，乐岁终身饱，凶年免于死亡”，“养生送死无憾，王道之始也”。孟子最为后人称道的是提出了“民为贵，社稷次之，君为轻”的伟大思想，成为历代批判君主专制的有力武器。当然，孟子不是说民比君更尊贵，而是说民是国家的主体，民心的向背决定政权的存亡，所以君的责任是察顺民意，做好民生，才能得到民众拥护，否则失道寡助，自取灭亡。后来荀子提出“民可载舟，亦可覆舟”的命题，就是对“民贵君轻”论的生动诠释。

我们读板桥的诗文会发现，板桥不仅继承了儒家重民本的优良传统，而且把它向前发展了，达到一个新的高度。他在《范县署中寄舍弟墨第四书》中说：“吾其长为农夫以没世乎！我想天地间第一等人，只有农夫，而士为四民之末。农夫上者种地百亩，其次七八十亩，其次五六十亩，皆苦其身，勤其力，耕种收获，以养天下之人。使天下无农夫，举世皆饿死矣。吾辈读书人，入则孝，出则弟，守先待后，得志泽加于民，不得志修身见于世，所以又高于农夫一等。今则不然，一捧书本，便想中举、中进士、作官，如何攫取金钱、造大房屋、置多田产。起手便错走了路头，后来越做越坏，总没有个好结果。其不能发达者，乡里作恶，小头锐面，更不可当。夫束修自好者，岂无其人；经济自期，抗怀千古者，亦多在多有。而好人为坏人所累，遂令我辈开不得口。一开口，人便笑曰：‘汝辈书生，总是会说，他日居官，便不如此说了。’所以忍气吞声，只得捱人笑骂。工人制器利用，贾人搬有运无，皆有便民之处。而士独于民大不便，无怪乎居四民之末也。且求居四民之末而亦不可得也。愚兄平生最重农夫，新招佃地人，必须待之以礼。彼称我为主人，我称彼为客户，主客原是对待之义，我何贵而彼何贱乎？要体貌他，要怜悯他。有所借贷，要周全他。不能偿还，要宽让他。尝笑唐人《七夕》诗，咏牛郎织女，皆作会别可怜之语，殆失命名本旨。织女，衣之源也，牵牛，食之本也，在天星为最贵。天顾重之，而人反不重乎！其务本勤民，呈象昭昭可见矣。”

上面大段引文能比较完整地表述板桥的“四民”新思想，以避免断章取义。其一，农夫用自己耕作收获的粮食养活了天下之人，当然包括官员和士人，而且日晒风吹雨淋，苦其身、勤其力，非常辛苦，因此应当最受人们敬重，列为四民之首是应该的。其二，读书士子若能守孝悌、达则安民济世或穷则独善其身，可以视为高出农夫一等，但这只是理想状态而非现实。其三，现实生活中，科举已成为士子追求个人利禄的工具，成功者则骄奢淫逸，失意者则作恶乡里，因此不如工人制器、商人通货之便民，而是害民，这样的士只能居四民之末，甚至在四民以下。其四，主忠信、忧天下的士人是有的，但受到言行相乖的不肖者拖累，人们已经对士人失望了。由此可见，板桥的四民新论并非有意别出心裁，而是依据当时科举变味的实情作出的调整，主要是在士与农的关系上凸显了农夫，贬斥了士人。不仅如此，板桥还对农夫的社会地位作出了新的评价。

孔子讲“其养民也惠”是从为政以德的角度说的。孟子讲“仁民”、“民为贵”也是从治国理政的角度讲的，因为“得民心者得天下，失民心者失天下”。而板桥讲重民（主要是农夫）则是从农夫的社会贡献和人格尊严的角度来说理，强调农夫养活了整个社会，因此人们应当感恩和尊重农夫。这是一种崭新的民本意识，在这种意识背后有着板桥对农夫的深厚感情和亲切的关怀。板桥是位中进士、做县官的士人，但他具有强烈的平民意识，并不觉得高人一等，从心里把农夫当成亲近的朋友，也当成自己的人生归宿，所以在上面家书里，他把自己与佃户的关系看作是平等的主客关系，是没有贵贱之分的。他告诉墨弟"将来须买田二百亩，予兄弟二人，各得百亩足矣，亦古者一夫受田百亩之义也。若再求多，便是占人产业，莫大罪过"。他想过一种富裕的自给自足的耕读式小康生活，毫不向往大富大贵。

北宋大儒张载在《西铭》篇中提出"民，吾同胞；物，吾与也"的人生观，发扬了儒学"天下一家"、"天人一体"的情怀，跨越了等级观念、民族界限和物为人役的人类中心论，可以与现代平等博爱的意识相衔接。板桥十分称赞张载，他在"民胞物与"的基础上，更提升了农业体力劳动者即农夫的地位，这种观念在很长时间内都是超前的。板桥在《焦山双峰阁寄舍弟墨》中提到先人曾想买一块墓地，但因有一座无主孤坟不忍刨去而作罢，他告诉弟墨，买之无妨，不必顾忌堪舆家之言，"留此孤坟，以为牛眠一伴，刻石示子孙，永永不废，岂非先君忠厚之义而又深之乎！夫堪舆家言，亦何足信。吾辈存心，须刻刻去浇存厚，虽有恶风水，必变为善地，此理断可信也。后世子孙，清明上冢，亦祭此墓，卮酒、只鸡、盂饭、纸钱百陌，著为例"。他对死去的贫民孤魂尚且如此顾慰，可见他的仁爱是博大无边的。板桥也知道，自己中进士而为官吃俸禄，又作书作画卖钱，生活上比穷苦的农民、渔民要好许多，除了为官爱民、做好当地民生之事外，也要尽己所能救济乡里贫困，体现一个士君子的为人之道。他在《范县署中寄舍弟墨》中，说乡邻吃糠咽菜，“每一念及，直含泪欲落也。汝持俸钱南归，可挨家比户，逐一散给”。旧时同学落落未遇，而自己获得科名，乃是侥幸，不能“以此骄居朋友”，要“敦宗族，睦亲姻，念故交，大数既得，其余邻里乡党，相赒相恤，汝自为之，务在金尽而止”。由此而知，板桥既重民尊民，又忧民济民，他是知行合一的。

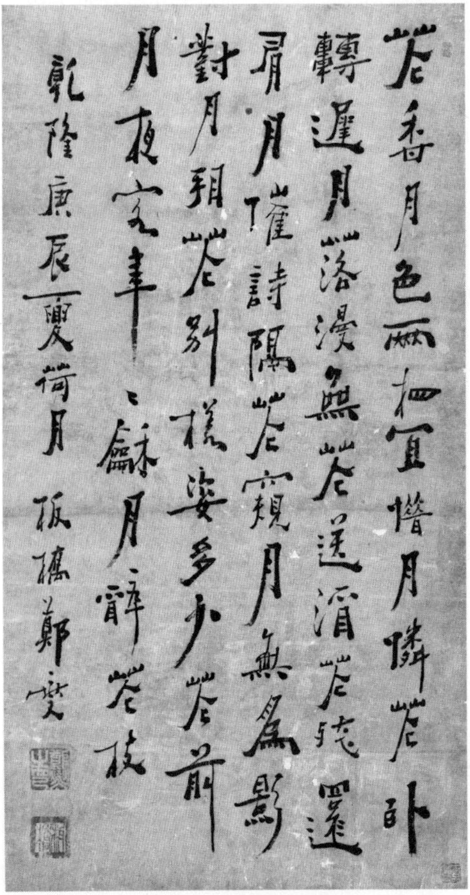

《行书七言联》

中国农民向来勤

劳朴实、忠厚善良、安土重迁，是中国最大的比较稳定的阶层。只有在走投无路时才被迫起来造反或流离逃难，有一些被逼上梁山。当然还有极少数地痞无赖，为害乡里。与农民相比，士阶层最易分化，很不稳定，诚如板桥所言，其优秀者可成为四民之首，而其恶劣者则落为四民之末或之下，历史与现实都在不断印证这一真理。中国农民不仅在历史上以自己的稼穑辛劳养活社会，在当今现代化过程中也默默地作出了巨大的贡献。但目前农村建设滞后，解决“三农”（农民、农村、农业）问题尚面临许多严峻的挑战，所以中央提出：没有农村的小康，就没有整个中国的小康。中国知识分子要有志于献身新农村建设事业，为全面建成小康社会而奋斗。

五、

直摅血性为文章：如何读书为文

板桥的诗作，我最喜欢的是《偶然作》。起首就是："英雄何必读书史，直摅血性为文章"，气概非凡。"英雄"者志于道者也；"摅"者抒也；"血性"者刚强正直之气质而热血周身流淌也。该诗接着云："不仙不佛不贤圣，笔墨之外有主张。纵横议论析时事，如医疗疾进药方。"他进而诠释了"英雄"的含义，英雄不是个人成仙成佛成贤圣，而是能为社会各种弊端提供有效的治疗药方，为大众解除疾苦。接着，他抨击了各种读书为文的偏向。一种是："名士之文深莽苍，胸罗万卷杂霸王。用之未必得实效，崇论闳议多慨慷。"这些名士学博识广，下笔万言，出口成章，纵横千古，但不切实用，流于空谈。一种是："雕镌鱼鸟逐光景，风情亦足喜且狂。"这些文人把功夫都用在细小光景的描绘上，不关心国计民生，却自得其乐。一种是："小儒之文何所长，抄经摘史饾饤强。玩其词华颇赫烁，寻其意味无毫芒。"这是一些寻章摘句的经师，看起来满腹经纶，却不能传道授业解惑，又不敢触动社会病态，板桥在这里把抨击的矛头指向了雍乾年间兴起的考据学，它偏离了儒家经世致用的传统。

该诗接着云："弟颂其师客谈说，居然拔帜登词场。初惊既鄙久萧索，身存气盛名先亡。辇碑刻石临大道，过者不读倚坏墙。"这些经师讲究门户，同派友人弟子颂扬其学，遂在文坛上树起学派名声。他们虽然盛兴于一时，不久便被人们忘却。于是运碑刻石立于大道之旁，以便留名后世，永垂青史。可惜路人对碑文毫无兴趣，只不过倚在碑墙上歇息而已。这使我想起昆明大观楼孙髯所撰长联之下联中有云："尽珠帘画栋，卷不及暮雨朝云，便断碣残碑，都付与苍烟落照"。这些碑都树在外境，而没有树在人们心里，所以不能持久。该诗结尾云："呜呼！文章自古通造化，息心下意毋躁忙。"这最后两句与开头两句相对应，最为精彩。"造化"者天地化育万物、天地人相生之道也。文章通造化是要求赞天地之化育而涵养生命之成长，因而能感人感物，为此必须"息心下意"，不能急功近利。

纵观全诗的意味，板桥不是反对人们读书史，而是要人们从中领略生命的意义，具有"民胞物与"的情怀，并抒发为文，使社会人生得到提升。不无病呻吟，不做书虫，不空谈虚浮，不在自我小圈子中打转。人要有血性，心要有温度，才算一个真正的人，不能麻木不仁、碌碌无为。我们夸赞"热血青年"，指的是有作为、爱大众、敢担当的青年。

板桥在多处讲过"文以载道"的意思。如他在《范县署中寄舍弟墨第五书》中告诫其弟，不要学市井流俗不堪之子玩弄文笔，"吾弟欲从事于此，可以终岁不作，不可以一字苟吟。慎题目，所以端人品，厉风教也”。要求十分严格。《潍县署中与舍弟第五书》说：“文章以沉着痛快为最，《左》、《史》、《庄》、《骚》、杜诗、韩文是也”，“东坡居士刻刻以天地万物为心”，他批评“若王摩诘、赵子昂辈，不过唐、宋间两画师耳！试看其平生诗文，可曾一句道着民间痛痒？”其《自叙》说：“板桥诗文，自出己意，理必归于圣贤，文必切于日用。”他在《与江昱、江恂书》里，推崇“五经”、《左传》、《史记》、《庄子》、《离骚》以及韩、柳、李、杜等，认为他们“理明词畅，以达天地万物之情，国家得失兴废之故”。可知板桥坚守直摅血性为文章和文章要通天地造化、切民生实用的原则。

《芝兰图》

在读书方面，他是“求精不求多，非不多也，唯精乃能运多，徒多徒烂耳”（《板桥后序》）。他在《集唐诗序》中谈他读唐诗的感受：“集唐诗则必读唐诗，而且多读唐诗。

自李、杜、王、孟、高、岑而外，极幽极冷之诗，一旦火热，使得翻阅于明窗净几之间，此亦天地间一大快事也。读唐诗，则必钻其穴，剖其精，抉其髓，而后能集之。使我之心，即入乎唐人之心，而又使唐人之心，即为我之心。常觉千古之名流高士，俨聚一堂，此又天地间一大快事也。”“夫唐人之诗，旧诗也，读之千古长新，得君之集而更新，满纸皆陆离斑驳。”板桥上述所言，乃读书之旨要：一是求精不求滥；二是要沟通彼此心灵、心心相印；三是常读常新。惟其如此，才能把古典佳作读懂而活用之，滋养自己的性情，再抒发出新的能打动人的诗文。板桥如此强调是有针对性的。当时学子在发达的考据学影响下和僵化的科举制度引导下，形成埋头经典、死读书的风气，崇尚过目成诵，而不求甚解，更不能明体而达用，故板桥大声疾呼，读书要精，要活学活用。他在《四书手读序》中说：“板桥生平最不喜人过目不忘，而四书五经自家又未尝时刻而稍忘。无他，当忘者不容不忘；不当忘者，不容不不忘耳。”他好骂秀才，“秀才受病，只是推廓不开”（《淮安舟中寄舍弟墨》），所谓“推廓不开”就是指不能把书本所学运用到实际生活当中，而只积存了一堆无用的知识。

我们如果用板桥提出的“直摅血性为文章”和“自出己意，理必归于圣贤，文必切于日用”的要求来衡量一下板桥自己的诗文，就会看到他是做到了身体力行、知行合一的。他的诗文没有满篇引经据典，没有空泛之论，没有辞藻堆砌，没有清谈风月，有的是忧国忧民，忠厚传家，挺立人格，护养万物，创新求变，因此情深意切，具有感人的魅力。就其诗词而言，大量的是忧虑民间的疾苦，替民众控诉社会的不公，如《悍吏》、《私刑恶》、《孤儿行》、《逃荒行》、《还家行》、《后孤儿行》、《思归行》、《姑恶》、《潍县竹枝词》、《贫士》、《破衲》、《田家四时苦乐歌》、《道情十首》等，都贴近下层民众生活，绘出一幅幅人间悲剧和困苦的图画。其中《悍吏》、《私刑恶》、《逃荒行》所描写的民众苦难，使人不忍卒读。就其家书而言，主要的内容是讲忠厚传家，切望其弟尊重农夫，仁惠乡邻，惜贫济穷，学会吃亏，并为自己解官归田预作打算。他在《范县署中寄舍弟墨第二书》中规划将来结庐在乡，“或曰：此等宅居甚适，只是怕盗贼。不知盗贼亦穷民耳，开门延入，商量分惠，有什么便拿什么去，若一无所有，便王献之青毡，亦可携取质百钱救急也”。其恻隐之心实在难能可贵。就其题画诗文而言，是用题词点明所绘兰、竹、石的画外之意。如他在《画兰竹石》中说：“其劲如竹，其清如兰，其坚如石”，“兰有幽芳，竹有劲节，德相似也；竹历寒暑而不凋，兰发四时而有蕊，寿相似也”，“板桥画竹，不特为竹写神，亦为竹写生。瘦劲孤高，是其神也；豪迈凌云，是其生也；依于石而不囿于石，是其节也；落于色相而不滞于梗概，是其品也”。

板桥读书为文的要求是比较高的，今天的人们“虽不能至，而心向往之”即可也。在自然科学上，我们要“直依理性为文章”，在人文学科方面，我们仍然需要“直摅血性为文章”。我们不必模仿板桥，但仍应在文章中融入自己人生的真实体验，方有感人的效果，切不可把人文变成纯知识加以贩卖，那就有违“人文化成”的宗旨了。

六、

胸中无富贵气，笔下无尘埃气

——板桥才艺与道家

板桥为人做官皆以居德行仁为准绳，是典型的儒家人物。而他的艺术实践，即赋诗、写字、作画，在受儒学浸润的同时，从艺术风格上说，则主要来自于道家尤其庄子的熏陶。他在给紫琼崖主人题诗时说：“其胸中无一点富贵气，故笔下无一点尘埃气。”这也是他自己的艺术追求。儒家是入世的哲学，有强烈的社会参与意识，如孔子所说：“志士仁人，无求生以害仁，有杀身以成仁”，“鸟兽不可与同群，吾非斯人之徒欤而谁与”，不赞成离群索居。道家是超世的哲学，倾向于隐逸，为追求个人的自由而愿做社会的旁观者，尽量与世俗的富贵、权位、礼教拉开距离。儒家有“游于艺”之说，但强调“诗言志”、“温柔敦厚”、“美教化，移风俗”、“思无邪”。而道家美学的重心在回归自然之中提升个人的审美精神境界。老子追求“大音希声，大象无形”，美要超乎形象，写诗作文要意在言外；“道法自然”，最美的事物应是淡雅天真、生机盎然。庄子的《逍遥游》就是要打破世俗的各种枷锁，给自我在精神上开辟出一个自由自在的空间；《齐物论》的中心是破除“成心”，用变位思维来沟通彼此的心灵；《大宗师》提出“相濡以沫，不如相忘于江湖”；《养生主》提出“以无厚入有间”，可以使人生“游刃有余”。老庄的上述人生智慧，成为中国文艺和美学的重要思想资源，也是郑板桥诗、书、画“三绝”的美学营养，更是他人生的终极价值追求。

先看板桥的人生价值付托。他一生三大阶段：早年从艺为生，中间为官从政，晚年复从艺为生。坐官要做好官，但不是他的归宿，因为富与贵并非他的追求。他在范县作的《署中示舍弟墨》诗里就有思归乡里之心：“何功何德，以安以荣，若不速去，祸患从生”，“宦贫何畏，宦富可惴，即此言归，有赢不匮”。他看破名利场：“名利竟如何，岁月蹉跎，几番风浪几晴和，愁水愁风愁不尽，总是南柯”（《浪淘沙·远浦归帆》），“羡庄周，拜老聃”（《道情十首》）。他向往过上老庄式隐居的生活，不再过问政事。但隐逸有多种：或隐于山林，如僧道；或隐于故里，做乡绅乡贤；或隐于诗画文艺，如陶潜、蒲松龄。板桥即属于后者，他的归宿是诗、书、画，用艺术寄托真善美的生命价值，并以与诗朋画友酬答往来为乐，心安而意适。社会政治领域的权力斗争无时不有，社会经济生活的利益赢输无所不在，只有在文艺创作领域全靠作者的才情高下和人们的喜好程度，你不会妨碍别人创作，也不会有人与你竞争，这是完全属于自己的精神空间，也就是庄子说的如庖丁解牛，“以无厚入有间，恢恢乎其于游刃必有余地矣”。

次看板桥的艺术创作风格。郑方坤《板桥诗钞小传》说他“雅善书法，真行俱带篆籀意，如雪柏风松，挺然秀出于风尘之表。所画兰草竹石，亦峭蒨有别致”，“诗取道性情，务如其意之所欲出”，“其诗流露灵府，荡涤埃壒”，“空山雨雪，高人独立；秋林烟散，石骨自青”。《松轩随笔》曰：“板桥有三绝：曰画、曰诗、曰书。三绝之中又有三真：真气、真意、真趣。”这些评论突出板桥三绝的脱俗、清雅、真纯。我们再看看板桥自己的评说。他在《仪真县江村茶社寄舍弟》中说：“或曰：吾子论文，常曰生辣，曰古奥，曰离奇，曰淡远”。“生辣”是有激励性，“古奥”是有暗含性，“离奇”是有独创性，“淡远”是有山野性。皆与时文绝然不同。《赠

《墨　竹》

潘桐冈》曰："作文必欲法前古，婢学夫人徒自苦。吾曹笔阵凌云烟，扫空氛翳铺青天。一行两行书数字，南箕北斗排星躔。有时滴墨娇且妍，晓花浮露春风鲜"，"志亦不能为之抑，气亦不能为之塞"。《又赠牧山》云："忽然兴至风雨来，笔飞墨走精灵出。小草小虫意微妙，古石古云气奔逸。字作神禹钟鼎文，杂以蝌蚪点浓漆。怪迂荒幻性所钟，妥贴细腻学之谧"。题画《竹》云："意在笔先者，定则也。趣在法外者，化机也。""郑板桥画竹，胸无成竹。浓淡疏密，短长肥瘦，随手写去，自尔成局，其神理具足也。"题画《画兰竹石》云："其劲如竹，其清如兰，其坚如石"，"一竹一兰一石，有节有香有骨，满堂皆君子之风，万古对青苍之色"。从板桥的自评中，可知其艺术风格的特色是：一曰不法前古，趣在法外；二曰寄意书画，神理具足；三曰清越灵秀，君子品格。其中既有儒家的道德风骨，更有老子的"微妙玄通"、"道法自然"和庄子的"真人无待"、"寓言十九"，以及玄学家们推崇的"言不尽意"、"意在言外"。由此，板桥的"三绝"充满了骨气、真气和灵气。

板桥并非狂妄自大、目无古人者，他很重视继承中国历史上优秀的文艺传统，只是不因循守旧而着意于开拓创新。在诗文上，他推尊"六经"、《左传》、《史记》、《庄子》、《离骚》、韩文、杜诗以及张载的《西铭》，尤钟情于杜甫，能兼修儒道两家的典籍。在书法上，他看重苏东坡、蔡京、米芾、赵孟頫。在绘画上，他喜爱石涛、徐文长、高且园。但他绝不盲目模仿，而能综合创造。例如，书法上他对篆、隶、行、楷、草皆甚有功底，却能在前人基础上创出具有鲜明个性的“板桥体”，其重要特点是书画相融，前无古人，时无同类，后人也无法因循。

再看板桥的艺术情怀。他不是为艺术而艺术。他的作品蕴含着他的人文关怀，处处体现民族的可贵精神。就绘画而言，诗画配是他人生情怀的有效表达方式。《墨竹方斗》画了一小枝竹子，题诗曰：“一尺竹含千尺势，老夫胸次有灵奇。”《墨竹扇面》画两竿数节竹，题诗曰：“一二十片叶，三四两竿节。可以耐风霜，亦可欺冰雪。”《兰花图轴》画两丛兰花，题诗曰：“素心花赠素心人，二月风光是好春。他日老夫归去后，对花犹想旧情亲。景文年兄一笑”。《墨竹条山》画两竿长竹，题诗曰：“不风不雨正晴和，翠竹亭亭好节柯。最爱晚凉佳客至，一壶新茗泡松萝。”《兰》的题诗有云：“兰花本是山中草，还向山中种此花。尘世纷纷植盆盎，不如留与伴烟霞。”《石》的题文有云：“米元章论石，曰瘦、曰绉、曰漏、曰透，可谓尽之妙矣。东坡又曰：‘石文而丑。’一‘丑’字，则石之千态万状，皆从此出。彼元章但知好之为好，而不知陋劣之中有至好也。东坡胸次，其造化之炉冶乎！燮画此石，丑石也。丑而雄，丑而秀。”“顽然一块石，卧此苔阶碧。雨露亦不知，霜雪亦不识。”《兰竹石》题文有云：“介于石，臭如兰，竹多节，皆《易》之理也，君子以之。”《题兰竹石调寄一剪梅》有云：“几枝修竹几枝兰，不畏春残，不怕秋寒。”《竹石》题文有云：“十笏茅斋，一方天井，修竹数竿，百笋数尺，其地无多，其费亦无多也。而风中雨中有声，日中月中有影，诗中酒中有情，闲中闷中有伴，非唯我爱竹石，即竹石亦爱我也。”板桥画兰竹石，寄寓着他向往和坚守的理想品格：如兰之清幽、高雅，如竹之劲节、灵秀，如石之雄健、耐磨，因而能给人间带来温情、操守、坚强，宠辱不惊，不怕各种雨雪风霜和艰难困苦。他歌颂石之丑，恰如老子所说“美之与恶，相去若何？”（《道德经》第二十章），丑在形象，美在实质，因此我们也可以说：顽石是丑中之美者。这些品格是儒道互补的，若从板桥艺术的丰富想象力和浪漫气质来看，道家的成分多一些，因而被人们目为“怪”。

政治和艺术不同。一种相对合理的政治制度如古代儒家的“为政以德”、“民惟邦本，本固邦宁”，它需要加以实施并形成稳定性，因而史家赞扬“循吏”。艺术则无“循艺”，因为好的艺术必须是个性化的，不能因循，一雷同便没有了艺术生命。只有标新领异才会有艺术佳作，板桥的“三绝”为我们提供了范例。

七、

民间诗人接地气

美国人类学家雷德菲尔德于1956年提出一种说法，颇流行于中国学界，就是把精英文化说成是“大传统”，把民间文化说成是“小传统”；前者是雅文化，后者是俗文化。对此我向来不以为然并很反感。且不说这种二元对立的文化观乃是西方思维模式的局限性体现，不符合中西历史的真实，就其“大”与“小”的称谓本身而言也是荒谬的，而且暴露了雷氏对民众的轻蔑。民间社会是精英文化生长发育的沃土，也是精英思想智慧的源泉，因此它才是真正的大传统，不断孕育出思想家、史学家、文学家、艺术家、各种学派和经典。《诗经》为“六经”之一，乃是周初至春秋中叶大量民歌的结集，经孔子删述，《风》、《雅》、《颂》各得其所，又经历秦火，汉代以后流传至今，它是民间文化与精英文化相结合的成果。当精英文化严重脱离民众而单纯追求高雅如六朝骈体文而陷于浮靡绮丽、只能为少数人赏识的时候，也就是它的生命萎缩的时候，因而被唐以后主流社会抛弃。唐诗深入人心，因为它来自民间又能回到民间。宋词稍逊，它与元曲皆要靠戏曲才得以流播于民间。至于明清小说，不论是《水浒传》、

《西游记》、《三国演义》，还是“三言二拍”，你说它是雅文学还是俗文学？至于《红楼梦》，曹雪芹用白话文夹杂文言写贵族生活，旁及荣宁二府许多底层人物，作者寄深情于贫贱者，而对贵族腐化予以尖刻抨击，写出了荣宁二府败落后刘姥姥救助凤姐女儿的情节。《红楼梦》对于民众而言，即使看不懂也听得懂，因为戏曲和说唱文学打通了精英与民众的区隔。中国的文学家和艺术家必须深入民间，时刻依靠民众，表现民众，才会创作出有伟大生命力的作品。

由此之故，我就十分敬佩郑板桥，他的诗词文离不开描写民间生活、为民众疾苦呼号：他对农夫敬重有加，说过“天地间第一等人只有农夫，而士为四民之末”；所写主题，大量是社会底层人群劳作、风俗

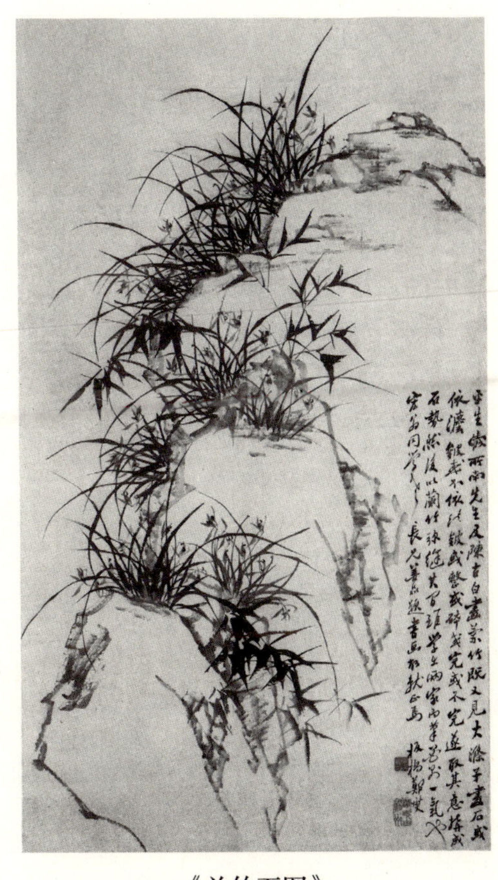

《兰竹石图》

和苦难，如《道情十首》、《田家四时苦乐歌》、《种菜歌》、《孤儿行》、《逃荒行》等；即使描写江南景物也处处兼写粮农、果农、菜农、渔民的生活。那么他画兰、竹、石呢？他在《靳秋田索画》题词中说："凡吾画兰画竹画石，用以慰天下之劳人，非以供天下之安享人也。"我想所谓"劳人"包括勤劳作画的文人和乡亲民众。这些人只要向他索画，概赠予之，又将卖画所得酬金不断救济穷人。

板桥很看重自己为农民和下层边缘谋生者所写诗词，《刘柳村册子》说："板桥自京师落拓而归（指赶考落榜），作《四时行乐歌》，又作《道情十首》。四十举于乡，四十四岁成进士，五十岁为范县令，乃刻拙集。是时乾隆七年也。《道情十首》，作于雍正七年，改削十四年，而后梓而问世。传至京师，幼女招哥首唱之，老僧起林又唱之，诸贵亦颇传颂，与词刻并行。"今《郑板桥集》无《四时行乐歌》，有《田家四时苦乐歌》疑为同一诗作，而名称后有改动。他写民间生活细致生动，所下功夫，就像今日人类学家参与式田野调查一样有真切了解和体会，做民间诗人心甘情愿，以人民的苦乐为苦乐，从不以为拙，反以为荣，因之个人中举为官后将上述两诗收入集册付梓，为其能流传而自豪。

《田家四时苦乐歌》第一段："细雨轻雷，惊蛰后和风动土。正父老催人早作，东畲南圃。夜月荷锄村犬吠，晨星叱犊山沉雾。到五更惊起是荒鸡，田家苦。疏篱外，桃华灼；池塘上，杨丝弱。渐茅檐日暖，小姑衣薄。春韭满园随意剪，腊醅半瓮邀人酌。喜白头人醉白头扶，田家乐。”此段写田家早起晚归、披星戴月、冒寒浸雾，从事耕作，是十分辛苦的。但田家有果园，有池塘，有菜地，可以吃桃、养鱼、割韭，与友人共饮自酿美酒，醉后相互扶持而归，如李白诗所云：“陶然共忘机”，这又是田家之乐。

第二段：“麦浪翻风，又早是秧针半吐。看垄上鸣槔（汲水机）滑滑，倾银泼乳（浇水）。脱笠雨梳头顶发，耘苗汗滴禾根土。更养蚕忙杀采桑娘，田家苦。风荡荡，摇新箬（箬竹）；声淅淅，飘新箨（竹笋外皮）。正青蒲水面，红榴屋角。原上摘瓜童子笑，池边濯足斜阳落。晚风前个个说荒唐，田家乐。”此段写田家汲水浇麦，在耕耘中不时被雨淋湿，脸上汗水滴在禾下土上；养蚕女子则忙于采桑，难有空闲，又是一种辛苦。但看到新竹长成，竹笋鲜大，香蒲露出水面，石榴挂在屋檐枝头，儿童采摘瓜果，农人池边洗脚，晚上相聚说笑，这又是田家之乐。

第三段：“云淡风高，送鸿雁一声凄楚。最怕是打场天气，秋阴秋雨。霜穗未储终岁食，县符已索逃租户。更爪牙常例急于官，田家苦。紫蟹熟，红菱（水生菱角）剥；桄桔（演唱道具）响，村歌作。听喧填社鼓，漫山动郭。挟瑟灵巫传吉兆，扶藜（杖）老子持康爵。祝年年多似此丰穰，田家乐。”此段写田家之苦：一是秋收打场，扬去外壳收集麦粒或稻粒，最怕阴雨，所以称为抢收。二是怕官吏索租催粮。田家在劳作秋收之余，也需要过休闲和文化生活，其中山歌村笛和社日集会，便是精神上的娱乐。还有请巫婆神汉作祈禳，往往预言来年五谷丰登、人畜兴旺，扶杖老人安康长寿，这又是田家之乐。

第四段：“老树槎丫，撼四壁寒声正怒。扫不净牛溲满地，粪渣当户。茅舍日斜云酿雪，长堤路断风吹雨。尽村舂夜火到天明，田家苦。草为榻，芦为幕；土为铫，瓢为杓。砍松枝带雪，烹葵（冬葵，一种蔬菜）煮藿（豆叶）。秫（谷子或高粱）酒酿成欢里舍，官租完了离城郭。笑山妻涂粉过新年，田家乐。”此段写田家寒冬之苦，茅屋不堪风雪，外加牛粪尿满地，行路艰难，还要通夜点灯舂米，无法安息。但田家生活亦有乐趣，用松枝煮菜做饭，取自酿美酒招待邻里，完了官租不必再跑县城，打扮老妻一起迎度新春。

总观《田家四时苦乐歌》，我的体味是：其一，板桥对田家四时劳作的细节是熟习的，此类知识只有四时深入田家地头与之一起生活才能得到；其二，他将田家之苦，分列为辛劳之苦、气候变化之苦、官吏催粮之苦，而辛劳之苦乃田家的本分，故不算真苦；其三，他将田家之乐分列为农闲之乐、艺俗之乐、年节之乐，这些就是民间文化；其四，板桥不是田家的旁观者，他与田家在情感上是交融的，写田家就像写自家亲人，在这一点上，他的诗比之杜甫的“三吏”、“三别”更高一层，后者是同情，尚未达到身在其中。板桥自觉自愿生活在民众中，感觉充实安乐。杜甫可称为悯农诗人，他深切悲悯天下劳苦大众，但未能在民间扎下根来，所以感叹“飘飘何所似？天地一沙鸥”。他颠沛流离，只晚年在成都稍能安稳，但一直未能受到朝廷器重、入京升迁，对此他始终不能释怀，于是在夔州发出慨叹："千里悲秋常作客，百年多病独登台。艰难苦恨繁霜鬓，潦倒新停浊酒杯。"而他又不能在乡村安居，因此他一生是孤独的。现在我们都敬称杜甫是当之无愧的伟大诗人，那么我们在民间诗人郑板桥名字前加上"伟大"两个字，不会是过分之举吧！

《道情十首》属于小唱，是板桥特意为民间艺人演唱而写的，描绘社会下层和边缘人群的生活，通畅质朴，诙谐生动，引人入胜。其开场白是："枫叶芦花并客舟，烟波江上使人愁；劝君更进一杯酒，昨日少年今白头。自家板桥道人是也。我先世元和公公，流落人间，教歌度曲。我如今也谱得《道情十首》，无非唤醒痴聋，销除烦恼。每到山青水绿之处，聊以自遣自歌。若遇争名夺利之场，正好觉人觉世。这也是风流世业，措大生涯。不免将来请教诸公，以当一笑。"按此开场白说法，民间演唱小曲乃板桥家传，目的是开导世人，争名夺利徒惹烦恼，不如寻找一种无妨他人、自得其乐的生活。

第一段："老渔翁，一钓竿，靠山涯，傍水湾；扁舟来往无牵绊。沙鸥点点清波远，荻港萧萧白昼寒，高歌一曲斜阳晚。一霎时波摇金影，蓦抬头月上东山。"老渔翁生活在青山绿水之间，悠闲自在，渔歌唱晚，不知不觉间便到了日落月升的晚上。

第二段："老樵夫，自砍柴，捆青松，夹绿槐；茫茫野草秋山外。丰碑是处成荒冢，华表千寻卧碧苔，坟前石马磨刀坏。倒不如闲钱沽酒，醉醺醺山径归来。”老樵夫以砍柴为生，把山林原野作为劳动之场，虽然辛苦，要比那些叱咤风云、树碑立传的显赫人物强多了。他们费尽移山心力，也不过落得断表残碑，被遗弃在荒郊丛草之间。如李白诗所云：“吴宫花草埋幽径，晋代衣冠成古丘。”哪里比得上樵夫得空开怀饮酒，醉后回家美美睡上一觉呢？

第三段：“老头陀，古庙中，自烧香，自打钟；兔葵燕岁闲斋供。山门破落无关锁，斜日苍黄有乱松，秋星闪烁颓垣缝。黑漆漆蒲团打坐，夜烧茶炉火通红。”行脚乞食的老和尚，住在破旧古庙中，每天烧香敲钟打坐，吃斋饭有人施舍，晚上烧炉烹茶品味，倒不失为一种清闲自足的生活。

第四段：“水田衣，老道人，背葫芦，戴袱巾；棕鞋布袜相厮称。修琴卖药般般会，捉鬼拿妖件件能，白云红叶归山径。闻说道悬岩结屋，却教人何处相寻？”老道人不仅穿戴与老陀头不同，而且行事更相异；既会修琴卖药，又能捉鬼拿怪。据说修道在悬崖峭壁的道观里，是百姓找不到的地方。板桥在字里行间对老道人有批评的意味，可是在生活里他们也是一个行当的人群。

第五段：“老书生，白屋中，说黄虞（黄帝虞舜），道古风；许多后辈高科中。门前仆从雄如虎，陌上旌旗去似龙，一朝势落成春梦。倒不如蓬门僻巷，教几个小小蒙童。”村社私塾的教书匠，为学生讲授炎黄唐尧虞舜的中华传统学问。一些晚生后辈科举榜上名列前茅并做官之后，随之显荣得势，居有仆从护卫，行有车马旌旗。但往往好景不长，富贵梦破，家道败落；真不如做个穷乡僻壤的教书先生，使儿童读书开窍，学会做人。

第六段：“尽风流，小乞儿，数莲花，唱竹枝；千门打鼓沿街市。桥边日出犹酣睡，山外斜阳已早归，残杯冷炙饶滋味。醉倒在回廊古庙，一凭他雨打风吹。”此段写沿街卖唱的小乞儿，但不是单纯行乞，而是打鼓唱曲，在满足普通百姓听歌需求的同时，能得到较好的施舍。不过小乞儿无固定住所，只能栖身于古庙，属于流浪民间艺人。

第七段：“掩柴扉，怕出头，剪西风，菊径秋；看看又是重阳后。几行衰草迷山郭，一片残阳下酒楼，栖鸦点上萧萧柳。撮几句盲词瞎话，交还他铁板歌喉。”此段可作为上段补充，是作者自白：借着重阳秋菊烘托的氛围，掩上柴门，在家里写道情故事，提供给卖唱者使用，同时也能使自己的作品在民间流传，这正是作者想达到的效果。

第八段：“邈唐虞，远夏殷。卷宗周，入暴秦。争雄七国相兼并。文章两汉空陈迹，金粉南朝总废尘，李唐赵宋慌忙尽。最可叹龙盘虎踞，尽销磨燕子春灯（曲牌名称）。”此段写尧舜三代至明代历史梗概，点明“暴秦”，有谴责之意，汉至宋皆成陈迹废尘。特别指出建都金陵的明朝，第二代就废都北迁，伤了元气。如同清代孙髯所撰昆明大观楼长联所云：“数千年往事注到心头，把酒凌虚，叹滚滚英雄谁在？”在卖唱者眼里，朝代更替、历史风云，都不过是一段一段暂短的故事罢了。

第九段："吊龙逢，哭比干。羡庄周，拜老聃。未央宫里王孙惨。南来薏苡徒兴谤，七尺珊瑚只自残。孔明枉作那英雄汉；早知道茅庐高卧，省多少六出祁山。"此段是接着上段写历史，但侧重点在受难忠臣如龙逢、比干，其中最可注意者是"羡庄周，拜老聃"句，表明作者对道家始创者的尊重。又说南方好品物如薏苡、珊瑚在北方并不受欢迎，而孔明出山为蜀汉效力也不如隐居茅庐自在，寓意隐居生活才是理想的。

第十段："拨琵琶，续续弹；唤庸愚，警懦顽；四条弦上多哀怨。黄沙白草无人迹，古戍寒云乱鸟还，虞罗惯打孤飞雁。收拾起渔樵事业，任从他风雪关山。"此段回归到琵琶弹唱的本意上，是为了醒愚警世，抒发人生哀怨情思。历史上戍边将士少有回还者，只有大雁结阵春来秋往，而孤雁往往惨遭网罗捕获，不如做个渔翁樵夫过平凡而安定的日子。此段与第一段老渔翁、第二段老樵夫连环相接，情节圆满。

结尾："风流家世元和老，旧曲翻新调；扯碎状元袍，脱却乌纱帽，俺唱这道情儿归山去了。"此结尾与开场白相呼应，说明制作道情是家传事业，而自己又能旧曲翻新，还能解脱状元官衔的束缚，致力于道情曲调的创作与演艺，不愧为元和公的后代。

作者最后还有重要说明："是曲作于雍正七年，屡抹屡更。至乾隆八年，乃付诸梓。刻者司徒文膏也。"雍正七年，板桥 37 岁，完成《道情十首》初稿，其时他尚在人生奋斗前期。乾隆八年，板桥 51 岁，考中进士后到范县任县令。其时他已进入人生奋斗中期，成为地方官员。他对于社会中心与边缘、上层与下层、官场与民间，已经有了较多的比较和体验，因此《道情十首》经过“屡抹屡更”，把各种复杂体验都融纳进去了。例如《道情》中感慨权贵人家的兴衰、历史王朝的更替、富贫之间的遥隔，只有在作者将前期与中期人生作比较才能写得逼真。但《道情》的基调没有变化，也就是不愿做富贵中人而愿做平民一员，所以用心写好渔翁、樵夫、书生、乞儿等人物，不去颂扬显贵豪富却加以贬抑。对于老陀头、老道人一类人物，虽不赏识而能包容。因此板桥十分珍重《道情十首》，原原本本向读者交代制作的始末，诚实而认真，直到把它刻印成册，献给社会各界。他在57岁所写《板桥自叙》中提到的一生得意之作中便有《道情十首》，曰：“所刻《诗钞》、《词钞》、《道情十首》、《与舍弟书十六通》，行于世。”板桥在66岁写《板桥自序》中所涉《刘柳村册子》，其中再次提到《道情十首》，可知此曲在板桥心中有多重的分量。

《田家四时苦乐歌》和《道情十首》，显示了板桥作为民间诗人的本色。前者着重写了占民众大多数的田家，包括粮农、果农、菜农、桑农。后者又写了处于少数地位的渔夫、樵夫、和尚、道士、书生、乞儿六种人。不过尚缺少手工业者和商人。我想原因之一是板桥熟悉的生活环境中与这两种人交往机会不多，原因之二是板桥的书画虽然自订润格出售，但不作为商品买卖，不受市场价值规律的支配，并非蔑视工商业者。他在《范县署中寄舍弟墨第四书》中，在褒扬农夫为“天地间第一等人”而“士为四民之末”的同时，又说：“工人制器利用，贾人搬运有无，皆有便民之处。”只是对工商生疏因而未能正式入其诗作而已。这是需要加以说明的。像郑板桥这样接地气的民间诗人，古往今来能有几位？还不值得我们致敬吗！？

八、

古朴与纷繁

——板桥笔下的范县与潍县

板桥50岁为山东范县令，54岁调署潍县，61岁罢官回乡。计为官前后12年，在范县4年多，在潍县7年。从时间上说，他在范县短在潍县长。从空间上说，范县小潍县大。从地域上说，范县偏僻，潍县居于鲁中。但板桥诗词文对两县的感情度与印象不仅大不一样，而且评价的程度恰恰是范县在先在上，潍县在后在下。他对范县的褒扬主要在良风美俗上，对潍县的批评则主要在两极分化上，是针对着富豪阶层而发的。

他写过一首诗《赠范县旧胥》，表达罢官后对范县下属的思念："范县民情有古风，一团和蔼又包容。老夫去后相思切，但望人安与岁丰。"他在诗后说明："旧胥来索书，为作十纸，此其末幅也。感而赋诗，不觉出涕。罢官后，当移家于范，约为兄弟婚姻。"一曰赋诗出涕，二曰打算把家搬到范县，这就不是一般的亲近感，有点第二故乡的滋味了。此诗在无意中还告诉读者，范县淳厚民风之所及，胥吏也是善吏，绝非"悍吏"，与他这位县令竟成朋友之交。

他写过一首《范县诗》，有四言段，有五言段，共约五百余字，以深情浓墨描绘范县民众作息生活、习俗人情和民间文化。诗先写当地果农："十亩种枣，五亩种梨；胡桃频婆，沙果柿椑。春花淡寂，秋实离离；十月霜红，劲果垂枝。争荣谢拙，韫采于斯；消烦解渴，拯疾疗饥。"这是写果林农户的种植与收获，富足而安乐。接着写当地的桑农："桑下有梯，桑上有女，不见其人，叶纷如雨。小妹提笼，小弟趋风；掇彼桑葚，青涩未红。既养我蚕，无市我茧；杼柚在堂，丝絮在拈。暖老怜童，秋风裁剪。"桑家养蚕抽丝织衣，以御寒雪且足食。稍大女孩能上树采桑叶，而顽皮小男孩却去摘未熟桑葚，呈显一幅桑家乐的图画。后面若干诗段，再写其他诸多农事："维蒿维蕨，蔬百其名，维筐维榼，百献其情。蒲桃在井，萱草在坪；枣花侵县，麦浪平城。"（以上写种菜种麦）"臭麦一区，饥鸡弗顾；甜瓜五色，美于甘瓠"，"苜蓿绵芊，荞花锦亙。三豆为上，小豆斯附；绿质黑皮，匀圆如注"。注云："范有臭麦，成熟后则不臭。黄、黑、绿为三豆，为大豆，余皆小豆。黑豆而骨青者最贵。"板桥关注到当地特产臭麦和杂粮三豆，这是需要向老农请教的事。然后写家禽牲畜："鹅为鸭长，率游于池"，"人牛昼卧，高树荫之"，以及田垄界域"田无埂陇，亩无侵轶"，相邻土地无须起垄隔断，没有争执，因为"丈之以弓，岔之以尺"，各家所有皆早以丈量分明并得到遵守。再写婚嫁，有家寒者"四十聘妇"，"亦有胜村，童儿女孙；十五而聘，十七而婚"。最后写集市与租税，"驴骡马牛羊，汇费斯为集；或用二五八，或以一四七”（指赶集的每旬日期）。而重要的是官吏与百姓之间关系和谐：“长吏出收租，借问民苦疾；老人不识官，扶杖拜且泣。官差分所应，吏扰竟何极。最畏朱标签，请君慎点笔。贪者三其租，廉者五其息。即此悟官箴，恬退亦多得。”大意是说，当地长吏下乡收租，同时访贫问苦，老人拜泣向其诉说自己的困难；官差职责分明，不能由吏者随意扰民。官吏最敬畏上司用朱砂红笔标明的委任状，贪者受罚，廉者有奖，以此使之牢记“官箴”（为官戒律），能够严格遵守。最后，板桥用四言句称颂范县：“朝歌在北，濮水在南；维兹范邑，匪淫匪婪。陶尧孙子，刘累庶枝，鼻祖于会，衍世于兹。娓娓斤斤，《唐风》所吹；垦垦力力，物土之宜。”朝歌是商朝国都，濮水在濮阳，刘累是大尧后裔，范县在朝歌、濮水之间，秉承陶尧及子孙的遗德遗风，没有荒淫贪婪的恶习，世代繁衍下来，民风谨小慎微，勤劳努力，乃是沃土福地，宜于人民安居乐业。板桥的总结，点明了范县古朴的历史由来。范县在山东边沿，与河南相邻，既偏僻又城小，不易受到外界新潮流的冲击，反而较好保存了古风。板桥署范县，而范县因良风美俗很少告状打官司，板桥又是亲民好官，便把大量时间用在下乡走访、与民众交流、观察民间生产生活上面，而民众又愿意与他亲近，所以他的《范县诗》写乡里稼穑、礼尚、副业等事项就十分细致入微，真实而感人了。

再看板桥写潍县，这里的情况就比较纷纭繁复。板桥在潍县

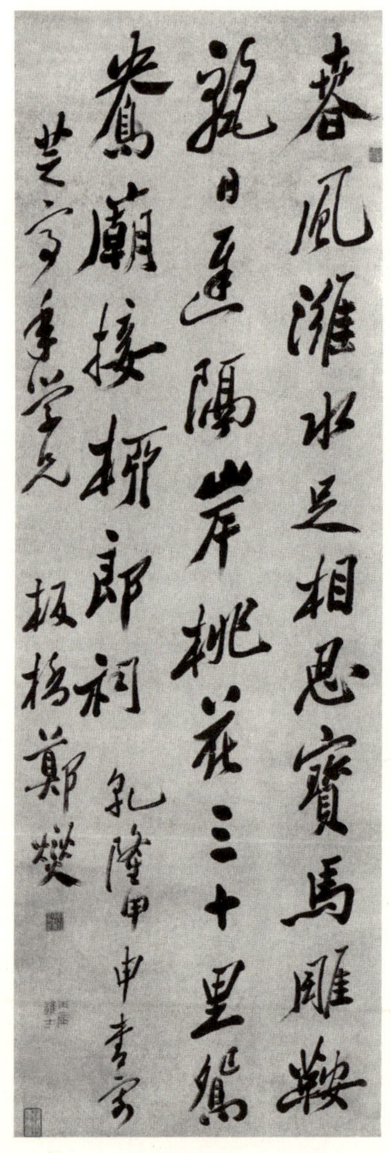

《春风潍水》

7年，最使他忧虑并努力运用官职予以缓解的是当地民生之艰辛及天灾频仍造成的祸患，因此写下著名诗句“衙斋卧听萧萧竹，疑是民间疾苦声。些小吾曹州县吏，一枝一叶总关情”。潍县与范县大不相同，它是山东较大城市，处于中心地带，距济南、淄川（战国齐之都会）都很近，乃是东西、南北交会之重要枢纽，工商业较之他处发达，富贵人家较多，贫富分化悬殊，官家贪腐，造成一系列社会矛盾和阶层对抗。他有一首小诗，题名是《恼潍县》，与他所写《赠范县旧胥吏》形成鲜明对比，诗云：“行尽青山是潍县，过完潍县又青山。宰官枉负诗性情，不得林峦指顾间。”此诗是他调任潍县令前所写，是说潍县虽然自然环境优美，而宰官不能廉洁亲民，这里的人们因此也无心享受青山绿林带来的乐趣。

他所写《潍县竹枝词四十首》，七言长古，共116句1020字，用写实的手法逐一描绘富豪的侈靡强横、社会的混乱和民众的痛苦。开头写潍县之繁华："三更灯火不曾收，玉脍金齑满市楼。云外清歌花外笛，潍县原是小苏州。"酒宴歌舞的夜生活标志着潍县已成为达官贵人的小天堂。接着写富家弟子留恋青楼："美人家处绿杨桥，树里春风酒旆招。一自香销怨南国，杏花零落马蹄遥。"美人不在了，魂已归江南，门前便冷落了。再写富豪兼并沃土，享尽美味佳肴："四面山光树木深，良田美产贵千金。呼卢一夜烧红蜡，割尽膏腴不挂心。家家风气好栽花，洋菊洋桃信口夸。昨夜胶州新送到，一盆红艳宝珠茶。大鱼买去送财东，巨口银鳞晓市空。更有诸城来美味，西施舌进玉盘中。小阁桐阴日影斜，晚风吹放茉莉花。衣裳尽道南中好，细葛香罗万字纱。翠袖湘裙小婢扶，时兴打扮学姑苏。"富贵人家财力雄厚，挥霍无度，不在乎消耗田产，所享用的物品东面来自胶州，南面来自诸城，衣裳来之江南，时尚追踪苏州，已经走在全国前列了。

板桥在另一段诗句中总论潍县在全省中的地位："两行官树一条堤，东自登（州）莱（州）达济（南）西。若论五都兼百货，自然潍县甲青齐。"可知潍县繁华的程度在当时超过济南位居全省第一。潍县还吸引一些高官在此建起府第："连云甲第尚书府，带宅园林太守家。是处池塘秋水阔，红荷花间白荷花。"这就有点像苏州园林了。

潍县的富豪霸户当然是靠势力兼并得享受的，必然带来杀戮凶残："腌猪滴血满城红，南贩姑苏北蓟中。纵使千斤夸利益，刀头富贵挺头雄。天道由来自好生，家家杀戮太无情。老夫欲种菩提树，十里春风作化城。绕郭良田万顷赊，大都归并富豪家。"板桥所说"刀头富贵"，既指富豪们饮宴桌上鱼肉满席，又指其对百姓的盘剥欺压，他想用佛教化恶为善，也只是一厢情愿罢了。下面诗句可证"杀戮"包括不给穷人活路："可怜北海穷荒地，半篓盐挑又被拿。行盐原是靠商人，其奈商人又赤贫。私卖怕官官卖绝，海边饿灶化冤磷。"在这种有冤难诉的情势下，必然有人铤而走险，为盗作乱，及至失败，家人遭殃："二十条枪十口刀，杀人白昼共称豪。汝曹躯命原拼得，父母妻儿惨泣号。"

板桥对比贫富之间的苦乐："东家贫儿西家仆，西家歌舞东家哭。骨肉分离只一墙，听他笞骂由他辱。"那么，官家租税又如何呢？"征发钱粮只恨迟，茅檐蔀屋又堪悲。扫来草种三升半，欲纳官租卖与谁？"于是板桥联想到其他州县穷人与潍县相似，大都挣扎在死亡线上，或逃难，或卖亲："潍县原是富豪都，尚有穷黎痛剥肤。惭愧他州兼异县，救灾循吏几封书。""关东逃户几人归，携得妻儿认旧扉。""老亲死在辽阳地，白骨何曾负得还。卖儿卖妇路仓皇，千里音书失故乡。"他最终把未来希望寄托在皇家的怜悯、庄稼的丰年和陶唐古朴之世的回归："帝主深恩许重聚，丰年稼熟好商量。奢靡只爱学南邦，学得南邦未算强。留取三分淳朴意，与君携手入陶唐。”

板桥用《潍县竹枝词四十首》刻画了潍县的反人性的社会现实，代表穷人控诉权贵阶层对穷苦大众的无尽剥削与压迫。虽然板桥生活在清朝所谓“雍乾盛世”，但社会已经暴露出无法自我医治的严重病态，板桥的上述词作和《悍吏》、《私刑恶》、《孤儿行》、《逃荒行》等诗作，无意中为中国最后一个朝代的帝王专制制度走向灭亡敲响了丧钟，其意义不可低估。

九、

从板桥平生不喜笼中养鸟说起

郑板桥在《潍县署中与舍弟墨第二书》中说："平生最不喜笼中养鸟，我图娱悦，彼在囚牢，何情何理，而必屈物之性以适吾性乎！至于发系蜻蜓，线缚螃蟹，为小儿玩具，不过一时片刻便摺拉而死。夫天地生物，化育劬劳，一蚁一虫，皆本阴阳五行之气絪缊而出。上帝亦心心爱念。而万物之性人为贵，吾辈竟不能体天之心以为心，万物将何所托命乎？蛇蚖蜈蚣豺狼虎豹，虫之最毒者也，然天既生之，我何得而杀之？若必欲尽杀，天地又何必生？亦惟驱之使远，避之使不相害而已。蜘蛛结网，于人何罪，或谓其夜间咒月，令人墙倾壁倒，遂击杀无遗。此等说话，出于何经何典，而遂以此残物之命，可乎哉？可乎哉？我不在家，儿子便是你管束，要须长其忠厚之情，驱其残忍之性，不得以为犹子而姑纵惜也。"板桥又补充一纸，进一步表述其养鸟之道："所云不得笼中养鸟，而予又未尝不爱鸟，但养之有道耳。欲养鸟莫如多种树，使绕屋数百株，扶疏茂密，为鸟国鸟家。将旦时，睡梦初醒，尚展转在被，听一片啁啾，如《云门》、《咸池》之奏。及披衣而起，颒面漱口啜茗，见其扬翚振彩，倏往倏来，目不暇给，固非一笼一羽之乐而已。大率平生乐处，欲以天地为囿，江汉为池，各适其天，斯为大快。比之盆鱼笼鸟，其矩细仁忍何如也。”

我读这一段文字，好似在聆听一曲《鸟虫歌》，在品诵一首《天地颂》，一位三百多年前的人物竟有如此博爱的生态情怀，是值得今人敬重的。板桥依循孔子忠恕之道和孟子仁民爱物的思想，爱乡亲、爱邻里，推及于爱农夫、爱穷人，爱鸟虫、爱野兽，爱林木、爱花草，爱山河、爱崖石，体现了儒家“仁者与天地万物为一体”的大生命观。朱熹曾说：“仁者天地生物之心”，“仁本生意，乃恻隐之心也”。爱护自然万物，珍惜花木虫鸟，不仅要消除“物为人役”的人类中心思维，而且要培养人与万物之间的相亲相爱的情感，才能从根本上解决问题。

《墨竹图》

但是问题并不简单，人类毕竟不能都变成素食者，如无动物肉类的营养，人的大脑不会发育到今天，因此宰猪羊、捕鱼虾便成为生活的一部分。为了解决这个矛盾，孟子提出“君子远庖厨”的主张，遭到鲁迅辛辣的讽刺。其实，屠户是一种职业，另当别论，一般人还是应该有“忍见其生，不忍见其死”的不忍之心；而且文明的现代人正在使被宰杀的动物尽量减少死亡的痛苦。对于正在成长的少年儿童来说，培养他们爱护小动物之心是绝对必要的；小时候对动物冷酷，长大了不免对人冷酷。所以板桥提示其弟要用忠厚之情化育小儿，不可把小动物当成孩子玩耍的工具。

现代人生中，饲养宠物如小猫小狗成为风气，把它们当成伴侣、家庭成员，宠物也离不开主人的照料，所以能快乐地生活。笼中养鸟则不同，鸟有双翼，需要有较大的翱翔空间，才自由自在，尽管大鹏扶摇九万里，小鸟不过在近处树林上下飞落，那是性分不同，但都能逍遥自得。提笼架鸟的人以囚禁在小笼中的鸟鸣取乐，并不知道鸟是在悲诉无奈，是在渴求解放，真正爱鸟的人是乐不起来的。

由此我想起钓鱼。笼中养鸟或许尚有争议，而河边钓鱼历来都是休闲的重要方式，至今未见到有批评者，我却持有异议。钓鱼者主要不是为了吃鱼，而是在垂钓中享受山水之美、清静之怡。但是，钓鱼者用鱼钩挂的诱饵使鱼上钓，一旦发觉鱼钩钩住鱼儿，渔竿上扬，见到鱼儿左摆右摇，便乐而忘忧。若往深里想，当钓者最乐之时，正是上钩鱼儿垂死挣扎之际，只是鱼儿脸上没有痛苦表情，发不出哀求的声音，但是一个活蹦乱跳的生命即将结束在钓者手里，钓者能乐得起来吗？因此，我不仅从不钓鱼，也不愿观赏垂钓。佛家说：为善最乐，多做有助于人的好事，在与万物同乐中寻找快乐，这是一种内在的持久的快乐，为此吃亏也觉得快乐。

记得小的时候，家乡烟台芝水村是片山清水秀的好地方，天空里蓝天白云，大地上沃土清流，山坡中林茂花繁，山鸡野兔随处出没，蝴蝶蜻蜓上下起舞，百鸟争鸣树稍，青蛙奏乐水塘。当我成年以后这种情景越来越少见了。社会的物质文明有了长足的进步，而人性善良却在退化，似乎变得有些残忍。麻雀曾一度作为“四害”而遭到大规模捕杀，濒临灭绝。树蝉捉来做成炒盘，青蛙也成为集市上一桩买卖的商品。曾看到小摊主把一筐青蛙用手一个一个夹住，用剪刀剪掉其嘴围，把皮剥离蛙体，然后卖肉，真是惨不忍睹。对此无人过问，不久蛙声便消失在池塘青草中。古诗云：“蝉噪林逾静，鸟鸣山更幽。”如今成为远逝的乡愁。

现在很多珍贵野生动物成为抢救性保护的对象。人类最钟爱的大熊猫虽经过几十年的努力，在人工精细护养下，种群得到延续，数量也在增加，但自我繁衍和野外生存的能力在减退，所以开始试验放归山林，以便恢复其野性。

《庄子·秋水》有一则寓言故事：庄子与惠子游于濠水桥上，庄子曰：“鯈鱼出游从容，是鱼之乐也。”惠子曰：“子非鱼，安知鱼之乐?”在这里，庄子是对的，惠子是错的。人与鱼虽非同类，却可以相互感通。人看到鱼从容在水里游来游去，便知鱼是快乐自在的；假如人看到鱼在急忙躲逃，便知鱼是感知到有危险而紧张。反过来，鱼看到人很亲善并喂食它们，便会越游越近；假如鱼觉察到人要抓捕危害它们，便快速下沉或远遁。这说明不仅是猿猴类高级灵长动物有感知能力，鱼鸟类低级动物也会有一定的思维情感，因为它们是活的生命体。人类听不懂它们的语言，不理解它们的交往信息符号内涵，但它们为了生存和安全，必须及时对环境的变化和人对它们的态度作出必要的反应。有爱心并能体察动物声音与行为的人，能敏锐感知动物的快乐与痛苦。《秋水》还通过北海若之问，阐释了大道的生命观：“以道观之，物无贵贱；以物观之，自贵而相贱；以俗观之，贵贱不在己。”以道观之的生命观就是后来张载的“民胞物与”，视天下万物与己痛痒相关，相互平等，又一体相通，没有后来人类中心主义和人物对立的偏见，这就是儒家天下一家、天人一体的伟大思想，最符合当代提倡的生态文明理念。

板桥家书中提到不喜笼中养鸟是联系儿子的教育而发议论。儿童在发育过程中，如何使其仁爱之性成长，唯我独贵之劣性消减，大人除了培养其对父母亲人和老师同学的爱心之外，一个重要的方面是引导他们热爱小动物和树木花草，不欺凌宠物，不掐花践草，使爱人与爱物之心同时生成。报纸曾报道，有的幼儿园老师对个别孩子虐待小猫小狗不予管教，这是很可怕的。小时对动物无情，长大难免对人残忍。所以生态教育必须从幼儿开始，这既关乎孩子的健康成长，又关乎社会风尚的更新，大人可以在这个过程中与孩子一起进步。这使我想起一首有名的唐诗，张九龄的《感遇》："兰叶春葳蕤，桂华秋皎洁。欣欣此生意，自尔为佳节。谁知林栖者，闻风坐相悦。草木有本心，何求美人折。"作者赋诗本意是用春兰秋桂寄托自己的清高自得，同时也表达了作者的换位思维和自然观：各种植物都有自己欣欣向荣的季节，人们可以品赏，但不应为了一己的爱好去掐折艳花嫩枝，取乐于一时，却违背了草木的本心，也使人不能真正体悟草木的生命化育之道，反而显露出人性的自私，所以人要尊重草木以及万物的自然本性，与它们结成朋友。

板桥设计的绕屋种树成林，吸引百鸟前来争鸣，这在今日居住大城市的人来说已经很难做到了。但我家很幸运，虽住在大楼五层，却有小鸟在空调管墙洞里巢窝，每当听到小鸟在里面啁啾欢快，家里人心情十分愉悦，感受到鸟儿对我们的信任和亲近，使我们享受微音乐的乐趣，多么令人心爽！

十、

板桥为何推崇张载？

板桥在其诗文中对宋代理学多有指责，如在《范县署中寄舍弟墨第五书》中就说："南宋时，君父幽囚，栖身杭越，其辱与危亦至矣。讲理学者，推极于毫厘分寸，而卒无救时济变之才。在朝诸大臣，皆流连诗酒，沉溺湖山，不顾国之大计。是尚得为有人乎！是可辱吾诗歌而劳吾赠答乎！"平心而论，宋代之孱弱及与北方金、辽媾和，始自北宋，故不得不南迁。南宋之屈辱媾和、岳飞被害、徽钦二宗被俘，则使国力极衰，忠义之士莫不痛心疾首，其中昏君奸臣乃是祸魁；南宋理学家们不应承担主要责任，因为他们职在传承儒学，政治上是爱国的。板桥虽然批评理学，对于四书是肯定的，而四书的彰显首功在朱熹。板桥对北宋理学开创人张载则另眼看待，而且称颂之高达到无以复加的程度。他在《焦山别峰庵雨中无事书寄舍弟墨》中说："六经之文，至矣尽矣，而又有至之至者，浑沦磅礴，阔大精微，却是家常日用，《禹贡》、《洪范》、《月令》、《七月流火》是也。当刻刻寻讨贯串，一刻离不得。张横渠《西铭》一篇，巍然接六经而作，呜呼休哉！"《禹贡》、《洪范》在《尚书》中，《月令》在《礼记》中，《七月流火》在《诗经》中，总之，未出六经范围。那么六经之后的传创呢？板桥认为只有张载《西铭》一篇能够承接六经，达到了新的高度，这是多么罕有的“至之至”的评价呀！人们会问：板桥诗文里，只偶见张载身影，他对张载的评论是不是即兴随意而发，未经过深思熟虑呢？我认为：非也。他确实少引张载文本，但字里行间，却常常体现张载及一脉相承下来的程颢、程颐的思想，并浸润着他的整体人生观。

张载是宋明道学奠基人之一、北宋五子之首，在中国儒学史上是上承下转、开创新阶段的关键人物，类似于西方哲学史上的康德。张载的《西铭》和“横渠四句”对后世影响巨大。《西铭》云：“乾称父，坤称母，予兹藐焉，乃混然中处。故天地之塞，吾其体；天地之帅，吾其性。民，吾同胞；物，吾与也。”“凡天下疲癃残疾，茕独鳏寡，皆吾兄弟之颠连而无告者也。于时保之，子之翼也；乐且不忧，纯乎孝者也。违曰悖德，害仁曰贼；济恶者不才，其践形惟肖者也。”“富贵福泽，将厚吾之生也；贫贱忧戚，庸玉汝于成也。存，吾顺事；没，吾宁也。”张载视宇宙为一大家庭，用现代白话来表达，大意是：乾坤是父母，人类是天地的儿女，天地万物是我的身体，天地生生不息是我的本性，天下万民都是我的骨肉同胞，天下万物都是我的同类伙伴。人间老弱病残、鳏寡孤独是我兄弟中流离无依靠者，保护他们是我的责任，乐此不疲是我的孝心，违背它是损德，戕害仁义是盗贼，助恶者无材，践仁者才是天地的有出息儿女。人生境遇优裕，能够使我的事业顺昌；境遇恶劣，能够使我的人格成熟。活着，就做自己应当和能够做的善事；死了，自己就从此安眠于地下。张载把家庭之爱扩展为人类之爱和宇宙之爱，把个人生命的意义与整个自然、社会的和谐发展联系在一起，并把个人的生死看作事物的自然变化，这是一种“大其心”的情怀。与《西铭》紧密相连，张载有“横渠四句”：“为天地立心，为生民立命，为往圣继绝学，为万世开太平。”进一步提升了人的生命意义，人要担当赞天地化育的责任，操心万民的命运，继承孔孟的道统，开辟未来万代的太平。“横渠四句”表达了儒者大仁大爱的境界和抱负，成为中国士人做人处世的座右铭，世代传颂不绝。

我们再看板桥的人生和学问，张载的话他是时刻牢记并能知行合一的。他在《潍县署中与舍弟墨第二书》中结合教子应爱护小动物之家教说：“夫天地生物，化育劬劳，一蚁一虫，皆本阴阳五行之气絪缊而出。上帝亦心心爱念。而万物之性人为贵，吾辈竟不能体天之心以为心，万物将何所托命乎？”他自己“大率平生乐处，欲以天地为囿，江汉为池，各适其天，斯为大快”。他在《潍县署中与舍弟第五书》中赞美“东坡居士刻刻以天地万物为心”。他在《竹石》题画中说：“非唯我爱竹石，即竹石亦爱我也。”这种悟性就是天人一体的境界。当人们在欣赏良辰美景的时候，是否也体验到良辰美景对人的深爱呢？各人就有不同了。如果我们超出语言文字的表述，留心板桥的生平作为，不是处处可见他在实践张载《西铭》和“横渠四句”吗？他一向热爱并保护山林、花木、虫鸟，与大自然融为一体，以兰、竹、石为作画题材，不是在为天地立心吗？他在范县潍县任上，处处体恤百姓、救济贫苦、“一枝一叶总关情”，不是在为生民立命、体现民胞物与之情吗？他申张六经、圣人之道，不是在为往圣继绝学吗？他的《喜雨》诗：“宵来风雨撼柴扉，早起巡檐点滴稀。一径烟云蒸日出，满船新绿买秧归。田中水浅天光净，陌上泥融燕子飞。共说今年秋稼好，碧湖红稻鲤鱼肥。”和《潍县竹枝词四十首》里最后两句“留取三分淳朴意，与君携手入陶唐”，不是向往未来百姓太平的理想生活吗？

《兰竹石图轴》

我还要多说几句张载的深刻影响力。北宋程颢作有《识仁篇》，秉承张载之学，说：“医书言手足痿痹为不仁，此言最善名状。仁者以天地万物为一体，莫非己也。”明代王阳明讲“天地万物一体之仁”，其《大学问》说：“大人者，以天地万物为一体者也，其视天下犹一家，中国犹一人焉。”“是故见孺子之入井，而必有怵惕恻隐之心焉，是其仁之与孺子而为一体也；孺子犹同类者也，见鸟兽之哀鸣觳觫，而必有不忍之心焉，是其仁之与鸟兽而为一体也；鸟兽犹有知觉者也，见草木之摧折而必有悯恤之心焉，是其仁之与草木而为一体也；草木犹有生意者也，见瓦石之毁坏而必有顾惜之心焉，是其仁之与瓦石而为一体也。”阳明分层次把仁者以天地万物为一体的道理说得十分透彻。从张载到阳明，儒家仁学发展为天人一体的生命之学，真正发扬了孔子仁学的精华。它到了当代，就是生态哲学的大智慧。板桥在数百年前就看到了张载之学的要义和永恒价值，能不使我们敬佩他的超时代的预见吗？

当代诗人有隱写道：“看到一粒种子被风吹落到土里，发芽长成树苗，那一定是大自然和爱的杰作，于是我们便知道，天地万物都在爱，爱，爱所有能够爱的，爱了，就不恨了。这时候大地辽远而平静，平日里听不到的许多声音，都能听到。”看，张载和板桥已经再生了。朋友，你是否感到和听到天地万物的爱的声音了呢？

十一、

郑板桥与儒佛道三教关系略说

板桥信仰上认同儒家孔孟之道，以《大学》“修齐治平”为人生志向，不喜欢佛教与道教。《燕京杂诗》云：“不烧铅汞不逃禅，不爱乌纱不要钱。”《板桥自叙》云：“板桥诗文，自出己意，理必归于圣贤，文必切于日用。”他虽然平生不治经学，也厌恶空谈心性的理学家，但对六经与孔子却推崇备至，以为至理蕴在其中，故《寄舍弟墨家书》中说：“四书之上有六经，六经之下有《左》、《史》、《庄》、《骚》，贾、董策略，诸葛表章，韩文杜诗而已，只此数书，终身读不尽，终生受用不尽。”“六经之文，至矣尽矣，而又有至之至者，浑沦磅礴，阔大精微，却是家常日用，《禹贡》、《洪范》、《月令》、《七月流火》是也。当刻刻寻讨贯串，一刻离不得。张横渠《西铭》一篇，巍然接六经而作，呜呼休哉！”板桥认为古代所传经典，六经是最高的，其次才是四书，而《左》、《史》、《庄》、《骚》皆在其下，他推崇北宋大儒张载《西铭》能接续六经而发扬之，他能指明儒学的特色在于既阔大精微，又切于家常日用，即“极高明而道中庸”，都能说明他骨子里是儒家，对儒学有深刻领会。

但他的心胸是宽阔的，并不排斥佛道二教，不赞成一些人视佛老为异端而辟之。他在《焦山读书寄四弟墨》中说："僧人遍满天下，不是西域送来的"，"叱为异端而深恶痛绝之，亦觉太过"，"况自昌黎辟佛以来，孔道大明，佛焰渐息，帝王卿相，一遵六经四子之书，以为齐家治国平天下之道，此时犹言辟佛，亦如同嚼蜡而已"。有些杀盗贪婪的和尚乃是佛的罪人，如同一些不仁不义的秀才，互相攻击，不如管好自己为上。

板桥说的话涉及儒佛道三教关系史。佛教自两汉之际从印度传入中国，它在流行中既与儒道两家渐行渐近，又经常发生冲突，需要有一个从水土不服到逐渐适应的过程，这是异质文化之间交流融合的必然阶段。佛教徒不仕朝廷而住庙，不伺双亲而削发出家，这最与儒家忠孝之义相违背，遭到儒家士大夫的猛烈攻击。佛教界作为回应，强调佛徒不尽小忠小孝，却有利于国家教化安定，又能超度祖亲亡灵，故乃是尽大忠大孝，而且规定兄弟出家必留一人在家侍奉父母，这样便缓解了与中国传统习俗的矛盾。隋唐时期佛学达到一个兴盛时期，而儒学虽在制度层面渐趋完备，但在理论上却处于弱势。于是韩愈（昌黎）出来大力辟佛，掀起儒学复兴运动，写出《论佛骨表》、《原道》等锋芒毕露的论文，甚至提出"人其人(强迫和尚还俗)，火其书(焚烧佛典)，庐其居(改佛寺为民用)"的极端手段，企图用行政命令消灭佛教。他的主张虽然未被唐宪宗采用而被贬谪到潮州，但昌黎辟佛却影响巨大，后世继之者多有其人。韩愈反佛很有自信，其示侄儿韩湘诗曰："一封朝奏九重天，夕贬潮州路八千。欲为圣明除弊事，肯将衰朽惜残年。云横秦岭家何在，雪拥蓝关马不前。为汝远来应有意，好收吾骨瘴江边。"

韩愈虽很坚定，但他欲排斥佛老而复兴儒学的路却走不通。柳宗元也是儒者，他认为"浮屠（佛）诚有不可斥者，往往与《易》、《论语》合，诚乐之，其与性情奭然，不与孔子异道"（《送僧浩初序》），主张"真乘法印与儒典并用"（《送文畅上人登五台遂游河朔序》），这条融佛兴儒之路后来走通了。宋明理学家朱熹用华严宗"月印万川"来论证"理一分殊"；心学家王阳明用禅宗"明心见性"推出"致良知"之说。新儒家们用佛学的哲学智慧提升了儒学的理论高度。民间则用佛教"三世因果报应"之说解释福善不对应的现实，并鼓励人们今世多做善事，为来世和后世积累善业。儒佛的融合与儒道的兼修，为儒家道德教化增加了精神动力。此后，以儒为主、佛道为辅的三教关系格局稳定下来，只不过有些儒者暗中吸收佛老，口头上还在喊辟佛老，以表示他对儒学的忠诚罢了，实在是如板桥所说"如同嚼蜡而已"。

板桥看不起不守正道的和尚，但对真正出家修行的僧人是敬重的并时有往来。他的诗钞中有多首是赠予僧人的，如《赠瓮山无方上人》、《赠博也上人》、《寄松风上人》、《赠巨潭上人》、《别梅鉴上人》、《寄青崖和尚》等。与道士亦有诗作相送，如《宿光明殿赠娄真人》、《寄怀刘道士并示酒家徐郎》等。这些诗作表达了板桥对佛道二教的敬意。如"一见空尘俗，相思已十年。补衣仍带绽，闲话亦深禅。”“岂有千山与万山，别离何易来何难！”“透脱儒书千万卷，遂令禅事得真空。”“我已心魂傍尔飞，来岁不归有如水。”“真人应运来翩翩，神清气朗心静专。浑融天地为方圆，出入仁义恢经权，藏和纳粹归心田。”从中可以看出，板桥赞赏佛教，是由于正规出家人能够“空尘俗”，即超越世俗的功利考量和一些儒者的书虫生活，并在禅修中获得一种灵性真纯的境界。他称赞道士能修得“神清气朗心静专”，是指全真道中的清修派，用老庄道家哲学来达到清静的心态，而不是什么用方术去追求长生不老。他经常访问山寺，喜欢那里的大自然和恬静优游的生活。《瓮山示无方上人》写道：“松梢雁影

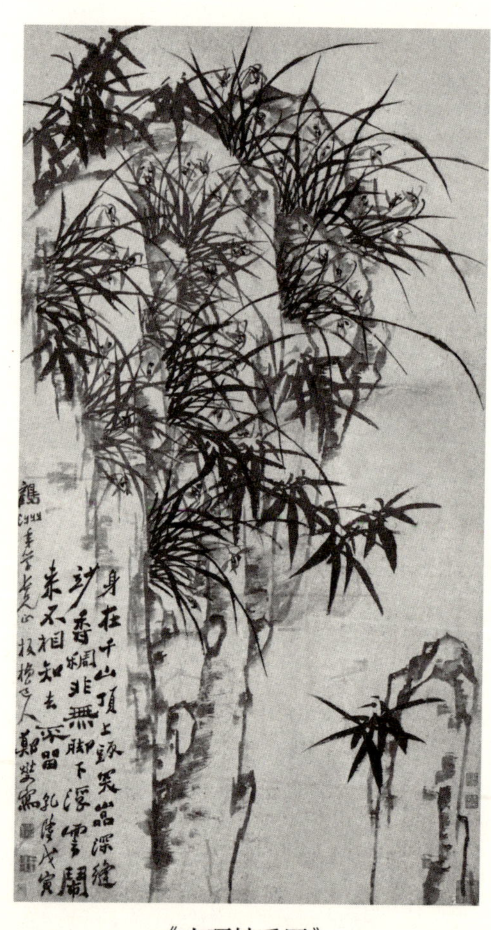

《山顶妙香图》

度清秋，云淡山空古寺幽。蟋蟀乱鸣黄叶径，瓜棚半倒夕阳楼。客来招饮欣同出，僧去烹茶又小留。寄语长安车马道，观鱼濠上是天游。”其《僧家》描述山中僧人生活，云：“茅庵欹欲倒，倩老树撑扶，白云环绕。林深无客到，有涧底鸣泉，谷中幽鸟。清风来扫，扫落叶尽归炉灶。好闭门煨芋挑灯，灯尽芋香天晓。非矫，也亲贵胄，也踏红尘，终归霞表。残衫破衲，补不彻，缝不了。比世人少却几茎头发，省得许多烦恼。向佛前烧柱香儿，闲眠一觉。”僧人的生活，虽然贫苦，却能享受绿树、白云、清泉、幽鸟，而且省去俗人的各种烦恼，虽然僧人并非不食人间烟火，与贵胄也有来往，但不受其制约，仍回归大自在的生活。他还写过一首《韬光》诗，写西湖边的韬光寺，表达出想归皈佛家的意愿，有云：“山中老僧貌奇古，十年不踏西冷土，厌听湖中歌吹声，肯来侍候衙门鼓？”“我已无家不愿归，请来了此前生果。”这大约是他情绪低沉时产生的念头，因而并不强烈。

板桥一生，以儒学做人为官，以道学从艺交游，而他把诗书画作为人生最终安身立命之所，再加上佛学的空灵，这使他在世间与出世间能自由来往，为官不喜，罢官不忧，既不像有些儒者那样执着于仕途，也不像有些僧道那样只求个人解脱，而用书诗画表达忧世，用佛法道智摆脱烦恼，他是儒道佛兼而用之，故能成就一位不同寻常的文艺怪人。

十二、

学者当自树其帜

文章学问要想自立于世并传至后世，必须有自己独特的创造，这是一个根本性的道理。先秦散文、两汉辞赋、魏晋玄学、唐诗、宋词、元曲、明清小说，无一不是如此。在这方面，最忌讳的便是雷同抄袭、亦步亦趋。当然，标新立异者中也有些作品由于根基不牢、内涵浅薄而迅速遭到淘汰，但无新意的作品肯定会被淘汰则是铁律。郑板桥对此有清醒的认识。他在《与江昱、江恂书》中说："学者当自树其帜。凡米盐船算之事，听气候于商人。未闻文章学问，亦听气候于商人者也。吾扬之士，奔走躞蹀于其门，以其一言之是非为欣戚，其损士品而丧士气，真不可复述矣。"他批评当时工商发达的扬州文化界有商业化不良倾向，文人写作看着商界大佬的脸色和喜好行事，丧失了士品士气。我们今日讲文化作品的效益，一定要社会效益在前，经济效益在后，次序不能颠倒。经济效益对于作品的传播是必要的，但必须先有社会效益，即能提升社会文明程度，满足社会对真善美的需求，方能有长远的经济效益，仅靠商家炒作，必然是迅兴速灭。而作品社会效益的取得，只能是作者在深入生活、继承深厚传统文化的基础上，独立开拓的结果。板桥当然不会知道，21 世纪的中国画界，会出现另一种方式的商业化倾向，一些书画家为市场求利欲望所驱使，放弃了追求美的纯洁性，一味地致力于赚钱。《光明日报》2017 年 9 月 22 日刊载署名杨宇全的《书画不可“贪大求长”》文章，文中说：“相当一个时期以来，书画界出现了一种‘贪大求长’的现象，突出表现在书画家的作品尺幅越搞越大，只要一下笔，动辄四尺、六尺、八尺整纸，有的书画家似嫌不过瘾，乃致出现了丈二匹、丈八匹甚至更大的尺幅。”作者分析其原因：“首先是‘以尺论价’的书画市场规则使然。许多书画家为迎合市场，唯‘平方尺’马首是瞻，不在笔墨、内涵、格调上下功夫，而是专注于投市场之所好，为了捞实惠、博眼球，只管赚个盆满钵满而一味追风求大。”“其次，眼下风起云涌的各种大展大赛也是一个重要诱因。”“于是一批批为展览而创作的巨幅作品便充斥着艺术创作领域”。作者说：“翻开一部中国书画史，许多经典之作都是小尺幅”，如黄公望《富春山居图》、王羲之《兰亭序》。当然也有一些因社会特定需要而制作的巨幅作品，如蒋兆和《流民图》、徐悲鸿《愚公移山》、董希文《开国大典》等，艺术成就很高，却都不是为了以尺幅赚钱。如板桥当年指明的那样，“未闻文章学问，亦听气候于商人者也”，艺术家决不能自甘堕落。

他在五十七八岁时所撰《板桥自叙》述说生平：自己青年时，“读书能自刻苦，自愤激，自竖立，不苟同俗，深自屈曲委蛇，由浅入深，由卑及高，由迩达远，以赴古人之奥区，以自畅其性情才力之所不尽。”又说：“板桥诗文，自出己意，理必归于圣贤，文必切于日用。或有自云高古而几唐宋者，板桥辄呵恶之，曰：‘吾文若传，便是清诗清文；若不传，将并不能为清诗清文也，何必侈言前古哉！’”他绝不仿古，而要作出与时代步伐相称的作品，为此先要“赴古人之奥区”，然后“自畅其性情才力”，也就是我们今天所说的进行“创造性转化”、“创新性发展”。如何做呢？需要下大功夫，“求精求当”，“思之思之，鬼神通之”，务达到出神入化的境地，这就不是一般人能力所及了。板桥之“怪”正是怪在个性极强，创获超出同时代，故其诗文书画能传之久远。《自叙》说：“所刻《诗钞》、《词钞》、《道情十首》、《与舍弟书十六通》行于世。

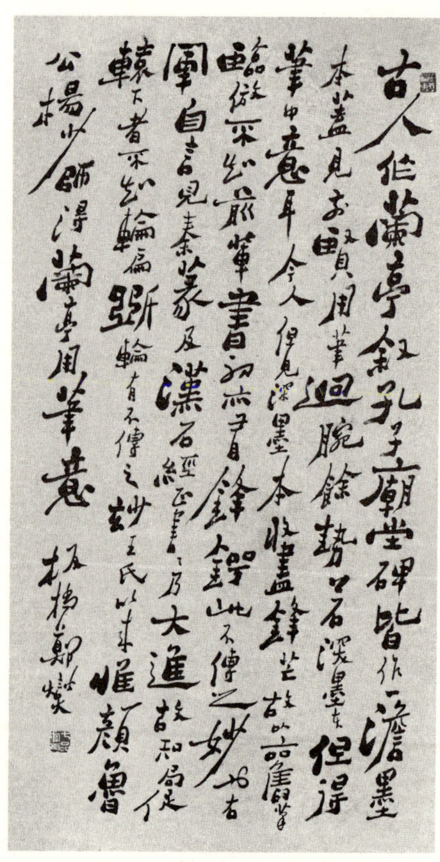

郑板桥书法

善书法，自号‘六分半书’。又以余闲作为兰竹。凡王公大人、卿士大夫、骚人词伯、山中老僧、黄冠炼客，得其一片纸，只字书，皆珍惜藏庋。然板桥从不借诸人以为名。”这是实情，毫无虚夸。他列出自己得意的能流行社会的作品，并知道上层富贵人家、名士官员和佛道大德皆争相收藏自己的作品，这全是靠自己才分和努力得来的，而不是靠显要人物的提携，所以才有如此巨大的社会效益，当然也有很好的经济效益。

板桥十分坦诚，多处承认自己罢官后较为富裕的生活是依靠卖画和书法的收入，并且自定“润格”（卖价），这很正当。其书画收入，并无发大财致大富念头，恰是为了支持书画创作，并把省下来的钱，资助乡里亲友和贫困者。板桥未曾预料，在他去世后二百多年，他的作品一直是收藏家寻觅的珍宝，而且价格昂贵，可见他的作品具有多么强大的生命力。姑且不论板桥的书画，就是他的判牍也成了收藏家的香饽饽。所谓“判牍”是县官结案时写在状纸上的判词。郑板桥为潍县县令时，清政爱民，美誉遍域，他留下的任何手迹皆为后人珍藏，以资纪念。陈介祺是清代著名金石学家，嗜好收藏文物，1878 年他得到板桥判牍，写下跋语：“板桥先生以文章之秀发于政事，吾邑贤令尹也。片纸只字，人皆珍之。四方亦于潍求之，遂日以少矣。此批牍十一幅，亦将入历以余所知附题数语。田间归来，视卅季肯或少亲切耳。”当代收藏家李一氓获板桥判牍，加盖篆文印章，其题跋曰：“一派自然，显得极为秀雅，又常带挺拔之意。其大堪欣赏之处，似乎超过了一般以‘六分半’名的郑书。”后来他将包括判牍在内的一批文物，捐给了四川博物院。①

在诸多传世之作中，自树其帜的方向和深度又有不同，因而社会作用便有差异。他在《与江昱、江恂书》中借用佛家话语而言道：“文章有大乘法，有小乘法。大乘法易而有功，小乘法劳而无为。五经、《左》、《史》、《庄》、《骚》、贾、董、匡、刘、诸葛武乡侯、韩、柳、欧、曾之文，曹操、陶潜、李、杜之诗，所谓大乘法也。理明词畅，以达天地万物之情，国家得失兴废之故。读书深，养气足，恢恢游刃有余地矣。六朝靡丽，徐、庾、江、鲍、任、沈，小乘法也。取青配紫，用七谐三，一字不合，一句不酬，拈断黄须，翻空二酉，究何与于圣贤天地之心、万物生民之命？凡所谓锦绣才子者，皆天下之废物也。”文人不应为作文而作文，不宜趋此浮华风气，只有“圣贤精义，先辈文章，万世不祧也”。他表示：“贤昆玉果能自树其帜，久而不衰，燮虽不肖，亦将戴军劳帽，穿勇字背心，执水火棍棒，奔走效力于大纛之下，岂不盛哉！岂不快哉！”板桥在这里点明了文章“自树其帜”的内在精义是必须有益于天地万物发育流行和经世济用之业。在这个大方向之下来进取创新，便是大乘法。而那些如六朝靡丽雕琢之文，专在文字形式上下功夫，虽然华艳无比，却无益于国计民生，乃是偏离了自树其帜的正道，不值得提倡。可知板

① 彭代群：《“牍”一无二的传奇身世》，《光明日报》2017年9月12日。

桥是颇重内容而轻形式化的，他是韩愈古文运动的忠实继承者，在文字表达上只求理明词畅，反对以艰深文其浅陋。他的作品，文字上皆通达畅快，其中有一部分非常通俗，直接是为了民间艺人说唱以觉人觉世之用，例如《道情十首》乃是说唱文学之范本，百姓都能听得明白，他以此而自豪。这就是板桥文学的民间性，也是文章自树其帜的一种方式，更是他得到百姓喜爱、其作品在社会上下层都流传不息的重要原因。他难道不是当代艺术家们应当认真学习的榜样吗！

十三、

板桥论“烧书”

人们一提到历史上的烧书事，自然会想到秦始皇焚书坑儒。板桥对“烧书”则有自己的新解，使人眼界大开。他把“烧书”扩展为三类：一类是孔子烧书，一类是始皇烧书，一类是作者自烧其书。他在《焦山别峰庵雨中无事书寄舍弟墨》中说：“秦始皇烧书，孔子亦烧书。删书断自唐、虞，则唐、虞以前，孔子得而烧之也。诗三千篇，存三百十一篇，则二千六百八十九篇，孔子亦得而烧之矣。孔子烧其可烧，故灰灭无所复存，而存者为经，身尊道隆，为天下后世法。始皇虎狼其心，蜂虿其性，烧经灭圣，欲剜天眼而浊人心，故身死宗亡国灭，而遗经复出。始皇之烧正不如孔子之烧也。自汉以来，求书著书，汲汲每若不可及。魏晋而下，迄于唐宋，著书者数千百家，其间风云月露之辞，悖理伤道之作，不可胜数。常恨不得始皇而烧之。而抑又不然。此等书不必始皇烧，彼将自烧也。昔欧阳永叔读书秘阁中，见数千万卷，皆霉烂不可收拾。又有书目数十卷亦烂去，但存数卷而已。视其人名皆不识，视其书名皆未见。夫欧公不为不博，而书之能藏秘阁者，亦必非无名之子。录目数卷中，竟无一人一书识者，此其自焚自灭为何如！尚待他人举火乎？近世所存汉、魏、晋丛书，唐、宋丛书，《津逮秘书》、《唐类函》、《说郛》、《文献通考》、杜佑《通典》、郑樵《通志》之类，皆卷册浩繁，不能翻刻，数百年兵火之后，十亡七八矣。刘向《说苑》、《新序》、《韩诗外传》，陆贾《新语》，扬雄《太玄》、《法言》，王充《论衡》，蔡邕《独断》，皆汉儒之矫矫者也。虽有些零碎道理，譬之六经，犹苍蝇声耳，岂得为日月经天，江河行地哉！吾弟读书，四书之上有六经，六经之下有《左》、《史》、《庄》、《骚》，贾、董策略，诸葛表章，韩文杜诗而已。只此数书，终身读不尽，终身受用不尽。”引以上大段板桥家书文，是为了全面了知板桥“烧书”之论，有其精彩之笔，亦不无可商榷之处。板桥所说的“烧”是广义的湮灭，书被读者遗忘也是“烧”了。在这个意义上，除了始皇真在

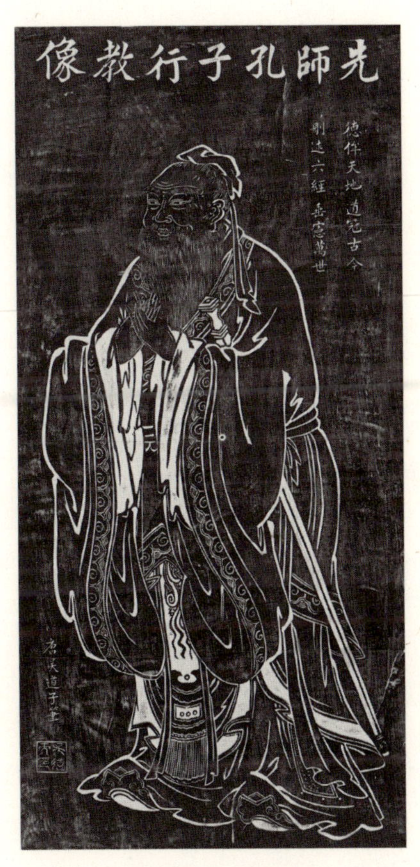

《先师孔子行教像》

烧书外，说孔子烧书和一些作者自烧自家书，那不仅有道理，还非常深刻。唐代吴道子《先师孔子行教像》的题词是："德侔天地，道冠古今，删述六经，垂宪万世"。孔子删述六经是儒者都赞同的，这种删述乃是整理、选粹、集大成之谓，为此必须去粗取精，使六经流芳百世，这就是孔子建设性的"烧书"。历代总有若干书，即使收藏于秘阁，也没有多少人光顾，或霉烂，或尘埋，大概价值不大吧，这就是"自烧书"。不过有些大型工具书，如板桥提到的类书《通典》、《通志》、《文献通考》，习称"三通"，乃是经典训诂的重要参考书，历来受到重视，在当代史学再兴的时候，用途就更大了。六经与《左》、《史》、《庄》、《骚》固然重要，也需要解读之作和诸子百家与之并存，才能相得而益彰。板桥平生不治经学，不谙考据，故认为"三通"一类典籍乃无用之书，当然是一种偏见，我要为类书及诸子说句公道话。

不过，我对板桥"自烧书"也有同情的理解。历代人士皆视前代遗书为珍品，越古越珍重，于是反复整理，编为丛书，建立书库，编制目录，待人查阅，这是一项重要的文化传承工作。但是，其中必然有若干部书一直无人问津，只有文物价值，并无学术功用，这就是"自烧书"，使人无可奈何。我们已经有了《四库全书》、《四部丛刊》、《四部备要》、《大藏经》、《道藏》、《诸子集成》、《百子全书》、《皇清经解》、《全上古三代秦汉三国六朝文》、《经籍纂诂》、《古今图书集成》、《十三经注疏》等，对于学术研究而言，古文献资料的供给足矣，今人是否有必要花大财力人力再去做大型古籍新编之类的书籍呢？即使做出来也没有人去看。不如在薄弱环节上多下功夫，如编出更好的目录便于查找，制成电子版在网络上流传，加大地方史志的编修，加强从古籍中提取精华并实现创造性转化等。当代作者群庞大无比，出版事业空前发达，可是有许多书出版不久便不流通，变成废纸，岂不也是在自烧书么！看来自烧书现象还会延续下去，也许历史就是这样走过来也走下去的。

我还要补充说，秦始皇破坏性烧书一类现象在中国历史上是经常发生的，而且后来的烧书比始皇有过之而无不及。秦汉代谢之际，初项羽兵气盛，但迷信勇力而无文化，《史记·项羽本纪》说：“项羽引兵西屠咸阳，杀秦降王子婴，烧秦宫室，火三月不灭，收其货宝妇女而东。”可以想见，秦朝保留下的古籍也随之遭焚，而项羽眼里没有人道与文化，只有货宝与妇女。板桥曾写《项羽》一诗：“已破章邯势莫当，八千子弟赴咸阳。新安何苦坑秦卒，坝上焉能杀汉王。玉帐深宵悲骏马，楚歌四面促红妆。乌江水冷秋风急，寂寞野花开战场。”他指责项羽滥杀降卒而无仁义，遂有乌江自刎的悲剧结果。项羽既然与始皇同样残暴，又何能取彼而代之。再看从南北朝到唐末发生的“三武一宗灭佛”事件。《魏书·释老志》载：北魏太武帝灭佛，“诸有佛图形象及胡经，尽皆击破、焚毁。沙门无少长，悉坑之”。真够残忍的。《周书·武帝纪》载北周武帝灭佛，“初断佛、道二教，经像悉毁。罢沙门道士，并令还民”。好在他还没有杀人。《唐书·武宗纪》

载，武宗会昌五年灭佛，共毁大中寺院4600所，小庙4万余处，焚烧大量经籍，强令僧尼26万多人还俗，自此佛教由盛而衰。清朝乾隆年间，修《四库全书》，收录经史子集四部古籍三千余种，为后人研究历史文化提供了前所未有的丰富文献和使用上的方便，所谓盛世修典，受到称赞。但是，这次修《四库全书》既是建设，同时也是破坏，出于狭隘的民族主义，要钳制反满言论，统治者把大量认为不利于其意识形态的古籍加以焚毁、删削、篡改，计禁毁书达3000余种，15万部，与收录的书量几乎相等，其规模要比始皇焚书大得多了。同时，大兴文字狱，迫害无辜文人，烧毁许多典籍。章太炎在《检论》“哀焚书”里说：“满洲乾隆三十九年，既开四库馆，下诏求书，命有触忌讳者毁之。四十一年，江西巡抚海成献应毁禁书八千余通，传旨褒美，督他省摧烧益急，自尔献媚者蜂起。初下诏时，切齿于明季野史。其后四库创议，虽宋人言辽金元，明人言元，其议论偏缪尤甚者，一切拟毁。”乾隆的文化专制破坏了中华文化的包容传统，害莫大焉。

当代20世纪六七十年代发生的“文化大革命”，人称“十年浩劫”。红卫兵运动摧残了大批人士的生命，又在各地捣毁焚烧寺院经像，学者遭抄家，无数藏书或焚毁，或送造纸厂化为纸浆，数量巨大，损失空前。这是一次惨痛的教训。忘记历史就等于背叛，国人永远不能让它在未来岁月重演。

十四、

文人不相轻，板桥重友情

在文化界，文人之间应如何相处？是“文人相轻”，还是“文人相重”？这个话题一直在探讨，似乎尚无定论。民国年间，鲁迅写有一篇杂文:《“文人相轻”》，内中说，曹聚仁（文化学者）写文说明：汉魏之际曹丕就用过“文人相轻”，意指“文非一体，鲜能备善，是以各以所长，相轻所短”，不过它仅限于“制作的范围”，不能作人身攻击。鲁迅认为“文人相轻”是“一个模模糊糊的恶名”，如被它吓倒，不敢有“明确的是非，热烈的好恶”而采取庄子式“齐是非”的态度，是不行的。我琢磨鲁迅话里话外的意思，他似乎不赞成给“文人相轻”加上模糊的恶名，对于需要指责的文人就是要是非分明、好恶激烈。再联系他一生把杂文作为匕首，刺向文艺界与他异见的派别和人物，一生反对宽恕，直到去世，主张“痛打落水狗”，那么他总是以战斗的姿态而非温和包容的情怀对待文艺界内部争论的。这对不对呢？我要说这个话题中仍有许多是非尚未澄清。

我以为：第一，面对大是大非，态度一定要鲜明，决不能模棱两可。何谓大是大非？爱国还是媚外，爱人还是害人，和平还是战争，爱中华文化还是打倒孔家店，都是大是大非。而鲁迅所说“是非”主要不是这些，他对于“九一八”事变以来的日本帝国主义对中国的侵略罪行，从未明确予以严厉谴责，而把讽刺的矛头指向与他在文艺观点上不同的人与事。他对以孔子儒学为代表的重道德理性的中华传统文化从整体上加以否定，而且态度十分粗暴武断。他在《狂人日记》里写道：“我翻开历史一查，这历史没有年代，歪歪斜斜的每叶上都写着‘仁义道德’几个字。我横竖睡不着，仔细看了半夜，才从字缝里看出字来，满本都写着两个字，是‘吃人’！”鲁迅还有八个字：“汉字不灭，中国必亡。”这不仅是黑白不分，而且是是非颠倒。若中国主流社会真的认同鲁迅上面两个字和八个字，中国及其文化非但没有吃人，反会被吃掉，被外国及其文化吃掉，中华民族文化共同体的灵魂和纽带将一齐被葬送，这决不是危言耸听。近代以来，中国面临的社会危机，骨子里是文化危机，自丑其美，美人之丑，实行文化自戕，这是最大的危机。好在今日经过总结历史教训我们已经看清了真相，重建了文化自信和自觉，开始了中华民族的伟大复兴进程。

第二，文人之间，“各以所长，相轻所短”，是没有必要的，也是不应该的。在“制作的范围”，即文艺创作上要百花齐放、百家争鸣，彼此取人之长以补己之短，而不能以己之长轻人之短。文人相轻不好，文人相捧亦不可取，文人相尊是最好的，应大力提倡。

第三，在中国历史上，文人相重相亲的事例不胜枚举，这是文化界的好传统。举例说：唐代韩愈与柳宗元、柳宗元与刘禹锡的友情便可歌可泣。韩愈兴儒反佛，柳宗元却宗儒融佛，二人在政治观点上也有种种不同。但这种不同非但没有导致文人相轻，却始终未曾影响二人深厚的友情。柳宗元去世后，韩愈写下《柳子厚（宗元）墓志铭》，强调"士穷乃见节义"，子厚远贬播州，刘禹锡愿"以柳（州）易播"，结果，子厚改贬柳州，而梦得（禹锡）改刺连州。这是多么难得的友情。他批评里巷小人平日相慕悦，"一旦临小利害"，便落井下石。他称赞子厚"文学词章"颇有成就，"必传于世"，比之"为将相于一时"更重要。韩、柳、刘的真挚情谊经得起祸患的考验。

郑板桥继承了文人相重的好传统。郑板桥、李鱓、金农、高翔、汪士慎、黄慎、李方膺、罗聘八位画家，其创作都活跃于扬州，人称"扬州八怪"。此称谓是由于八人画作共成一派风格而各人又有独特个性，使社会人士印象深刻。若从"文人相轻"的偏见出发，必以为八怪之间互不相容。岂不知八人之怪皆在书画创新方面，而为人处世却都能厚道包纳，故相处和谐。板桥在诗钞里，有《饮李复堂（李鱓）宅赋赠》、《赠金农》，绝句二十一首中有《李鱓》、《黄慎》、《金司农》、《怀李三鱓》，补遗书札中有《与金农书》三封，诗有《题李方膺墨竹》、《题李复堂蕉竹图》、《题李复堂秋稼晚菘图》等，他与金农、李鱓、黄慎、李方膺皆有诗文画作赠答，其中与八怪中心人物金农交情最深。他的诗《赠金农》："乱发团成字，深山凿出诗；不须论骨髓，谁得学其皮！”对金农能妙化自然诸物为神奇艺术的大手笔表示赞叹，认为学其皮毛犹且不易，何论骨髓！另一首诗《金司农》：“字寿门，钱塘人，博物工诗，举鸿博不就。九尺珊瑚照乘珠，紫髯碧眼聚商胡；银河若问支机石，还让中原老匹夫。”此诗前为说明语，中间四句二十八字是七言诗文本。板桥是借此诗向社会推介金农，说金农虽通过了科举博学鸿词科，却不愿为官，故名位不高，但身怀绝艺，如同九尺珊瑚照龙珠，使胡商眼热那样，即使是银河灿烂星光的支机石也不敢与金农相比，所以写此诗，促其流传不息。

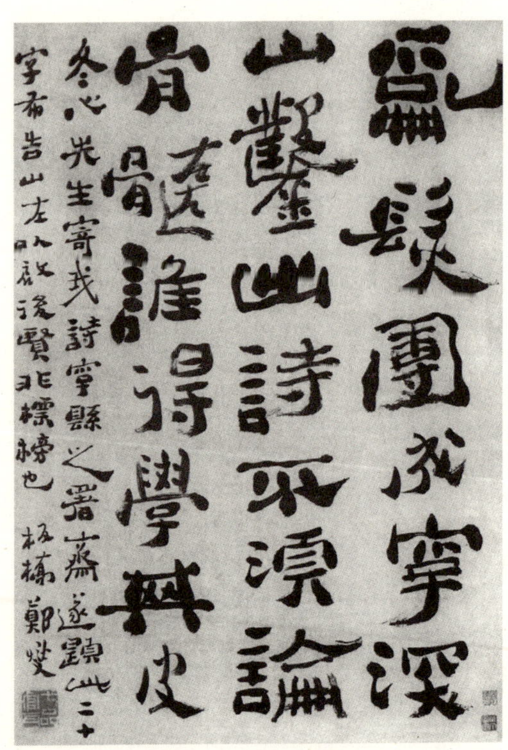

《题冬心先生诗字》

《郑板桥集》补遗书札中有《与金农书》三封：其一是赞赏金农《七夕诗》“词严义正，脱尽前人窠臼”，即七夕节重点不在乞巧，而在凸显“织女乃衣之源，牵牛乃食之本”。其二是与金农议论作词之道，称赞“太白《菩萨蛮》二首，诚千古绝调也。作词一道，过方则近于诗，过圆则流于曲”，“承示新词数阕，俱不减苏辛也”。认为金农所赠新词，不在苏轼、辛弃疾之下。其三，与金农论古董收藏，他提出新说：“世间可宝贵者，莫若《易象》、《诗》、《书》、《春秋》、《礼》、《乐》，斯岂非世上大古器乎！不此之贵，而玩物丧志，奚取焉！”认为收藏古董不如收藏六经，他把话题转到了传承经典上。

此外，《郑板桥研究资料》（载卞孝萱编：《郑板桥全集》，齐鲁书社 1985 年版）中有金农题记二，可知金农对郑板桥的评价也甚高。其一，《冬心先生画竹题记》：“兴化郑进士板桥，风流雅谑，极有书名，狂草古籀，一字一笔，兼众妙之长。十年前，予与先后游广陵，相亲相洽，若鸥鹭之在汀渚也。又善画竹，雨梢风箨，不学而能。”金农此题记中的精要在两句：一曰“风流雅谑”，活画出板桥幽默的性格；二曰“相亲相洽”，表达了二人亲如兄弟的关系。正如《易系辞》所言：“二人同心，其利断金；同心之言，其臭如兰。”其二，《冬心先生自写真题记》：“十年前，卧疾江乡，吾友郑进士板桥宰潍县，闻予捐世，服缌麻，设位而哭。沈上舍房仲道赴东莱，乃云冬心先生虽撄二竖（生病），至今无恙也。板桥始破涕改容，千里致书慰问。予感其生死不渝，赋诗报谢之。近板桥解组（去官），予复出游，尝相见广陵僧庐，予仿昔人自为写真寄板桥。板桥善墨竹，绝似文湖州，乞画一枝，洗我满面尘土可乎？”有人误传金农病逝，板桥虽为官潍县，却能穿丧服、设灵位而哭，实在感人。后知金农病愈，致书慰问。这种情分真可谓“生死不渝”。金农欣赏板桥墨竹而求之，谓能“洗我满面尘土”，足见其墨竹之清幽。

板桥与李鱓的友好交往也很多。其诗钞之一《饮李复堂宅赋赠》，述说李氏年少得志，“櫜笔侍直仁皇前”，但其才雄为世所忌，便离开都市官场，自寻其乐，卖画为生。其绝句二十一首中有《李鱓》：先介绍“号复堂，兴化人，孝廉。供奉内廷，后为滕县令。画笔工绝”，然后赋诗“两革科名一贬官，萧萧华发镜中寒。回头痛哭仁皇帝，长把灵和柳色看”。赞李氏画艺绝妙，并同情他的遭际。又有《怀李三鱓》，抒发思念之情，“梦中长与先生会，草阁南津旧钓矶”。板桥为李鱓作有两题画：一为《题李复堂蕉竹图》，赞曰“君家蕉竹浙江东，此画还添柱石功”；二为《题李复堂秋稼晚菘（菜蔬）图》，赞曰“稻穗黄，充饥肠；菜叶绿，作羹汤。味平淡，趣悠长。万人性命，二物耽当。几点濡濡墨水，一幅大大文章”。李氏所画是稻穗与菜叶，与板桥画兰竹石很不一样，但板桥看好李氏将民众赖以食用的粮菜入画，能抓住民生主题，故是“一幅大大文章”。

板桥在给墨弟家书中自谓“愚兄平生漫骂无礼”，但他不是乱骂，只骂那些“推廓不开”（死读书）的秀才，而对于有一才一技之长者是尊重的。对于同行画家尤其扬州画派的同道更是高看一眼，发掘他们与己不同的特色，并与之结成同游互学的艺林伴侣。“文人相轻”论在板桥和八怪面前，可以休矣。

十五、

嘱托又叮咛，浓浓兄弟情

板桥出身于平民化的书香门第，祖父是儒官，父亲是廪生，家居授徒，叔父是庠生，生子郑墨。4 岁，其母辞世，育于乳母而长成。14 岁，继母去世。从小读书，学填词。24 岁，堂弟墨生。26 岁便设私塾教童蒙以诗。30 岁，其父离世。41 岁，其叔去世。生二女一子，57 岁时子病殁。他于 44 岁时，赴京试礼部中式成进士，45 岁作《乳母诗》，50 岁为范县令，54 岁调署潍县，61 岁以请赈（放仓救灾）忤大吏罢官。归扬州，游江南，作书画诗词。73 岁卒于世。从以上简历中可知，板桥自父辈，家道零落，其父未能看到他中科举为县令及后来书画流播于世的光彩时日；父母叔父皆不及老年；人丁不旺，儿子早夭，祖父一支家族男性中，同辈只剩下他与堂弟郑墨，并只有郑墨一人在乡维持小农式的家业。于是他外出游艺和为官时，心目中便只有“舍弟墨”，视之为家族的支柱和代表。

板桥是位极重亲情又懂得感恩的人。他成进士后作《乳母诗》深切怀念与他并无血缘却又自幼抚养他的乳母。其诗说：“乳母费氏，先祖母蔡太孺人之侍婢也。燮四岁失母，育于费氏。时值岁饥，费自食于外，服劳于内。每晨起，负燮入市中，以一钱市一饼置燮手中，然后治他事。间有鱼飧瓜果，必先食燮，然后夫妻子母可得食也。”其后三年，费氏因其夫离去，不得不随夫行，却为板桥留下许多生活必需之物。“后三年，来归侍太孺人，抚燮倍挚。又三十四年而卒，寿七十有六。”“燮成进士，乃喜曰：‘吾抚幼主成名，儿子作八品官，复何恨！’”板桥最后感叹：“平生所负恩，不独一乳母。长恨富贵迟，遂令惭恧久。黄泉路迂阔，白发人老丑。食禄千万钟，不如饼在手。”他自觉此恩未报，遗恨终身。

《郑板桥集》所收家书，即寄舍弟墨十六通，是展现板桥为人处世的儒者气象的鲜活教材，比之他的诗词更能在议论中表达人生观的精要，显示出一位大思想家的道德理性和智慧。特别令人感动的是，他在家书中对堂弟反复嘱托又叮咛，表现出浓浓的兄弟之情。在家书之外，诗钞中还有《怀舍弟墨》、《署中示舍弟墨》，补遗书札中有《与墨弟书》。在亲朋中再无第二人得到他如

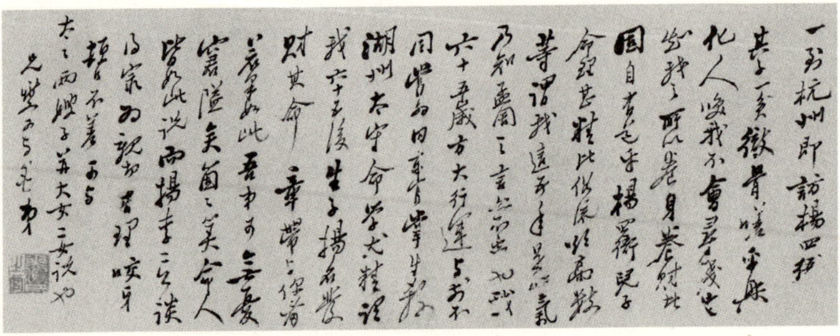

《家　书》

此多的文辞交流，在那个邮政不畅的年代是多么难能可贵。

家书之一《雍正十年杭州韬光庵中寄舍弟墨》。其时板桥40岁，赴南京乡试中举人。家书是希望墨弟继承与光大先人忠厚家风。“愚兄为秀才时，检家中旧书簏，得前代家奴契券，即于灯下焚去，并不返诸其人。恐明与之，反多一番形迹，增一番愧恧。自我用人，从不书券，合则留，不合则去。何苦存此一纸，使吾后世子孙，借为口实，以便苛求抑勒乎！”其先人治家时，有人来为佣奴以抵借债，而债未偿还便放人归去，已是忠厚之举。板桥认为还要再进一步烧掉契券，不留形迹，不返还其人，以免该人有愧谢，更担心后代借契券讨债增息。这是一种但做好事不留名声的高尚之举。板桥又从理论上把它提升了：“如此存心，是为人处，即是为己处。若事事预留把柄，使人入其网罗，无能逃脱，其穷愈速，其祸即来，其子孙即有不可问之事、不可测之忧。试看世间会打算的，何曾打算得别人一点，直是算尽自家耳！可哀可叹，吾弟识之。”这段话最能诠释他的流传于世的横额“难得糊涂”的精义，即：在自家利益上要糊涂，在为他人打算上要聪明，这是大聪明小糊涂；而一些人如《红楼梦》所说“机关算尽太聪明，反算了卿卿性命”，乃是小聪明大糊涂。这种大智若愚的境界是一般人所不及的。板桥另一横额“吃亏是福”，其解说是：“损于己则益于彼，外得人情之平，内得我心之安，既平且安，福即在是矣。”板桥对墨弟最早的嘱托，便是忠厚二字，他把兄弟之情建立在道德家教上，是多么难得的一位好长兄。

家书之二《焦山读书寄四弟墨》。此篇是为墨弟讲对佛家要宽容，不宜“叱为异端而深恶痛绝之”。理由是“僧人遍满天下，不是西域送来的。即吾中国之父兄子弟，穷而无归，入而难返者也”。佛门为走投无路者开辟了一条求生存、安身心之路。佛“未尝履中国土”，自唐以后，“孔道大明”，“此时而犹言辟佛，亦如同嚼蜡而已”。至于那些违反国法教规，“杀盗淫妄，贪婪势利”的和尚，乃“是佛之罪人”，如同“不仁不智，无礼无义”的秀才，当然也可以视为儒之罪人，皆无关佛、儒二教之宏旨。板桥此信，是要墨弟正确对待儒家佛教，区别忠信者与伪善者，不可以人废教，要善待周围不同信仰者，开拓其视野。

家书之三《仪真县江村茶社寄舍弟》。此篇是板桥为弟讲“为文者”之道，即如何做一个在文章诗书制艺上有成就的人士。一是要培养出一种热爱大自然的心境。家书开头便是：“江雨初晴，宿烟收尽，林花碧柳，皆洗沐以待朝暾；而又娇鸟唤人，微风叠浪，吴楚诸山，青葱明秀，几欲渡江而来。此时坐水阁上，烹龙凤茶，烧夹剪香，令友人吹笛，作落梅花一弄，真是人间仙境也。”板桥期望上过私塾的堂弟要能欣赏美景情致并陶醉于其中，才会成为“为文者”。又向堂弟推介王羲之、虞世南的书法，李白、王维、杜牧的诗作，还有“先朝董思白，我朝韩慕庐，皆以鲜秀之笔，作为制艺，取重当时”。他要求“吾弟为文，须想春江之妙境，挹先辈之美词，令人悦心娱目，自尔利科名，厚福泽。”也许有人质疑：“吾子论文，常曰生辣、曰古奥、曰离奇、曰淡运，何忽作此秀媚语？”他的回答是：“论文，公道也；训子弟，私情也。岂有子弟而不愿其福贵寿考者乎？”这是一种看上去矛盾却又可以统一的态度：赏妙景、撷美词有益于利科名，跻身于社会精英行列，然后再创作与众不同风格的作品以自树其帜。板桥自己就是这样走过来的，也希望堂弟走这条路。

家书之四《焦山别峰庵雨中无事书寄舍弟墨》。此篇重点在以秦始皇烧书为由头，拓展为三种烧书：秦始皇是“烧圣灭圣”，孔子是删经继圣，还有许多人是“自烧其书”，即自行湮灭。他的结论是明确的：杜绝始皇残暴烧书，继承孔子传扬六经，自家要创作受社会欢迎的新作品。

家书之五《焦山双峰阁寄舍弟墨》。此篇讲忠厚积德以对应风水之俗。他告诉堂弟：“郝家庄有墓田一块，价十二两，先君曾欲买置，因有无主孤坟一座，必须刨去。”先君不忍刨人之冢而罢手。板桥嘱托其弟，可付金速买下，“以葬吾夫妇”，“即留此孤坟，以为牛眠一伴，刻石示子孙，永永不废，岂非先君忠厚之义而又深之乎！”他的理念是：“吾辈存心，须刻刻去浇存厚，虽有恶风水，必变为善地，此理断可信也。”有如此厚道的长兄谆谆训导，在家掌管事务的堂弟能不纯厚其家教家风乎！

家书之六《淮安舟中寄舍弟墨》。此篇赞赏“东坡一生觉得世上没有不好的人，最是他好处”。同时自我批评，“愚兄平生漫骂无礼”。他又解释：“然人有一才一技之长，一行一言之美，未尝不啧啧称道”。但“年老身孤，当慎口过。爱人是好处，骂人是不好处”。若据实说来，东坡亦有怨愤之时，只是他看到别人的好处多一些；板桥骂人不是乱骂，是骂那些“推廓不开”即死读书而不经世的烂秀才，却看重有德有才者，只是骂烂秀才时，口词尖刻了些，疾恶如仇过头了。在堂弟面前检讨是必要的，以免其弟模仿。

家书之七《范县署中寄舍弟墨》。此篇要点是嘱托堂弟用兄为官薪俸之钱回乡后，“挨家比户，逐一散给”，尤其要照顾孤儿和贫户，还有旧时同学。自言科举成进士“俱是侥幸”，不宜“骄倨朋友”。“敦宗族，睦亲姻，念故交，大数既得，其余邻里乡党，相赒相恤，汝自为之，务在金尽而止。”他提供薪金，让其弟周济众邻，这也是教育其弟的好方式。

家书之八《范县署中寄舍弟墨第二书》。此次家书专为委托墨弟在家乡买宅，建一土墙院落，栽竹树种草花，房屋八间，“俱用草苫”。有人担心，此等宅居只怕盗贼，板桥说：“不知盗贼亦穷民耳。开门延入，商量分惠，有什么便拿什么去；若一无所有，便王献之青毡，亦可携取质百钱救急也。”如此宽宏大量的人实属少见。

家书之九《范县署中寄舍弟墨第三书》。此篇讲《春秋》得失、《史记》矛盾，以申明“读书要有特识，依样葫芦，无有是处”。他希望墨弟读史书要能活读开新。

家书之十《范县署中寄舍弟墨第四书》。此篇讲“天地间第一等人，只有农夫，而士为四民之末”，别开生面。托其弟置田二百亩，兄弟各得百亩，“若再求多，便是占人产业，莫大罪过”。要想到“天下无田无业者多矣”。这是典型的小康理想。

家书之十一《范县署中寄舍弟墨第五书》。此篇为其弟讲如何作诗。“作诗非难，命题为难”，因为命题是点明主旨，便有高下之别。他推崇杜甫：“少陵诗高绝千古，自不必言，即其命题，已早据百尺楼上矣。”列举“《哀江头》、《哀王孙》，伤亡国也；《新婚别》、《无家别》、《垂老别》、《前后出塞》诸篇，悲戍役也；《兵车行》、《丽人行》，乱之始也；《达行在所》三首，庆中兴也；《北征》、《洗兵马》，喜复国望太平也”。他批评“近世诗家题目，非赏花即宴集”，皆无关国事民生。他告诫墨弟：“吾弟欲从事于此，可以终岁不作，不可以一字苟吟。慎题目，所以端人品，厉风教也。”这符合孔子“思无邪”和儒家“温柔敦厚”诗教的传统。

家书之十二《潍县署中寄舍弟墨第一书》。此篇谈读书，反对“以过目成诵为能”，主张精选深读。如《史记》“以《项羽本纪》为最，而《项羽本纪》中，又以钜鹿之战、鸿门之宴、垓下之会为最”。依我之见，《项羽本纪》是描写得最为精彩之传纪，能将历史与文学高度结合，但并非别的传纪无优秀篇章，不可将板桥之言绝对化。

家书之十三《潍县署中与舍弟墨第二书》。此篇讲他不喜笼中养鸟的道理，是因笼中囚鸟及以蜻蜓、螃蟹为玩具，皆缺少对万物恻隐之心，有碍于培养儿童“长其忠厚之情，驱其残忍之性”。爱护动物花草，培植爱心，是儿童教育必当讲究的事情。板桥在另纸上讲爱鸟之道，最好是多种树，让鸟在其间自由飞翔。

家书之十四《潍县署中寄舍弟墨第三书》。此篇讲延师家教子弟，以“敬师为要”，择师固然要审慎，只要是“一方之秀，未必海内名流”，即当尊之敬之。

家书之十五《潍县署中寄舍弟墨第四书》。此篇讲读书的好处，虽“科名不来，学问在我”。“昔有人问沈近思侍郎，如何是救贫的良法？沈曰读书。”有学问在身，必有机会致富济贫。

家书之十六《潍县署中与舍弟第五书》。此篇与弟论文章，认为“无论时文、古文、诗歌、词赋，皆谓之文章”。“愚谓本朝文章，当以方百川制艺为第一，侯朝宗古文次之”。他把历史上可以作为标杆的文章称为“六君子”：“文章以沉着痛快为最，《左》、《史》、《庄》、《骚》、杜诗、韩文是也。”他称颂“东坡居士刻刻以天地万物为心，以其余闲作为枯木竹石”，而王摩诘、赵子昂不过是“两画师”，“试看其平生诗文，可曾一句道着民间痛痒？”于此可知，板桥最重文史的现实主义传统，而看轻描写风花雪月、离思幽情的浪漫主义传统。

以上十六通家书，便是板桥样式的家训家教。从内容上大致可分五类如下：一类是叮咛其弟传承先人忠厚为善的家风、感恩祖德；一类是教导其弟尊重农夫、热爱乡土邻里；一类是委托其弟适当添置家居田亩以备退休后兄弟过好小康田园生活；一类是讲解中华文史优秀经典与人物，用以鼓励其弟向上向善、做人做文章；一类是嘱付其弟做好子孙教育使之立德成才。他与墨弟亲如一母所生兄弟而又过之，浓浓的兄弟情之中包含着健康丰富的内容，他全面关心弟弟的生活、读书、前途、来往，细致入微，兄弟之间形成真正的命运共同体、文化共同体，休戚与共、痛痒相关，天底下还能再找出这样一位好兄长吗？

板桥诗钞中有一首《怀舍弟墨》，回溯兄弟情分："我无亲弟兄，同堂仅二人；上推父与叔，岂不同一身！一身若连枝，叶叶相依因；树大枝叶富，树小枝叶贫。况我两弱干，荒河蔓草滨。走马折为鞭，樵斧摧为薪；含凄度霜雪，努力爱秋春。我年四十一，我弟年十八。忆昔幼小时，清癯欠肥肭。老父酷怜爱，谓叔晚年儿；饼饵拥其手，病饱不病饥。出门几回顾，入门先抱持。年来父叔殁，移家僦（租赁）他宅；幸有破茅茨，而无饱糠覈。老兄似有才，苦不受绳尺；贤弟才似短，循循受谦益。前年葬大父，圹有金吓蟆，或云是贵征，便当兴其家。起家望贤弟，老兄太浮夸。家贫富书史，我又无儿子；生儿当与分，无儿尽付尔。离家一两月，念尔不能忘。客中有老树，枝叶郁苍苍。东枝近檐屋，西枝过邻墙；两枝不相顾，剪伐谁护将？感此伤我怀，苦乐须同尝！"这一首长诗，进一步透露出兄弟之情的缘由，乃是上代父叔兄弟之情的延续。郑家两代只有兄弟二人，皆为连理枝；老父与叔父亲密无间，痛爱叔子超过亲子；至燮与墨，二人相依为命；而燮外出，家事全靠其墨弟支撑，故燮爱家之情全都倾注在墨弟身上。

又有一首《署中示舍弟墨》，讲述自己从学诗画到有科名到为范县令的人生过程，而他的归宿仍在“速装我砚，速携我稿，卖画扬州，与李（李鱓）同老。诗学三人，老瞒（曹操）与焉，少陵（杜甫）为后，姬旦（周公）为先。字学汉魏，崔蔡钟繇，古碑断碣，刻意搜求。维兹三事，屋舍田畴”。这里“三事”指：作画、写诗、书法，用以充实田园生活。“吾既不贪，尔亦无恚”，这种生活无大富贵，却平安自足。

还有一篇《与墨弟书》，给墨弟寄银三十两，让其转大女儿三两，余留家用。述其游杭州、湖州之情形，甚觉自适。

板桥与墨弟，无话不说，频繁沟通，毫无忌讳，墨弟成为他倾诉内心世界、情感波澜的唯一对象，与墨弟诉说乃是他日常生活不可或缺的内容。正是在不断的书信中，板桥提炼和表达出许多重要的思想，给后人留下一笔宝贵的精神财富。

十六、
从“四君子”到“三君子”

按照当代画家傅抱石为《郑板桥集》所写的前言的说法，自宋以来，梅兰竹菊便被士人称为“四君子”，认为分别代表了“清高”、“幽洁”、“虚心”、“隐逸”四种品格。但后世人们对“四君子”的理解并不尽相同。有的说分别代表了“傲”、“幽”、“坚”、“淡”，有的说分别代表了“高洁”、“清逸”、“气节”、“淡泊”，有的说分别代表了“高洁傲岸”、“幽雅空灵”、“虚心有节”、“冷艳清贞”等，彼此之间有同有异。梅花开在冬末春初，不怕霜雪，傲然独自出世，所以为世人赞叹，赋予它一个“傲”字。正如宋代诗人林逋《山园小梅》所描绘：“众芳摇落独暄妍，占尽风情向小园。疏影横斜水清浅，暗香浮动月黄昏。”梅花早开，不是为了傲视众芳，而是敢于战胜冰雪，给人间早点送去秀美和暗香，所以它的“傲”并非傲气，而是傲骨。兰草往往长在山谷，以其清雅为人们所喜爱，赋予它一个“幽”字。人们对梅与兰的诠释大致相同。但对于竹与菊的说法就有差异了。说到竹，有的说它代表了虚心，有的说它代表了气节。说到菊，有的说它代表了隐逸，有的说它代表了冷艳。我以为竹有气节，菊耐秋寒，是最主要的。不同的人对花木寄托的情感和追求不同，互有差异，都在情理之中。不论如何，都是“天人合一”的情怀在花木与人的关系上的表现，即赋予自然之物以人间文化的色彩，使之成为有灵性的、与人共生的可爱伴侣。而用“君子”形容四种花木，则是孔子儒学的影响所致。孔孟儒学用君子与小人对举的方式，建立起道德自律的模式与道德监督的标准，成为普遍流行的话语，影响了数千年。其中最重要的是：“君子喻于义，小人喻于利”、“君子和而不同，小人同而不和”、“君子坦荡荡，小人常戚戚”。儒家形容君子的要语，还有：“君子以自强不息”、“君子以厚德载物”、“君子尊德性而道问学”等。君子于是成为社会上讲究道德、品格高尚者的代名词。而“四君子”之说，就是把君子的品行用梅兰竹菊四种花木的生动形象予以表述，得到了诗画界广泛的认同。

但我要强调的是：在郑板桥的画卷和题诗中，他很少讲“四君子”中的梅与菊，而主讲“三君子”，即兰竹石。板桥是很有个性的画家，他的“三君子”突破了“四君子”局限，加上了“石”，而且其美学意味中增加了道家、墨家的内涵，又有浓郁的大众山野泥土气息。对此不可不加以辨析。《兰竹石》云：“介于石，臭如兰，坚多节。皆《易》之理也，君子以之。”可知板桥明确称兰竹石为君子。

先说兰。他认可兰的幽洁，题画诗《兰》说：“此是幽贞一种花，不求闻达只烟霞。”但他更注重兰的山野性和包容性。说：

“兰花本是山中草，还向山中种此花”，他不赞成在盆景中养兰，也不满意在庭院假山植兰，这样可以避免俗气的熏染，故曰：“山中兰草乱如蓬，叶暖花酣气候浓。山谷送香非不远，那能送到尘俗中？”由此可见，板桥心目中的兰，其幽洁并非贵士自闭式的清高，而是樵夫式的纯朴。还有，板桥提出一个一般人想不到的命题：“不容荆棘不成兰”，说：“东坡画兰，长带荆棘，见君子能容小人也。吾谓荆棘不当尽以小人目之。如国之爪牙，王之虎臣，自不可废。”兰长在深山，不断有动物啮之，有砍柴者割之，“若得棘刺为之护撼，其害斯远矣”。他画《丛兰棘刺图》，题词是：“予画此幅，山上山下皆兰棘相参，而兰得十之六，棘亦居十之四。画毕而叹，盖不胜幽并十六州之痛，南北宋之悲耳！以无棘刺故也。”原来他画中的兰是安居乐业的百姓，而荆棘则是猛将武

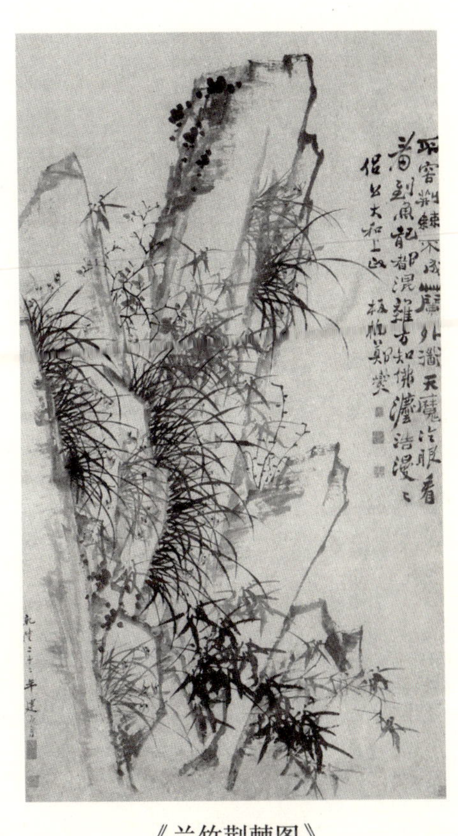

《兰竹荆棘图》

士。好兰要有护持者，好人要有保卫者，不要像一些文雅之士，清谈误国。他在《为侣松上人画荆棘兰花》中说："不容荆棘不成兰，外道天魔冷眼看。门径有芳亦有秽，始知佛法浩漫漫。"其中荆棘的寓意更深广，泛指一切被人视为污秽的事物，其实往往是人的偏见幻化所造，事实上自有其存在的理由，而如兰花等人们欣赏的美好的事物也是人的主观好恶所显，在佛法看来美丑互彰，各自不能独存。兰花之清幽并非洁身自好，它包纳荆棘，可以共成一世界，而且进而化腐朽为神奇。

再说竹。板桥赋予竹以多种品格。题《兰竹石》："介于石，臭如兰，坚多节。"又谓"其劲如竹"，可知竹之坚节是板桥最看重的。但他又赋予竹以更多内涵。他画竹时"其实胸中之竹并不是眼中之竹也"，而且"落笔倏作变相，手中之竹，又不是胸中之竹也。总之，意在笔先者，定则也；趣在法外者，化机也"，随意挥洒，自谓："郑板桥画竹，胸无成竹。浓淡疏密，短长肥瘦，随手写去，自尔成局，其神理俱足也。"他把竹声与民声相联系，写下《潍县署中画竹呈年伯包大中丞括》这首有名的诗："衙斋卧听萧萧竹，疑是民间疾苦声。些小吾曹州县吏，一枝一叶总关情。"如果不是一位爱民的清官，如何能将自然竹声移情于民众的呼号呢？这是颇使人感动的！板桥又把竹与水联系起来，其《无题》说："余画大幅竹好画水，水与竹，性相近也。少陵云：'懒性从来水竹居'，又曰：'映竹水穿沙'。此非明证乎！渭川千亩，淇泉绿竹。西北且然，况潇湘云梦之间，洞庭青草之外，何在非水，何在非竹也!”他回忆少时在毛家桥竹与水之间闲步，而未赋诗，于是补之曰:“风晴日午千林竹，野水穿林入林腹。绝无波浪自生纹，时有轻儵戏相逐。日影天光暂一开，青枝碧叶还遮覆。老夫爱此饮一掬，心肺寒僵变成绿。”诗最后把“风声、竹声、水声”连在一起，构成一幅自然美的画景。如今北京紫竹院公园，最具特色的是一片片绿竹紫竹生长在清澈的湖水旁，水中竹林倒影与游鱼相伴，令人留连忘返。板桥画竹，还常常与画石合在一起，使竹子的坚节大增，其《竹石》题词曰:“咬定青山不放松，立根原在破岩中。千磨万击还坚劲，任尔东西南北风。”此诗尔后成为名句，表现仁人志士坚忍不拔、抗击险恶的浩大气概。

三说石。板桥画顽石、奇石，不画晶莹温润的宝石，也不画无棱圆滑的鹅卵石，专画各种山间的岩石。有《石》诗云:“顽然一块石，卧此苔阶碧，雨露亦不知，霜雪亦不识。园林几盛衰，花树几更易，但问石先生，先生俱记得。”又云:“米元章论石，曰瘦、曰绉、曰漏、曰透，可谓尽石之妙矣。东坡又曰:‘石文而丑。’一个丑字则石之千态万状，皆从此出。彼元章但知好之为好，而不知陋劣之中有至好也。东坡胸次，其造化之炉冶乎！燮画此石，丑石也。丑而雄，丑而秀，弟子朱青雷索余画不得，即以是寄之。”如同文章不必句句中规中矩，“画石亦然，有横块、有竖块、有方块、有圆块、有欹斜侧块。何以入人之目，毕竟以皴法以见层次，有空白以见平整，空白之外又皴，然后大包小，小包大，构成全局，尤在用笔用墨用水之妙，所谓一块元气结而成石矣。”板桥画石论石，以丑为美，形式上丑，本质上美，不拘一格，崇尚奇特；这就是作为“扬州八怪”之首的板桥之怪异之处，也是他高出众人的地方；充分照顾到山间岩石的多样性，有力地凸显了岩石的自然美，有效配合了兰竹二者，形成兰竹石相得而益彰的效果，因而受到社会人士和后世普遍的赞赏。板桥的“三君子”，是综合创新的结果，其艺术成就开拓出一种天人相与的崭新的美学境界。

十七、

再谈板桥心中的“三君子”：竹兰石

我在随笔《从“四君子”到“三君子”》中已对板桥心中的“三君子”作了简要的评说，但觉遗漏甚多、意犹未尽，故再写一篇主题相同的随笔，略作弥补。

人称板桥有三绝，曰画、曰诗、曰书，而画中以竹兰石“三君子”为主体，其他如菊、梅等只是偶有涉笔而已。在“三君子”之中，竹为第一，其次兰，再次石，竹是板桥最喜爱和画作最多的君子形象。

先说竹。

竹易于在庭院栽培成林，造就幽雅的起居小环境，且挺拔有节，与人的气节相合，又枝叶丰茂，与风声雨声交响，皆足以引起诗人的联想和情趣。板桥喜种竹赏竹，画竹颇多，题画亦多。《郑板桥集》中题画《竹》说：“余家有茅屋二间，南面种竹。夏日新篁初放，绿阴照人，置一小榻其中，甚凉适也。秋冬之际，取围屏骨子，断去两头，横安以为窗棂；用匀薄洁白之纸糊之。风和日暖，冻蝇触窗纸上，冬冬作小鼓声。于时一片竹影零乱，岂非天然图画乎！凡吾画竹，无所师承，多得于纸窗粉壁日光月影中耳。一节复一节，千枝攒万叶；我自不开花，免撩蜂与蝶。”又说：“江馆清秋，晨起看竹，烟光日影露气，皆浮动于疏枝密叶之间。胸中勃勃遂有画意。其实胸中之竹，并不是眼中之竹也。因而磨墨展纸，落笔倏作变相，手中之竹又不是胸中之竹也。总之，意在笔先者，定则也；趣在法外者，化机也。独画云乎哉!”板桥通过画竹，悟出艺术创作的深刻道理：先要与创作对象发生感应，有创作冲动（意在笔先），然后“胸有成竹”，再然后变为“手中之竹”，化为“作品之竹”，艺术创作有如画竹，并非镜子式的反映，更非主观意念的独造，而是情景合一的产物。板桥的上述题画，不啻是一篇精湛的中国美学文献，值得当今艺术家们参考。

《墨竹图》

板桥在潍县署中画竹所题“衙斋卧听萧萧

竹，疑是民间疾苦声。些小吾曹州县吏，一枝一叶总关情”是他竹画题词中最具人民性的动人诗作，赋予竹以它所能承载的最崇高的负荷与使命。

在《郑板桥集·补遗》所收题画中，有题画竹六十九则，题画兰二十一则，题兰竹石二十七则。在诸多题画竹诗中，他给予竹君子以多重品格。

一是清和。题诗曰：“晨起江边看竹枝，一团青翠影离离。牡丹芍药夸颜色，我亦清和得意时。”他在对比中指出，牡丹、芍药以花朵颜色艳丽而优胜，竹枝却以清和而绝佳，清和是一种洞明、安祥、高雅、温和的品格，说明君子有涵养，不与他者夸耀鲜亮的外表。我国当代学者辜鸿铭在《中国人的精神》一文中说：“典型的中国人给诸位留下的总体印象是温良”，“这种温良乃是同情与智能这两样东西相结合的产物”。另一位大学者梁漱溟在《以道德代宗教》一文中说：孔子儒家“礼乐设施之眼目，盖在清明安和四字”。他认为与之相违背的有二：“一是愚蔽偏执之情；一是强暴冲动之气。”辜、梁二位当代思想家与郑板桥题画竹所说“清和”如出一辙，这真是英雄所见略同。清明安和，或简化为清和，乃是中华民族可贵的性格特征，它在清和中包含着正直刚毅，如《易传》所说“刚健中正”，如老子《道德经》所说“方而不割，廉而不刿，直而不肆，光而不耀”，也就是不卑不亢、海纳百川，这种中国精神需要我们发扬光大。

二是无畏。题诗曰：“秋风昨夜渡潇湘，触石穿林惯作狂；惟有竹枝浑不怕，挺然相斗一千场。”又有题词“风雨不能摇，雪霜颇能涉”。当狂风暴雨来临，合抱大树也会刮倒，竹林虽然不断摇晃，但根底相连，狂暴过后依然一片翠绿，这就是君子的定力。面对多灾多难的人生，君子必须坚强无畏。

三是出新。题诗曰：“无多竹叶没多山，自有清风在此间。好待来年新笋发，满林青绿翠云湾。”竹的衍生能力极强，竹少的山林没过几年便不断生出新笋，长成竹林，把山岚打扮得一片翠绿。题诗：“谁家新笋破新泥，昨夜春风到竹西。借问竹西何限竹，万竿转眼上云梯。”题诗：“老竹苍苍发嫩梢，当年神化走风骚。山头一夜春雷雨，又见龙孙长凤毛。”题诗：“两枝修竹过墙来，多谢邻家为我栽。君若未忘虚竹好，请来粗茗两三杯。”君子要能不断推陈出新，才会使事业具有长久发展的生命动力。

四曰结伴。竹的最佳伴侣是石。题诗曰：“竹称为君，石呼为丈。锡以嘉名，千秋无让。空山结盟，介节贞朗。五色为奇，一青足仰。”题诗曰：“竹君子，石大人。千岁友，四时春。”

又有题诗曰：“石依于竹，竹依于石；弱草靡花，夹杂不得。”石与竹相互依存：石依于竹而见其生长之力，竹依于石而见其根基之固。对竹而言，呼石为丈为大人皆不为过，因为石使竹牢不可摧。板桥有诗《竹石》云：“咬定青山不放松，立根原在破岩中。千磨万击还坚劲，任尔东西南北风。”竹石结合便坚韧无比，正像有为君子得到国家柱石之臣的支持，便能成就宏大事业。

竹若与石与兰结为三友，更能增君子风采。题诗曰：“竹干叶皆青翠，兰花叶亦然，色相似也；兰有幽芳，竹有劲节，德相似也；竹历寒暑而不凋，兰发四时而有蕊，寿相似也。”题诗：“一竹一兰一石，有节有香有骨。满堂君子之人，四时清风拂拂。”

五曰超越。孔子曰：“君子上达，小人下达。”君子立志向上，不断超越现状；小人只图眼前，品性下滑。郑板桥题词曰：“画根竹枝插块石，石比竹枝高一尺。虽然一尺让他高，来年看我掀天力。”石的特性是坚固恒常，竹的特性是不断拔节生长，也许当初矮小，很快便超出石的高度，指向蓝天。又有一幅《墨竹斗方》，收藏于烟台地区文管组，画有一短枝墨竹，题词是：“一尺竹含千尺势，老夫胸次有灵奇。”所画竹叶青翠舒展，题词笔力雄健洒脱。自云所画墨竹虽只有一尺，却包含着千尺的长势，表达作者胸怀远大，不断迈向更高更新的境界。

中国学术界一度讲“超越”成热门话题，说西方宗教和哲学是外超越，中国宗教和哲学是内超越。基督教崇拜一位超出人间万物任何相对性的绝对唯一神上帝，人皆有原罪，需皈依他才能得救；西方理性主义哲学以绝对理念为宇宙本体，人类认识史就是绝对理念或绝对观念不断展开和回归的历史，这就是外超越，人要在自身外部寻找安身立命之所。孔子讲“志于道”、“吾道一以贯之”、“人能弘道，非道弘人”，他说的道是内在于人类社会的共同生活规则，即曾子说的“夫子之道，忠恕而已矣”。老子的道既是天地万物之源，又“道法自然”、“生而不有，为而不恃，长而不宰”，道就在万物之中。道教则讲“积善成仙”、“功德成神”。中国佛教禅宗讲人只要明心见性便可成佛，不需要到西天去寻找乐土。儒、道、佛三教都是内超越。“超越”二字最早见于金元之际全真道重阳祖师的诗：“色财丛里寻超越，酒肉林中觅举升”，强调内心境界的提升。当代哲学家冯友兰先生讲人生四境界：自然境界、功利境界、道德境界、天地境界，一境更比一境高，其道德与天地境界与板桥所说“胸次有灵奇”正相契合。

次说兰。

兰花幽香，喜在幽谷生存，比喻君子爱人，能给人以正气和温暖，却又能远离尘世喧嚣，深为板桥喜爱，作画题词仅次于竹。他赋予兰的品格是多重的。

一曰素淡。板桥题画《兰》，有曰：“此是幽贞一种花，不求闻达只烟霞。采樵或恐通来径，更写高山一片遮。”“兰花本是山中草，还向山中种此花；尘世纷纷置盆盎，不如留与伴烟霞。”另一首题画谓兰有“红心与素心”，既给人送香，又不要回报。板桥不喜盆栽兰花，温室花朵经不起风雨。

二曰容棘。画兰与荆棘相伴，比喻君子善借实力以共存，一文一武、相得益彰。板桥《丛兰棘刺图》题词曰：“东坡画兰，长带荆棘，见君子能容小人也。吾谓荆棘不当尽以小人目之，如国之爪牙，王之虎臣，自不可废。”兰花“若得棘刺为之护撼，其害斯远矣”。

三曰扬长。金无足赤，人无完人。板桥画兰较多兰叶而无兰之花朵。其题画词有曰：“写来兰叶并无花，写出花枝没叶遮。

我辈何能购全局，也须合拢作生涯。”兰叶长青茂盛，不怕霜雪，而兰之花却形小而易凋谢，所以板桥画兰凸显其叶之生命力，以此比喻君子不掩盖自己不足，而能扬长避短。孔子弟子多为君子而各有所长，《论语·先进》载：“德行：颜渊、闵子骞、冉伯牛、仲弓。言语：宰我、子贡。政事：冉有、季路。文学：子游、子夏。”孔子曾说过“师也过，商也不及”，“过犹不及”，“柴也愚，参也鲁，师也辟，由也喭”。而子贡“货殖焉，亿则屡中”。端木赐做生意能准确把握行情。孔子对他们不一律要求，而是发挥各人优长，但要求他们“无终食之间违仁”，这才是君子。

三曰喜友。板桥作画，常常是兰竹共画，或兰竹石共画，这里只说兰竹为友。其题画诗曰：“高山峻壁见芝兰，竹影遮斜几片寒。便以乾坤为巨室，老夫高枕卧其间。”在峭壁上有兰与竹结伴为生，寄托了作者以天地为家的情怀。又有题画诗曰：“兰竹芳馨不等闲，同根并蒂好相攀。百年兄弟开怀抱，莫谓分居彼此山。”又有诗曰：“挥毫已写竹三竿，竹下还添几笔兰。总为本源同七穆，欲修旧谱与君看。”按《三礼》说法：祭礼“天子七庙，三昭三穆，与太祖之庙而七”。昭穆是祭祀时祖先按左右(昭穆）隔代排列。板桥视兰竹关系超出友朋，而为同祖兄弟，故亲密无间。

三说石。

石性坚硬又形态各异，虽不如兰竹之秀美，却另有一番奇特的丑美，板桥画石寄寓君子品格不当以貌取人，而应于丑陋之外形背后见其内在美质。石的君子品行如下。

一曰丑美。其题画诗《石》曰:“米元章论石,曰瘦、曰绉、曰漏、曰透,可谓尽石之妙矣。东坡又曰:‘石文而丑。’一丑字则石之千态万状,皆从此出。彼元章但知好之为好,而不知陋劣之中有至好也。东坡胸次,其造化之炉冶乎!燮画此石,丑石也;丑而雄,丑而秀。”画石“有横块、有竖块、有方块、有圆块、有欹斜侧块。何以入人之目,毕竟有皴法以见层次,有空白以见平整,空白之外又皴;然后大包小,小包大,构成全局,尤在用笔用墨用水之妙,所谓一块元气结而石成矣”。板桥讴歌石之内在美以成就外在丑美,当属此诗最为有力。

人类的美丑观有各色各样,有的重外而轻内,有的重内而轻外,有的重自然而轻人为,有的重人为而轻自然,纷然杂陈,取向不同。《庄子·知北游》说:“天地有大美而不言”,《齐物论》又说:“毛嫱丽姬,人之所美也;鱼见之深入,鸟见之高飞,麋鹿见之决骤,四者孰知天下之正色哉?”板桥的美丑观寄于丑石,与他自身的状态有关。《板桥自叙》说:“板桥幼随其父学,无他师也。幼时殊无异人处,少长,虽长大,貌寝陋,人咸易之。又好大言,自负太过,漫骂无择,诸先辈皆侧目,戒勿与往来。然读书能自刻苦,自愤激,自竖立,不苟同俗,深自屈曲委蛇,由浅入深,由卑及高,由迩达远,以赴古人之奥区,以自畅其性情才力之所不尽。”《刘柳村册子》中他再次提到自己“貌又寝陋,故长不合于时;然发愤自雄,不与人争,而自以心竞”。他貌丑本来是缺欠，却激发他在德性才能上刻苦进取，独自创造。相反，一些相貌姣好的青年往往为外形优点所拖累，在事业上一无所成。这就是美丑的辩证观。

二曰挺脊。板桥《柱石图》曰：“谁与荒斋伴寂寥，一枝柱石上云霄。挺然直是陶元亮，五斗何能折我腰？”陶元亮即是陶渊明，不为五斗米官俸折腰，回家过田园生活，写下《归去来辞》和《桃花源记》，名传千古。

三曰持久。在板桥题画诗《石》中有句曰：“顽然一块石，卧此苔阶碧；雨露亦不知，霜雪亦不识。园林几盛衰，花树几更易；但问石先生，先生俱记得。”君子要像顽石那样恒持守道，终生不变其志，经得起风吹浪打，笑对人间沧桑巨变。

四说兰竹石三友。

板桥视兰竹石为君子三友，相互扶持，共成君子完美品格。其题画《兰竹石》曰：“介于石，臭如兰，坚多节，皆《易》之理也，君子以之。”《周易》乃中华文化之源，板桥熟读六经，故运用《易》理成其君子三友之论。《易传》《乾》卦象传讲“天行健，君子以自强不息”，文言讲“元亨利贞”为君子四德，讲“刚健中正”，《坤》卦象传讲“地势坤，君子以厚德载物”，文言讲“君子敬以直内，义以方外，敬义立而德不孤”。《系辞》讲“二人同心，其利断金。同心之言，其臭如兰”。“介于石，不终日，贞吉。”《说卦》讲“震为雷”、“为苍筤竹”。板桥赋予兰竹石的君子之德，概取于《周易》，如题画中“介于石”、“臭如兰”直引《系辞》，而“坚多节”是活引《系辞》“刚健中正”和《说卦》“为苍筤竹”。兰竹石代表了中华民族三大精神：即温和、有节、坚强，缺一不可。板桥题画《题兰竹石调寄一剪梅》曰：“几枝修竹几枝兰，不畏春残，不怕秋寒。飘飘远在碧云端，云里湘山，梦里巫山。画工老兴未全删，笔也清闲，墨也斓斑。借君莫作画图看，文里机闲，字里机关。”他希望看画者能洞察画外题内蕴含的深意，是一种高远在天的君子胸次。其《题兰竹石二十七则》中有云：“盖竹之体，瘦劲孤高，枝枝傲雪，节节干霄，有似乎士君子豪气凌云，不为俗屈。故板桥画竹，不特为竹写神，亦为竹写生。瘦劲孤高，是其神也；豪迈凌云，是其生也；依于石而不囿于石，是其节也；落于色相而不滞于梗概，是其品也。竹其有知，必能谓余为解人；石也有灵，亦当为余首肯。”此节重点写竹，使人豪气冲天。又云：“一竹一兰一石，有节有香有骨。满堂君子之人，四时清风拂拂。”他给李复堂《题三友图》说“板桥学写风来竹，图成三友祝何翁”，迳直称兰竹石为“三友”，希望君子群体能形成并壮大，而这正是社会道德良风健行的重要支撑。今日中国的道德建设，在各领域各行业造就君子群英是其中心工程，借鉴板桥“三友”之论有益于加快这桩伟大事业。

十八、

对帝王官宦家与僧家的评说：板桥人生观一瞥

板桥从青少年起到中老年，受家庭和儒佛道的影响，在人生追求上走的是一条平民化的道路，既不倾慕权位富贵，也没有归隐山林僧道，而要做一个在社会上自由自在的民间艺人，住在乡村，有自给自足的土地，主要依靠自己的才艺形成社会影响力，过一种精神丰富的个体文化人的生活。板桥通过科举功名，成为山东范县和潍县县令，前后做了十一二年县官，表面上他与多数士人追求的宦途没有两样，而事实上差别很大。主要是他并不追求升官发财，不攀附权贵，不借官敛钱，反而在县令任上孜孜于改善民生，解除民众疾苦，因此不得升迁，以请赈忤大吏罢官。罢官后他毫无失落，归居扬州故乡，专心于艺术，卖书画为生，与同行画家交游，访僧寺道院，遨游于山水荒郊之间。他与僧道有交往且有书画赠送，对僧家尤为亲近，却不想出家，只图得到一些清幽的情趣。在他思想深处，看破了权贵人家的富贵无常、福祸难测，也没有精神寄托，因而远避之。我们且看他在家书与诗词里是如何表述的。

《署中示舍弟墨》（范县）中写道："学诗不成，去而学写。

学写不成，去而学画。日卖百钱，以代耕稼；实救困贫，托名风雅。免谒当途，乞求官舍；座有清风，门无车马”，“何养何教，通性达情；何兴何废，务实辞名。一行不当，百虑难更”，“日有悔吝，终夜屏营。妻孥绮縠，童仆鼎羹。何功何德，以安以荣？若不速去，祸患从生”，“宦贫何畏，宦富可惴”。他在范县坐官，毫无得意神情，总是惦念卖画为生的生活，这样不必拜谒上司，门前清静；既已为官，便当清廉自守、谨慎行事。试看那些权贵人家，“妻孥绮縠，童仆鼎羹”，却安荣不继，因此他告诫自己，“若不速去，祸患从生”，故“宦贫”是好事，“宦富”是坏事。《论语·泰伯》记孔子弟子曾子引《诗经》云：“战战兢兢，如临深渊，如履薄冰”，是说自己一生为人谨小慎微。为官更应如此，地位越高越要谦虚小心，以免陷于争斗和贪腐的泥坑。板桥从性情上厌恶官场一套公文来往、铺排形式，其词《青玉案·宦况》写道：“十年盖破黄绸被，尽历遍、官滋味。雨过槐厅天似水，正宜泼茗，正宜开酿，又是文书累。坐曹一片吆呼碎，衙子催人妆傀儡，束吏平情然也未？酒阑烛跋，漏寒风起，多少雄心退！”官与吏是互制的，在断案上官制吏，在场面上吏制官，因此县官充当衙子傀儡也是常态，因为开堂程序规则由吏掌握，板桥觉得不自在。其词《瑞鹤仙·官宦家》写富贵无常：“笙歌云外迥，正烛烂星明，花深夜永。朝霞楼阁冷，尚牡丹贪睡，鹦哥未醒。戟枝槐影，立多少金龟玉笋。霎时间雾散云销，门外雀罗张径。猛省，燕衔春去，雁带秋来，霜催雪紧。几家寒冻，又逼出，梅花信。羡天公何限乘除消息，不是一家悭定。任凭他铁铸铜镌，终成画饼。”历史上官宦人家十有八九如此，盛时亭榭楼阁，莺歌燕舞，彻夜宴宾；败落时，人去楼空，门可罗雀。气候有春夏秋冬，有春燕秋雁冬雪，转出春梅；人世则有盛衰代谢。这是苍天阴阳消长的规律所致，官宦家有何值得追慕的呢？板桥词《帝王家》写尧、三代及秦汉以来王朝迭起迭变历史，称赞尧舜传贤，批评禹汤开家天下先河，尔后便是皇室一家纲纪独断，又转瞬皆成历史陈迹。历朝历代帝王家“到如今故纸纷纷，何限秦头楚尾”，“待他年一片宫墙瓦砾，荷叶乱翻秋水”。

历史上皇朝内部杀戮是残酷无情的，仅举数例。春秋越王勾践立国后，功臣范蠡懂得伴君如伴虎的道理，便出游五湖，行商为生，留下书信给另一位功臣文种说：越王可与共患难，不可与共富贵，狡兔死走狗烹，飞鸟尽良弓藏。文种不听，结果被勾践处死。刘邦创立汉帝国，军功最著的大将军韩信，被刘邦、吕后处死，韩信刑前引用了兔死狗烹、鸟尽弓藏的典故，悔之晚矣。汉武帝时，淮南王刘安以叛国罪被杀，我做过研究，有充分根据证明这是一桩冤案。西晋八王之乱，历时十六年，皇族争夺中央政权，彼此残杀，不仅王者遭殃，还牵连亲族臣下数千人死于非命。唐高祖时发生玄武门之变，李世民发动流血武装政变，杀死兄弟李建成、李元吉，夺得大唐政权。宋太祖之死，野史称为赵光义所害，留下烛影斧声，千古之谜。明太祖朱元璋以屠戮功臣而被指责，建国之臣廖永忠、胡惟庸、冯胜、李善长等遭杀害，胡惟庸案与蓝玉案诛连皆数万余人。清朝康熙之后有九子夺嫡，最终雍正胜出，其余诸子除一人外皆被雍正处死。嘉庆帝即位，赐死和珅，抄灭其家产，充实国库，和珅之大富贵转瞬化为泡影。

板桥的词与《红楼梦》里的《好了歌》是一气相通的。《好了歌》说："世人都晓神仙好，唯有功名忘不了！古今将相在何方？荒冢一堆草没了。世人都晓神仙好，只有金银忘不了！终朝只恨聚无多，及到多时眼闭了。"甄士隐的解注有云："因嫌纱帽小，致使锁枷扛；昨怜破袄寒，今嫌紫蟒长。乱哄哄你方唱罢我登场，反认他乡是故乡。甚荒唐，到头来都是为他人作嫁衣裳。"这些都是警世的格言，也许能唤醒一些权令智昏和财迷心窍的人回归常态。当然人们都希望自己与家庭过得富裕而有社会地位，如孔子所说："富与贵，是人之所欲也；不以其道得之，不处也。"（《论语·里仁》）关键是要得之有道，即要合情合理，而不能不顾一切、不择手段，不能把自家的幸福建立在别人和大众痛苦的基础上。板桥其实也是这个意思，他自己凭才艺努力过上体面的中层人家的生活，但不追求大富大贵，认为帝王家和官宦家都难免奢侈腐化、盘剥百姓，不是理想的健康的生活。他在《潍县竹枝词》里，揭露当地富豪"负郭园林竹树深，良田美产贵于金。谁家子弟能销费，为买温柔一片心"，"昨日胶州新送到，一盆红艳宝珠茶。大鱼买去送财东，巨口银鳞晓市空。绕郭良田万余赊，大都归并富豪家"，"潍县原是富豪都，尚有穷黎痛剥肤"。

他看到官吏的凶残，百姓的凄苦，写下《悍吏》、《私刑恶》、《孤儿行》、《逃荒行》等篇，表达他对权贵的憎恨、对劳苦大众的深切关怀。他是一位有良知的君子，反对贫富分化，向往均贫富的小康社会。

板桥作词《瑞鹤仙·僧家》，对山林僧人有同情有向往：“茅庵欹欲倒，倩老树撑扶，白云环绕，林深无客到。有涧底鸣泉，谷中幽鸟。清风来扫，扫落叶尽归炉灶，好闭门煨芋挑灯，灯尽芋香天晓。非矫，也亲贵胄，也踏红尘，终归霞表。残衫破袖，补不彻，缝不了。比世人少却几茎头发，省得许多烦恼，向佛前烧柱香儿，闲眠一觉。”山中老僧生活清贫，但环境清幽，无人骚扰；虽有时不免与俗间交往，仍住心世外，为的是避免世俗社会种种欲望争夺引起的烦恼，而能过一种清净的生活。他在《山寺》、《赠博也上人》、《寄松风上人》、《赠巨潭上人》、

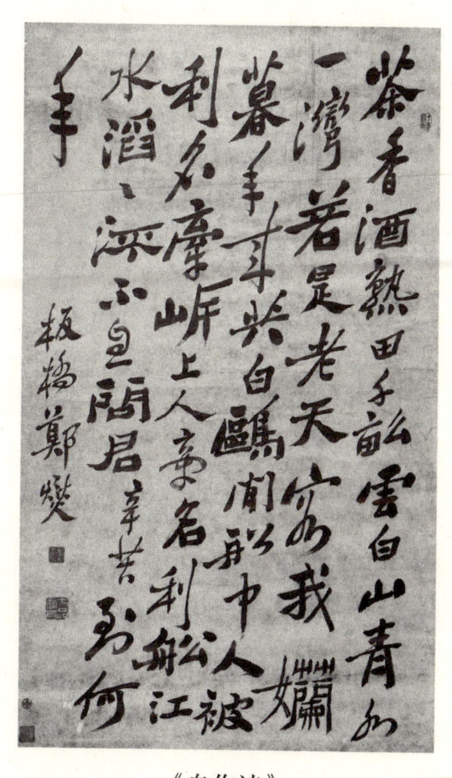

《自作诗》

《寄青崖和尚》、《山中夜坐再陪起上人作》等诗里，多次表达对山僧闲情逸致的爱慕。与官宦家、帝王家相比，僧家不知强过多少，因其不妨害社会，又能给人们留住一种别样生活的空间。板桥毕竟是世俗中人物，他虽远离权贵而愿意与僧为友，却无法参加到山僧的行列中。

板桥骨子里是儒家人物，做人讲仁义道德，敬祖而传承忠厚诗书家风家教，为官讲廉耻爱民，创作寓君子品格于书画，他为自己确立了有作为有尊严的平民化的人生观，虽命运多舛，道路曲折，而他一生坚守做人底线，这是难能可贵的。

十九、

从《城隍庙碑记》和《文昌祠记》看板桥的鬼神观

《郑板桥集》中有两篇庙碑记：《城隍庙碑记》和《文昌祠记》。城隍庙是古代传统社会对护城神的祭祀场所，各地所祭城隍皆是对该地有大功之人，这些人被封为神。文昌祠是祭管文教之神而为文化人所敬仰。板桥做潍县知事时，该县城隍庙已经破颓，板桥力促并集资予以修复，为之撰碑记。在碑记中他首先辨识人与神的不同。《城隍庙碑记》说："仰而视之，苍然者天也；俯而临之，块然者地也。其中之耳目口鼻手足而能言，衣冠揖让而能礼者人也。岂有苍然之天而又耳目口鼻而人者哉？"他依据《易传》"天地人三才"之说，辨明天地乃是人类生存的大自然环境，而人是有感知、懂礼仪的文化动物，两者有本质上的差异。但是，人类自古对天地自然怀有崇敬感恩的情感，"自周公以来，称为上帝，而俗世又呼为玉皇"，遂将苍天拟人化，认为它主宰人间，能赏善罚恶，修庙造像以祀之，其形象类似伟人之高贵，于是形成一种民俗传统。在上帝之下，地方上则有城隍神。"府州县邑皆有城"，"城之外有隍，抱城而流"即护城河，"莫不以人祀之，而又予之以祸福之权，授之以生死之柄；而又两廊森肃，陪

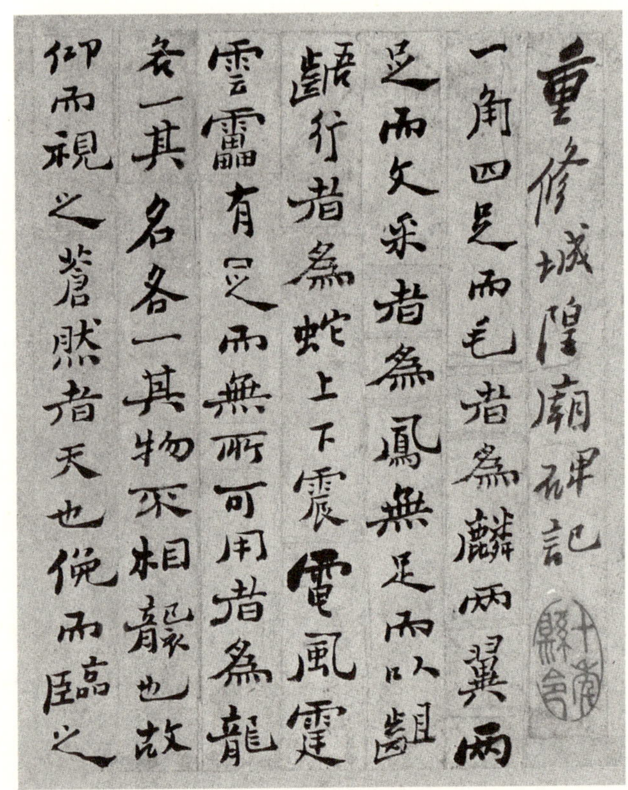

重修城隍廟碑記

一角四足而毛者為麟兩翼兩足而文采者為鳳無足而以齟齬行者為蛇上下震電風霆雲靁有足而無所可用者為龍各一其名各一其物不相襲也故仰而視之蒼然者天也俛而臨之

《重修城隍庙碑记》

以十殿之王；而又有刀花、剑树、铜蛇、铁狗、黑风、蒸鬲以惧之。而人亦裒裒然而从惧之矣，非惟人惧之，吾亦惧之。每至殿庭之后，寝宫之前，其窗阴阴，其风吸吸，吾亦毛发竖栗，状如有鬼者，乃知古帝王神道设教之不虚也”。于此可知，板桥一方面不迷信鬼神之灵，指出它是人为了某种精神需要而用自身的情感与形象塑造出来的，未必是真实的存在；另一方面，这种鬼神之道又是必要的，它可以神道设教，使人敬畏而不肆意妄为，有益于道德教化，而这种作用却是真实不虚的。这恰恰是孔子“敬鬼神而远之”和《易传》“神道设教”的儒家鬼神观的基点，就是对鬼神既要保持距离，又要有敬畏之心。孔子不讲死后，不谈伺奉鬼神，但他却“畏天命”，认可“慎终追远，民德归厚”与“祭如在，祭神如神在”，把祭天祀祖和敬鬼神看作是人应有的心态，由此而使中国大部分知识阶层既不狂迷于鬼神之教，又能以宽容的态度善待鬼神之教。这是孔子儒家中庸之道在鬼神观上的反映，它是温和的人文主义宗教观，成为两千多年来政界、学界对待宗教的主流意识。

板桥在《碑记》中从历史文化传统大背景说起，然后落实到潍县城隍庙的重修，由于风雨和年久失修，庙廊已坏损，故县绅集资千金对殿厦、神像等加以修饰，并新立演剧楼居一所。有人会问:“岂有神而好戏者乎?”他的回答仍是引用古人习俗而明之:“《曹娥碑》云:‘盱能抚节安歌，婆娑乐神。’则歌舞迎神，古人已累有之矣。《诗》云:‘琴瑟击鼓，以迓田祖。’夫田果有祖，田祖果爱琴瑟，谁则闻知?不过因人心之报称，以致其重叠爱媚于尔大神尔。”田祖即社神，主管田地与稼穑，故民众对之感恩。他仍然从民众向善而非求真的中国式心理学的角度对娱神传统加以解说，“今城隍既以人道祀之，何必不以歌舞之事娱之哉!况金元院本，演古劝今，情神刻肖，令人激昂慷慨，欢喜悲号，其有功于世不少”。既能满足民众报恩之心，又通过优良剧演出，寓教于乐，纯化民风，充实民间精神生活。

在《碑记》的最后一段，板桥把潍县重修城隍庙堂之事，提升到中华文化传统的高度，对圣贤崇拜和诸神崇拜发表议论："总之，虞羲、神农、黄帝、尧、舜、禹、汤、文、武、周公、孔子，人而神者也，当以人道祀之。天地、日月、风雷、山川、河岳、社稷、城隍、中霤、井灶，神而不人者也，不当以人道祀之。然自古圣人亦皆以人道祀之矣。"为什么神又须以人道祀之呢？"天地神祇岂尝食之饮之驱之御之哉？盖在天之声色臭味不可仿佛，姑就人心之慕愿，以致其崇极云尔。"他仍然把敬祭神灵归结为"人心之慕愿"，可谓抓住了中国人心灵之妙觉。以此而论之，"若是则城隍庙碑记之作，非为一乡一邑而言，直可探千古礼意矣"。这就把潍县城隍庙的重修，拓展为以积极态度对待一切神灵祭祀，其价值和意义在于继承和发扬古礼文化以神道弘人道的精神。我们可以把这篇《碑记》视为板桥的"神道论"，它具有人文哲理的深度，而它恰恰被当代中国思想史学界所忽略了。人们只看到板桥在书画诗词上的成就，而没有重视他在传统信仰观与民俗学理上的贡献，虽然他并无长篇大论，而其短篇之作里却蕴含着思想家的智慧。

板桥在撰写《城隍庙碑记》前两年，写过《文昌祠记》，后者虽未如前者那样形成较为系统的中国民俗宗教观，却已经透露出神道设教的明确理念。他认为文昌帝君管辖人间文教事业，因此地方上建祠祭拜，理应"修其文，懿其行，祀其神，斯得之矣”。“既已妥侑帝君在天之灵，便当修吾文，懿吾行，以付帝君司掌文衡之意。昔人云：拜此人须学此人，休得要混账磕了头去也。”有些人要好好反躬自省：“心何为闷塞而肥？文何为通套而陋？行何为修饰而欺？又何为没利而肆？帝君其许我乎？”他相信“潍邑诸绅士，皆修文洁行而后致力以祀神者”，集资重修已颓坏的文昌帝君祠，“本县甚嘉此举，故爱之望之，而亦谆切以警之，是为民父母之心也”。板桥提出一条重要祭祀原则：“拜此人须学此人”，当然这个“人”也包括“神人”，不能只顾磕头求福而不修德践行，只有如此，祭祀才能起到道德教化的作用，否则只是虚设而已。只有“修文洁行而后致力以祀神”，才能使祭神获得当初赋予它的意义。板桥作为潍县民众的父母官，不只关心民生疾苦，也相当关注建设当地的良风美俗，因此他是一位难得的好官。

中国人宗教信仰的一个鲜明的历史特点是天神与圣贤混合不分：天神及其所辖诸神不是高高在上的主宰者，而是与人伦日常贴近的善良的老师和朋友，负有对人间诸恶执行判官的责任：而圣贤随时可以上升为神，发挥天神所不及的作用，为人们所崇拜并加以祭祀。例如孔子为万世师表而上升为准天神，在文庙大成殿接受祭拜；老子在汉以后被道教推尊为太上老君，宋元之后又尊称道德天尊，为道教最高神灵的三清之一；关羽在元明以后被封为财神，甚至管辖地狱的审判事项；各州县邑的历史功勋人物，则被当地封为城隍之神，因此各地城隍庙所供的神灵是不一样的。道教中的众多神灵中有大量历史人物，没有人能数得清楚。福建和台湾所普遍信仰的海神妈祖是女子而为神，保生大帝则是医师而为神。这是中国人纪念有恩德于民的伟人的一种重要方式。而在西方和阿拉伯世界，神与人的界限是不可逾越的，人可以皈依神，但人绝对不能成为神。人可以皈依上帝，但人不能成为上帝。人可以认主独一，但人不能成为真主。而在中国的儒、道、佛三教里，人皆可以为尧舜，人皆可以成仙，人皆可以成佛，人是能够跨越到神的地位上，关键在于仁厚爱民。

今日之中国大陆，城隍、文昌等庙祀，在大半个世纪中，早已作为“封建迷信”而被横扫殆尽，只有在道教里，在某些地方（如南方）还残存着并有所复苏。是福乎？是祸乎？如今社会道德水平下滑，犯罪率攀升，似乎单靠法律是难以控制的，因此民间信仰重新受到重视，开始进入合法领域，它对于民心的化育有巨大作用。当此之时，人们不妨听听数百年前板桥的声音，在这个问题上好好想一想。

《湖南道教》2017 年第 6 期上刊载澳门道教协会会长吴炳鋕《上善若水大爱大疆》一文介绍说，在人口不到 65 万的澳门，共有大小庙宇 40 多所，其中属于道教系统的有 39 所，如妈祖庙 5 所，土地庙 5 所，慈航真人庙 4 所，哪吒庙 2 所，康公真君庙 2 所，关圣帝君庙 2 所，以及三婆庙、谭公庙、莲溪庙(供奉财神、华光)、包公庙、吕祖仙院、先锋庙、女娲庙、医灵庙、鲁班庙、大王庙、南山庙（供奉钟馗)、北帝庙（供奉玄天上帝）等，大部分供奉后天之神。“这些庙宇多由街坊或知名人士组成值理会负责管理。在上世纪二三十年代，这些庙宇已开办义学，为当时贫困人士提供免费教育”。2008 年，这些庙宇为内地汶川地震救灾募捐 48300 澳元，又投放 1 亿 7 千多万元帮助修复青城山上清宫等 15 座宫观。作者在“结语”里说:“心灵因爱而慈美，思想因爱而永恒。天、地、人、世，因为大爱而无限温馨、祥和、通达、柔顺、共融。人的心灵有了大爱，便可以产生出令人无法估计的动能推动‘关爱他人、关爱社会、关爱自然’，这三种关爱，便是‘上善若水，大爱无疆’的行为。”内地人士看了这篇文章，应当有所反思和借鉴，说明民间宗教和信仰，不仅可延续到当代，而且能够发挥政府力所不及的义学、慈善、救济等多种功能。澳门是座现代化的小城，却能成功实现政府与庙宇的有效互补，使庙宇纳入社会管理体系，类似情况在香港、台湾所在多有。我们不妨参考他们的经验，以便推动民间信仰的重建，而首要的关键是解放思想、转变观念。

二十、

如何读唐诗？

板桥对唐诗十分喜爱，推崇李白、杜甫，曾说过“唐家李杜双峰并”，尤其赞美杜少陵。其《板桥自序》说：“少陵七律、五律、七古、五古、排律，皆精妙，一首可值千金。板桥无不细读，而尤爱七古，盖其性之所嗜，偏重在此。《曹将军丹青引》、《渼陂行》、《瘦马行》、《兵车行》、《哀王孙》、《洗兵马》、《缚鸡行》、《赠毕四曜》，此其最者，其余不过三四十首，并前后《打渔歌》，尽在其中矣。是《左传》，是《史记》，似《庄子》、《离骚》，而六朝香艳，亦时用之以为奴隶。大哉杜诗，其无所不包乎！七律诗《秋兴》八首、《诸将》五首、《咏怀古迹》五首，皆由此而推之。五律诗《秦州杂诗》二十首、《咏物》三十余首、《达行在所》三首，皆由此而推之。”“立志不分，乃疑于神。”他对杜甫的颂扬，超过任何其他诗人，真乃无以复加了。当然，这里有其主观的偏爱成分，他所列举杜甫诗作，与一般人喜欢的杜诗是有很大不同的，例如传播很广的《望岳》、《月夜》、《春望》、《春夜喜雨》、《旅夜书怀》等，他都未提及，这在客观上也是杜诗的广大精微而使读者各取所需的结果。不过以板桥自视甚高的性格，能对杜诗佩服得五体投地，也证明了杜诗所具有的强大震撼力。扩而言之，板桥对唐诗的整体评价都很高，视其为中国诗词史上的巅峰之作。他给唐欣若《集唐诗》所写的“序”中，不仅赞赏唐诗，而且提出如何读唐诗的问题，并作了深刻的回答。“序”说：“集唐诗，则必读唐诗，而且多读唐诗。自李、杜、王、孟、高、岑而外，极幽极冷之诗，一旦火热，使得翻阅于明窗净几之间，此亦天地间一大快事也。读唐诗，则必钻其穴，剖其精，抉其髓，而后能集之。使我之心，即入乎唐人之心，而又使唐人之心，即为我之心。”这就是人们追求的欣赏美学作品应达到“心心相印”的地步，一般人很难做到，虽不能至而心向往之却是应该的。他还说：“夫唐人之诗，旧诗也，读之千古长新”，即要求后人读唐诗，还要读出新意来。“诗无达诂”，见仁见智应是常态。板桥所要求的今人之心通唐人之心，我以为是指读者应有与唐人同类或接近的精神境界，才能体会他们的用心，入其内又出其外，如同在水中潜游，既在其中，又能自由穿行，即古人所谓“涵泳”，心灵上必须有某种程度的呼应。而唐诗又不可一概而论之，有时代的差异（如初唐、盛唐、中唐、晚唐），有风格的不同（如李白近道，王维近佛，杜甫近儒），也有理想的参差（如孟浩然难比李杜），而唐诗之数量又庞大无比，据统计逾五万首，不可能要求今人都能读懂全唐诗。

我既不是唐诗研究专家，又不能像如今许多深爱唐诗的青年那样熟练吟诵大量唐诗。社会上流传一句话：“熟读唐诗三百首，不会写诗也会吟”，而我就连唐诗三百首都没有熟读，只是一个唐诗的普通爱好者，喜读和常读唐诗而已，随意而读，经常玩味于其间，品赏它给我带来的快乐。此外，我喜欢从思想史的角度对我较熟知的唐诗的特色、分类与当代价值做些研究，在板桥唐诗宏论的启发下，发点粗浅的议论，以求教于友朋。

为什么任何其他朝代的诗都比不上唐诗那样成就辉煌，流传久远，并普及于社会各阶层而至今盛行不衰？这是由唐诗自身的特色决定的。其特色之一，是贴近生活而又照亮了生活。唐诗就是用诗绘出的一幅幅唐代生活画面，其真实性不亚于甚至经常超过史书文献的记载，它用形象化的语言和充沛的感情描述社会各领域的现实动态，使后世读者对唐代有直观的认知。它没有扭曲，没有矫饰，也没有遮掩，只是照实写生，活灵活现。今人要了解唐朝的真实面貌，有各种途径，读唐诗应是首选。唐诗又照亮了生活。我有意不说“美化”了生活。生活里有欢乐，有苦难，有轻松，有悲壮，经过唐诗的照射，人们都能看得清清楚楚。仅靠史籍文字，唐代风貌仍然灰暗模糊，有了唐诗，便清晰可观了。彭庆生、张仁健主编的《唐诗精品》（北京燕山出版社2000年版）“前言”中指出：“唐诗的佳妙，一言以蔽之曰‘鲜活’，新鲜活泼的情感，新鲜活泼的形象，新鲜活泼的语言，新鲜活泼的意境，新鲜活泼的感受。”因此才真实感人，人们爱读。

其特色之二，是用字造句，通俗明达，入情入理，栩栩如生，没有华丽铺排，没有难字艰涩，大量使用大众口语，使得妇孺皆能记诵互传，乃是童蒙家教的好教材。于是唐诗既成为文人雅士经常吟咏的珍品，又同时是村妇、儿童乐读会背的诗作，真正做到了雅俗共赏。且不说大量精短的五古、七古，五律、七律，五绝、七绝，就是少量长篇的歌行，如白居易的《长恨歌》与《琵琶行》，也能为民众喜闻乐诵，不胫而走，成为民间说唱文学，流传极广，因此当时有“童子解吟《长恨歌》，胡儿能唱《琵琶》篇”的说法。我母亲是位基本不识字的家庭主妇，却能背诵多首唐诗。在我四五岁时，她教我李白的《静夜思》：“床前明月光，疑是地上霜。举头望明月，低头思故乡。”还有一首：“打起黄莺儿，莫教枝上啼。啼时惊妾梦，不得到辽西。”我上了中学，才知道它的诗名是《春怨》，作者是唐代诗人金昌绪。其语言如此明白晓畅，又有意味含在其中，无怪乎妇孺喜欢。

其特色之三，是深入浅出，寓理想于生活，极高明而道中庸，笔尖有温度，平凡而伟大。如王勃《送杜少府之任蜀州》是写与友人离别之情，极为真诚感人。其中“海内存知己，天涯若比邻”两句，瞬间将友朋之情提升为以四海为家的大丈夫气度，豪爽壮观，成为传诵天下的名句。张九龄《感遇》（之一）是将自己置换为春兰秋桂，快乐地生活着，而人却为了欣赏不惜折花插瓶放置家中，于是作者疾呼：“草木有本心，何求美人折？”一下子把爱护花木上升为仁者与天地万物为一体的高度。王维《山居秋暝》：“空山新雨后，天气晚来秋。明月松间照，清泉石上流。竹喧归浣女，莲动下渔舟。随意春芳歇，王孙自可留。”此诗写晚秋雨后清新，山林皎美，泉水清冽，唯能听到洗衣女的笑谈，看到渔船在莲塘穿行，这是写实。但不经意间，刻画出一幅桃花源景致，它不是陶渊明笔下的农耕自足自安社会，而是士人清幽的隐居之地，为老庄道家和佛家所向往。杜甫《春夜喜雨》讲诗人感受，最令人佩服的是其中“随风潜入夜，润物细无声”两句，把春夜细雨渗入土地、滋润草木的温和本心写出来了，扩而言之，则可以用于一切文化教育，必须用潜移默化的方式而不是粗暴灌输的方式才能达到以文化人的目的，于是该诗句成为一种普遍性的哲理。总之，唐诗不是把深奥的道理说出来，而是用明达的语言把优美的意境造出来，使人读之于不知不觉之中进入其内而感同身受。

唐诗的分类，在这里我不沿用以往古体律诗等格律上的分类，乃是内容上的分类，即因诗作所表现的社会生活与作者情感之不同而进行的分类。根据颇为流行又为我所喜爱的约三百首唐诗的内容，我将其分为九大类：山河壮美、田园情趣、士人追求、民生关怀、离乱痛苦、沙场征战、思乡别友、春秋江月、历史感悟。下面分别述之，每类举若干例证。类别之一：山河壮美。如李白《蜀道难》、《望庐山瀑布》，杜甫《望岳》，王之涣《登鹳雀楼》，孟浩然《望洞庭湖赠张丞相》。其中以杜甫《望岳》为冠，它的“会当凌绝顶，一览众山小”，把五岳之首的泰山举到了巅峰，同时也把人托在巅峰之上，形成无比辽阔广大的视野。泰山顶上有一石刻：“五岳独尊”，这不是好的石刻，因“独尊”

是自大，它也不是诗的语言。而杜诗歌颂的只是人的高境界。孟子说：“登蒙山而小鲁，登泰山而小天下”，当为杜诗所本。

类别之二：田园情趣。如孟浩然《过故人庄》，李白《下终南山过斛斯山人宿置酒》，王维《新晴野望》，杜牧《清明》。其中我最赏识孟诗：“故人具鸡黍，邀我至田家。绿树村边合，青山郭外斜。开轩面场圃，把酒话桑麻。待到重阳日，还来就菊花。”多么平和、安足的农村生活，又是多么亲切、友善的人际交往。诗人孟浩然与田家之间是那样平等、互通，彼此一边喝酒，一边谈论桑麻种植，兴趣昂然，还相约秋天再来赏菊，这是真正的田园情趣，因而才会有这样的好诗。

《墨竹图》

类别之三：士人追求。如韩愈《左迁至蓝关示侄孙湘》，白居易《赋得古原草送别》、《琵琶行》，杜牧《山行》，李商隐《无题五首》。士人的追求并不相同，但都不是功名利禄。韩愈追求“欲为圣明除弊事”。白居易追求早日结束“天涯沦落”，又不怕挫折，如野草根深，“野火烧不尽，春风吹又生”。杜牧追求山林生活。李商隐希望摆脱宦途而向往蓬山清修。

类别之四：民生关怀。如杜甫《兵车行》、《新安吏》、《石壕吏》、《新婚别》、《垂老别》、《茅屋为秋风所破歌》等，他是唐代诗人中最为关心民间疾苦的一位。《兵车行》使人仿佛听到爷娘妻子送别亲人上战场时“牵衣顿足拦道哭，哭声直上干云霄”的悲鸣，《石壕吏》“吏呼一何怒，妇啼一何苦”使人仿佛看到恶吏之凶悍、老妇之哀伤。杜甫《自京赴奉先县咏怀五百字》的“朱门酒肉臭，路有冻死骨”，成为揭露社会富贫悬隔的千古名句。李白的诗中也有《子夜吴歌》，希望在边塞的士兵早日回家与亲人团聚。李绅《悯农》二首，也脍炙人口，“谁知盘中餐，粒粒皆辛苦”已成为当今家教的名言。

类别之五：离乱痛苦。唐代经历了安史之乱，由盛转衰，在经历过这场内乱的诗人中，仍以杜甫的诗在这方面着墨最多，如《春望》、《月夜》、《闻官军收河南河北》、《羌村》、《梦李白二首》。其中《春望》最为深沉痛切：“国破山河在，城春草木深。感时花溅泪，恨别鸟惊心。烽火连三月，家书抵万金。白头搔更短，浑欲不胜簪。”而另一首《闻官军收河南河北》则表现官军收复失地后诗人的狂喜，与前诗恰成鲜明对照：“剑外忽传收蓟北，初闻涕泪满衣裳。却看妻子愁何在？漫卷诗书喜欲狂！白日放歌须纵酒，青春作伴好还乡。即从巴峡穿巫峡，便下襄阳向洛阳。”这就是诗圣杜甫强烈的家国情怀。

类别之六：沙场征战。大唐保卫边疆之战很有气势，出现一批边塞诗人，其中以高适、岑参为代表。如高适《燕歌行》、《塞上听吹笛》，岑参《白雪歌送武判官归京》、《走马川行奉送出师西征》、《碛中作》，王翰《凉州词》，陈陶《陇西行》，王昌龄《出塞》亦甚佳。岑参诗“北风卷地白草折，胡天八月即飞雪。忽如一夜春风来，千树万树梨花开”，以春天的心情去看边塞严冬的飞雪，这是大唐军旅诗人的气势和从容；“走马西来欲到天，辞家见月两回圆。今夜未知何处宿，平沙万里绝人烟”，没有悲凉，没有无奈，只有毅勇。王昌龄《出塞》：“秦时明月汉时关，万里长征人未还。但使龙城飞将在，不教胡马度阴山。”汉代大将军李广一生未得封侯，但军功显赫，军威犹在，大唐正需要这样的将军领兵保卫国家。

类别之七：思乡别友。这一类诗作数量很多。古时候交通不便，而士人又要外出宦游或派遣远方或谋划事业，告别而又重见是很困难的，思乡思亲和与朋友离别之伤情及相见之喜便充满在诗作字里行间，其间也有生离死别的情愫。如贺知章《回乡偶书》，孟郊《游子吟》，元稹《离思》，李商隐《无题》、《夜雨寄北》，李白《送友人》，王维《九月九日忆山东兄弟》、《渭城曲》，王昌龄《芙蓉楼送辛渐》。王维诗句“独在异乡为异客，每逢佳节倍思亲”已家喻户晓。元稹《离思》抒发对亡妻的思念，其中“曾经沧海难为水，除却巫山不是云”两句已成为人们经历大起大落、大喜大悲之后再遇到同类又不及的事物已难引起激情的表达。孟郊《游子吟》细腻真切地表达了母爱的深厚，游子要牢记春晖寸草恩难报，应一生尽孝不辍。

类别之八：春秋江月。唐诗中，诗人往往喜欢用春秋两季风光并配以江水月色来抒发生命感受，写春风和秋月较多。如贺知章《咏柳》，张九龄《感遇》，王维《相思》，李白《月下独酌》、《黄鹤楼送孟浩然之广陵》，韦应物《滁州西涧》，韩愈《早春呈水部张十八员外》，白居易《赋得古原草送别》、《钱塘湖春行》，杜牧《江南春》、《清明》、《山行》，王维《辋川闲居赠裴秀才迪》，张继《枫桥夜泊》。白居易有《暮江吟》，他在《琵琶行》中写春风秋月江水多处。张继《枫桥夜泊》：“月落乌啼霜满天，江枫渔火对愁眠。姑苏城外寒山寺，夜半钟声到客船。”写苏州附近渔船秋天夜景，诗人在愁闷中，听到寒山寺传来的钟声，读者也像是听到了。韩愈诗“天街小雨润如酥，草色遥看近却无”写早春天气，细草刚刚复苏，远看朦胧一片呈绿，近看一丛小草并不显绿，其观察之细微，令人叹为观止。

类别之九：历史感悟。其中最著名的有：章碣《焚书坑》，杜牧《赤壁》、《泊秦淮》，杜甫《八阵图》，韦庄《台城》，李商隐《贾生》。中国历史上总结统一帝国暴秦速亡教训最有水准的是一论一诗：贾谊《过秦论》和章碣《焚书坑》。《过秦论》指出：“一夫作难而七庙隳，身死人手，为天下笑者，何也？仁义不施，而攻守之势异也。”暴秦抛弃孔子仁义之道，焚书坑儒，严刑酷法，滥用民力，把偶语《诗》《书》者弃市，结果失去民心，人民不堪其苦，起而反抗，秦二世而亡。此外，始皇与二世也不懂从打天下到治天下要转换方略。章碣《焚书坑》：“竹帛烟销帝业虚，关河空锁祖龙居。坑灰未冷山东乱，刘项原来不读书。”用诗的语言揭示焚书而自坏文化根基，坑儒而仇视有识之士，国家实质上被掏空了，徒有关河要塞却抵不住农民起义的冲击，而起来灭秦的楚王项羽和汉王刘邦皆非儒士，太值得后人深思了。

唐诗的当代价值有五处。其一，它是中华文学经典，能涵养后代子孙的性情，能提供无穷的智慧，是巩固中华民族共同体的文化纽带。其二，它能帮助人们克服文化自卑，实现文化自信和自觉，使中华灿烂文化走向世界，为人类造福。其三，它能有效进入大中小学课堂，成为普遍受欢迎的好教材，为培养青少年的人文素质作出贡献。其四，它时刻影响着当代中国的戏曲、诗词书画创作与说唱文学的发展，激发作家们的才能，繁荣我国文学艺术事业。其五，它作为诗样史书，可以补充二十四史和《资治通鉴》等史籍的不足，帮助今人深刻理解大唐历史，更好地总结出国家兴衰的经验教训，有益于推动实现中华民族伟大复兴的中国梦。

我在郑板桥读唐诗要“读之千古长新”的启迪下，说了以上许多话，板桥如有灵不知以为然否？

二十一、

挚爱家乡，归根扬州

郑板桥的籍贯在哪里？《清史·郑燮传》说："郑燮，字克柔，江苏兴化人。"《清代学者传》、《墨林今话》亦同。而法坤宏《书事》则说："潍县知县郑板桥燮，扬州人。"事实上两种提法都没错，清代兴化属于扬州地区。故查礼《铜鼓书堂遗藁》说："郑燮，字克柔，号板桥，扬州兴化人。"《扬州府志》载："郑燮，字克柔，兴化人。"扬州是府，早已闻名于世；兴化是小县，知者不多。《板桥自叙》也说自己是"扬州兴化人"。

据《郑板桥年谱》云："先世居苏州，明洪武间始迁居兴化城内之汪头。"扬州是江南名城、鱼米之乡，百业发达，文化昌盛，教育先进，士林丰茂，同时有青山绿水，江湖交错，气候宜人。板桥生于斯，长于斯，得到扬州文化和自然的熏陶，培植了对家乡深厚的感情。他 40 岁赴南京乡试中举人，44 岁赴北京试礼部中式成进士，50 岁至 61 岁署范县、潍县，在这一时间段里他外出忙于科举与做官，但心始终留在家乡。他在外地最发达的时候，也未曾有终老他乡的打算，念念不忘有朝一日回乡安居。如在《范县署中寄舍弟墨第四书》里即吩咐郑墨为他购置土地，建造土墙院子和茅屋，为致仕后生活早作准备。他在潍县做县令，饱尝了官场上下级关系复杂多变的苦果，为了救灾而得罪上司，在无奈之中决意从此告别宦途，叶落归根，回到扬州。其诗《思归行》对此有充分表达："山东遇荒岁，牛马先受殃；人食十之三，畜食何可量。杀畜食其肉，畜尽人亦亡。帝心轸念之，布德回穹苍。东转辽海粟，西截湘汉粮；云帆下天津，艨艟竭太仓。金钱数百万，便宜为赈方。何以未赈前，不能为周防？何以既赈后，不能使乐康？何以方赈时，冒滥兼遗忘？臣也实不材，吾君非不良。臣幼读书史，散漫无主张；如收败贯钱，如撑断港航；所以遇烦剧，束手徒周章。臣家江淮间，虾螺鱼藕乡；破书犹在架，破毡犹在床。待罪已十年，素餐何久长。秋云雁为伴，春雨鹤谋粱；去去好藏拙，满湖蓴菜香。"此诗表面上是自责，实际上是诉说做好官和赈灾之难，上司事前没有统筹部署，赈中官场各种弊端层出，因而赈后效果不好。若没有相关部门的配合，单靠一个县官难以维持灾难不断的潍县百姓生活。所以他决意离开官场，回到扬州安顿自己的身心。虽然家乡宅屋只有破书破毡，但有鱼藕湖莼（蓴）、秋雁春鹤，可以过上自由自在的生活，不至于因性直得罪大吏（藏拙）。此诗讲他为民请赈、忤大吏的事由，未讲到他回归家乡另一个重要的动因，就是那里有他一批艺术同行，周边文人雅士多多，尤其有扬州画派，便于交游与创作。他虽然在《赠范县旧胥》里说"罢官后，当移家于范"，那不过是对范县吏民好感的表示，并不是深思熟虑的计划，因为范县没有士林云集和画家群体，无法满足板桥精神生活的需求，他是离不开“扬州八怪”和四周文化界人士的。

板桥诗词描写的地域景致与人情，大都在南方。除了扬州，辐射到江南大部分省区。写得较多的有：杭州、焦山（在镇江）、真州（在南京附近）、潇湘（湖南）、金陵（南京）等地，每地都有多首诗词之作，这是他交游的主要天地，对之似乎有写不完的情趣。

《扬州写竹》

且看板桥如何写扬州。《扬州》诗共有四段，每段七言八句56字，总为224字。第一段云：“画舫乘春破晓烟，满城丝管拂榆钱。千家养女先教曲，十里栽花算种田。雨过隋堤原不湿，风吹红袖欲登仙。词人久已伤头白，酒暖香温倍悄然。”此段写扬州文化生活盛况，丝竹管弦乐曲普及于民间，一片歌舞升平气象。

第二段云：“廿四桥边草径荒，新开小港透雷塘。画楼隐隐烟霞远，铁板铮铮树木凉。文字岂能传太守，风流原不碍隋皇。量今酌古情何限，愿借东风作小狂。”此段写扬州历史，隋炀帝三下扬州，重修廿四桥，只爱风流，不理朝政，结果死于非命，葬在扬州，却使该地获有更大名声，诗人说不妨借此美景而狂傲一番。

第三段云：“西风又到洗妆楼，衰草连天落日愁。瓦砾数堆樵唱晚，凉云几片燕惊秋。繁华一刻人偏峦，呜咽千年水不流。借问累累荒冢畔，几人耕出玉搔头？”此段讲历朝历代在扬州的权贵们都繁华于一时，转眼便人去楼空，只剩下断碣残碑、瓦砾荒冢，被世人遗忘了。

第四段云：“江上澄鲜秋水新，邗沟几日雪迷津。千年战伐百余次，一岁变更何限人。尽把黄金通显要，惟余白眼到清贫。可怜道上饥寒子，昨日华堂卧锦茵。”此段写扬州乃兵家必争之地，历经战伐百余次，人换物变，可哀可叹。从显要到清贫，从黄金到白眼，盛衰在瞬息间。

以上《扬州》诗表明，板桥熟知扬州历史，那里不仅是春花秋月之地，也历经过许多社会磨难，由此他更加珍惜当时扬州的安定和繁荣。

有两首诗前后关联。一首《客扬州不得之西村之作》：“自别青山负夙期，偶来相近辄相思。河桥尚欠年时酒，店壁还留醉后诗。落日无言秋屋冷，花枝有恨晓莺痴。野人话我平生事，手种垂杨十丈丝。”写他对扬州西村的思念，当初在西村饮酒赋诗种柳的情景历历在目，遗憾的是接近了它却未能亲临，只好以诗寄情。

另一首《再到西村》：“青山问我几时归，春雨山中长蕨薇。分付白云留倦客，依然松竹满柴扉。送花邻女看都嫁，卖酒村翁兴不违。好得秋风禾稼熟，更修老屋补斜晖。”他终于如愿已偿，再来西村，见到各家依然松竹满院，当初邻女已出嫁，而酒店老翁相亲如旧。他希望秋天收成好，可以把老屋修补一番。可知板桥在西村有老房并住过一段时光。

《由兴化迂曲至高邮七截句》：“百六十里荷花田，几千万家鱼鸭边。舟子搦篙撑不得，红粉照人娇可怜。烟蓑雨笠水云居，鞋样船儿蜗样庐。卖取青钱沽酒得，乱摊荷叶摆鲜鱼。湖上买鱼鱼最美，煮鱼便是湖中水。打桨十年天地间，鹭鸶认我为渔子。买得鲈鱼四片腮，莼羹点豉一尊开。近来张翰无心出，不待秋风始却回。柳坞瓜乡老绿多，幺红一点是秋荷。暮云卷尽夕阳出，天末冷风吹细波。一塘蒲过一塘莲，荇叶菱丝满稻田。最是江南秋八月，鸡头米赛蚌珠圆。船窗无事哺秋虫，容易年光又冷风。绣被无情团扇薄，任他霜打柿园红。”高邮于明代清初属扬州府，后为散州。此诗描写兴化至高邮一带水乡风光与渔民田农生活，百里荷塘，鱼肥瓜绿，稻香柿红，“最是江南秋八月，鸡头米赛蚌珠圆”，八月金秋，优质鸡头米成熟，渔农人家大米佐鱼盘，相聚饮酒，多么惬怀！这是北方无法比拟的。

板桥渐老，思乡回家之情日切。《唐多令·思归》："绝塞雁行天，东吴鸭嘴船，走词场三十余年。少不如人今老矣，双白鬓，有谁怜？官舍冷无烟，江南薄有田，买青山不用青钱。茅屋数间犹好在，秋水外，夕阳边。"此词应是在潍县署中所写。官舍冷清和官场冷落，令他不得开心，不如回到家乡，有些田地，有茅屋，（当然也会有民间来往），过上平民化的生活。另一首词《满江红·思家》："我梦扬州，便想到扬州梦我。第一是隋堤绿柳，不堪烟锁。潮打三更瓜步（地名）月，雨荒十里红桥（地名）火。更红鲜冷淡不成圆，樱桃颗。何日向，江村躲？何日上，江楼卧？有诗人某某，酒人个个。花径不无新点缀，沙鸥颇有闲功课。将白头供作折腰人，将毋左。"此词的新境界是：板桥自己与扬州彼此思念，浑然一体了。扬州诸名胜如隋堤柳、瓜步月、红桥火（渔船灯火）以及江村江楼，皆在梦中出现。诗朋酒友也盼望相聚。何不学陶渊明辞去彭泽县令，"不为五斗米折腰事权贵"而回归田园呢？

板桥在潍县任上因请赈忤大吏而罢官，正是天遂人愿，实现了回乡安身立命的人生之梦。于是这才有好心情画竹，写下《予告归里，画竹别潍县绅士民》："乌纱掷去不为官，囊橐萧萧两袖寒；写取一枝清瘦竹，秋风江上作渔竿。"乌纱帽是他主动掷去的，催促自己：快快回家做个江上钓鱼翁吧！他刚回到扬州便又画一竹，题曰《初返扬州画竹第一幅》："二十年前载酒瓶，春风倚醉竹西亭；而今再种扬州竹，依旧淮南一片青。”从此他既可以栽竹满院，又能够画竹题词了。

板桥回归乡土，实际上是脱离政治，回到民间，并非遁入山林，他是陶渊明式的人物，“结庐在人境，而无车马喧。问君何能尔？心远地自偏”。远离嘈杂，心态清静。他的人生追求如陶渊明《归去来辞》所云：“寓形宇内复几时，曷不委心任去留。胡为乎遑遑欲何之？富贵非吾愿，帝乡不可期。怀良辰以孤往，或植杖而耘耔。登东皋以舒啸，临清流而赋诗。聊乘化以归尽，乐夫天命复奚疑。”他与陶渊明稍有不同处，在于他有“扬州八怪”与其他一些乐山水、喜艺制的朋友，一起过着精神逍遥的生活。

二十二、

板桥走笔如有神，真焦景物荡诗韵

板桥的诗词，写江南风物人情者居多，其中写真州和焦山用心颇著。现以两地为例看板桥诗词中的江南是怎样一幅幅美丽而多彩的图画。

江苏真州，南与镇江隔江相望，西与南京相近，历史上称其为“淮南风物第一州”，以“真州八景”著称：北山红叶，东门桃坞，南山积雪，胥浦农歌，资福晚钟，天池玩月，仓桥塔影，泮池新柳。八景中融合古庙、山水、林木、四季、民俗为一体，是吸引游人的名胜。板桥有两首相联长诗写真州。

其一是《真州杂诗八首并及左右江县》。第一首：“春风十里送啼莺，山色江光翠满城。曲岸红薇明涧水，矮窗白纸出书声。衙斋种豆官无事，刀笔题诗吏有名。昨夜村灯鱼藕市，青帘醇酒见人情。”此首写春暖花开的真州，十里莺啼，江映翠山，沿岸红薇花开，清溪潺潺。更可贵的是真州文教发达、官风廉正，故县官无须忙于官司断案，可以悠闲种豆散心，平日勤于文牍的刀笔吏却能写诗作词而知名于乡里。晚上村里有鱼藕集市，故旧好友在酒店相聚饮酒，诚为乐事。既写景又写情，板桥继承了《诗经》的传统。

第二首："村中布谷县中啼，桑柘低檐麦陇齐。新笋斸（斫）来泥未洗，江鱼买得酒还携。山花雨足皆含笑，絮袄春深欲换绨。何限农家辛苦事，渐看儿女满町畦。"此首写桑菜田农生活，养蚕种麦，砍笋餐鱼饮酒，随着春天转暖，把棉衣换成夹绸。虽然农事辛劳，但看着儿女长大能帮助大人下田种菜，便苦中有乐了。

第三首："寒衣新熨折参差，一笑裘毛落许时。脾土（脾属木，心属土——笔者注）渐衰唯食粥，风情不减尚填词。雪中松树文山庙，雨后桃花浣女祠。最爱卷帘高阁上，楚江晴碧晚烟迟。"此首写气候转为秋冬，人们找出寒衣用熨斗熨平，发现皮衣有少许裘毛脱落，由此我们可以想见，当地人衣食是很讲究的。下面两句写当地老年人脾衰心弱习惯于喝粥助消化，却未减弱填词作诗的爱好，可见他们文化素养是比较高的，或者说有文化的老人较多。文山庙为纪念宋末文天祥而建，他曾率兵抗元而撤退到真州。浣女祠估计由唐代王维名诗而来，王维在《山居秋暝》中写道："空山新雨后，天气晚来秋。明月松间照，清泉石上流。竹喧归浣女，莲动下渔舟。随意春芳歇，王孙自可留。"真州建有浣女祠，可能就是借助王维的诗，从而提升了洗衣女子的地位。作者深情地说，在阁楼上一眼望去，下午的真州，楚江一片晴碧而晚烟尚未来临，真是可爱极了。

第四首："月白潮生野水潺，上游千里控荆蛮。洗淘赤壁无遗燎，溶漾金陵有剩山。烟里戍旗秋露湿，沙边战舰夕阳闲。真州漫笑弹丸地，从古英雄尽往还。”此首写真州面临长江地段，历史上是控制荆楚的要津，三国之初发生过赤壁之战，吴蜀联盟，火烧连营，大败曹操，遂奠定魏、蜀、吴三足鼎立的格局。小小的真州，却有许多英雄驰骋往来。如今“赤壁无遗燎”，没有战火了，“战舰夕阳闲”了，这恰是板桥所处时代国家统一而无战事的和平岁月，多么可贵难得，因而真州的景色也能使游人从容观赏。

第五首：“吴越咽喉铁瓮城，隔江相望晓烟横。高樯迥与山排列，浊浪喧同海斗争。卷去芦花浑雪意，飘来鼓角尽秋声。中原万里无烽燧，扶杖衰翁未见兵（战火）。”此首是上一节的延续和补充，说江上船樯（桅竿）排列与山峦成群，江水浪花与海浪争喧。但是这里毫无战火烽烟，只有芦花摇摆如雪花飘落，传来的声响不是冲锋号角，却是秋声的涌动，老年人一生未曾经历过战争。板桥的诗里没有杜甫《兵车行》、《春望》一类作品，他是和平的幸运儿。

第六首：“南国枫凋结绮楼，雷塘北去蓼花秋。染成红泪胭脂湿，蘸破新霜草木秋。两地干戈才转瞬，一般成败莫回头。后庭遗曲江边唱，又听隋家清夜游。”此首还是写历史教训。雷塘是隋炀帝墓葬之所，后庭花指南唐李后主所写《玉树后庭花》。诗句是说李煜荒淫而亡于隋，不久隋炀帝又荒淫亡于唐，成败皆在转瞬间。唐代诗人杜牧诗《泊秦淮》：“烟笼寒水月笼沙，夜泊秦淮近酒家。商女不知亡国恨，隔江犹唱后庭花。”此诗道出了历代国家败亡的根本原因在于皇朝的腐化堕落。

第七首：“行过青山又一山，黄将军墓兀其间。悬崖断处孤松出，骇浪崩时血泪还。江上诸藩皆逆类，枢中一老复颓颜。抵天只手终何益，运去心枯事总艰。”黄将军指黄得功，乃南明抗清武将，其墓在真州。明末，洪承畴、吴三桂等大将皆叛明投清，明廷中仅有忠臣李化龙等少数人支撑，但国运大势已去，明亡于清不可避免。

第八首：“何事秋风只杜门，护花长怕晓霜痕。挂冠盛世才原拙，卖字他乡道岂尊。山雨乍晴如洗沐，江烟一起又黄昏。惟君诗兴清豪在，唤醒东南旅客魂。”下注：“和张仲蓄一首。”此节说盛世有才者往往辞官藏拙，为的是杜门创作诗文，以免受到政治干扰，可以卖字为生。山色旦暮变幻，唯有你张仲蓄先生保有诗兴，不断写出新作，使旅游至东南的客人对真州景物有真切了解。

其二是《真州八首，属和纷纷，皆可喜，不辞老丑，再叠前韵》。从题目上可知，此真州八首是由于前八首写成并送友人后，得到诸友和诗，于是板桥兴致勃勃，又叠前韵写了八首。

第一首：“江头语燕杂啼莺，淡淡烟笼绣画城。沙岸柳拖骑马客，翠楼帘卷卖花声。三冬荠菜偏饶味，九熟樱桃最有名。清兴不辜诸酒伴，令人忘却异乡情。”注云：“谓张仲蓄、鲍匡溪、米旧山、方竹楼诸子。”此注点明与其和诗的诸人姓名，都是作者在真州的诗友兼酒友。此首补充前八首续写真州景物之美，“绣画城”三字颇传神，今日我们形容祖国大地为“锦绣河山”，当初板桥已用“绣画”描述真州的景色。那里在江边开设的酒店，用沙岸柳浪吸引了外来旅客，也招来卖花人的吆喝声。还有冬季的荠菜和初夏的樱桃，乃是名闻远近的菜果。在这样美好的景致里，与诸友一边畅饮醇酒一边唱和诗歌，忘却了异乡思亲之情。唐代诗人王维有名句：“独在异乡为异客，每逢佳节倍思亲。”他之所以在异乡过节倍加思亲，关键在于“独在异乡”，孤独故愁绪更增。而板桥虽在异乡却无乡愁乃是由于他生活在投缘朋友们的情谊之中。

第二首：“满林烟雨曙鸦啼，脉脉春流与岸齐。虾菜半肩奴子荷，花枝一剪老夫携。除烦苦茗煎新水，破暖轻衫染旧绨。最是老农闲不住，墙边屋角韭为畦。”此首写春暖花开之际，虾菜奴子荷快速成长，老人剪枝插花。人们煮苦茶饮以消解烦闷，染熨旧绸衣以换洗冬装。老农夫本可闲散度日，却在墙边屋角开畦种韭，为家庭提供菜蔬，也是劳作习惯使然。于此可见作者观察农村生活之精细，非有心人不能为也。

第三首：“满塍新绿燕参差，正是秧针刺水时。陌上壶浆酬力作，田中么鼓唱盲辞。霡霂圣世唯沾块，猫虎先型有赛祠。野老何知含哺乐，优游化日向来迟。”此首写插秧情景。“塍”是田间土埂，插秧季节，农夫在田埂上摆满绿绿的秧苗，赤脚挽裤弯腰于水田中插秧。田间小路上备有壶酒米粥供间歇时饮用，农夫插秧时还哼唱鼓词缓解劳作之累。在这太平盛世，人们可以充分享受大自然的恩赐，村社举行各种赛神活动。《庄子·齐物论》讲“天籁”，即大自然奏出的音乐，云：“夫大块噫气（大地呼吸），其名为风。是唯无作，作则万窍怒呺。”板桥诗所说“沾块”，便是指人们沾有大地恩赐的资源。欧阳修写有《田家》诗：“绿桑高下映平川，赛罢田神笑语喧。林外鸣鸠春雨歇，屋头初日杏花繁。”板桥诗所谓“猫虎先型有赛祠”，即指农家的赛田神活动。此诗最后两句“野老何知含哺乐，优游化日向来迟”，是引用《庄子·马蹄》“夫赫胥氏之时，民居不知所为，行不知所之，含哺而熙，鼓腹而游”。形容上古时代民众口含着食物，手拍拍肚皮，过着无忧无虑的生活。又，《诗经·小雅·采薇》“优哉游哉，聊以卒岁”。板桥诗引《庄子》与《诗经》话语，表达当下虽然太平，但最理想的时代尚未到来。

第四首：“一江离思水潺潺，绿酒红亭怨小蛮。芳草不曾遮远道，浮云只是负青山。缫丝无力春蚕老，系臂何心彩缕闲。咫尺乡园千里阔，大刀头缺几时还？”“小蛮”为传说中女娲之后；“芳草”云云出自白居易诗“远芳侵古道”；“浮云”云云出自李白诗“总为浮云能蔽日”，辛弃疾词“青山遮不住，毕竟东流去”；“缫丝”云云出自李商隐诗“春蚕到死丝方尽”。此诗是说今日诗人不必埋怨时运不济，面前有广阔的道路可以通行。

第五首：“莽莽山城接水城，千年霸业尚纵横。佛狸去后弛戎马，侯景来时酿战争。君相南朝同燕幕，文章六代总蛙声。衣冠礼乐吾朝盛，除却蒐苗未点兵。”此首仍由写历史转到当今，谓南朝梁武帝霸业盛极一时，由于纵容权臣而导致侯景之乱，遂使大梁败亡。“燕幕”，燕巢幕上，处境危险，六朝君臣却沉溺于享乐，不能居安思危，而朝野文章如同蛙鸣，鼓噪乱叫。只有大清当时兴盛衣冠礼乐，除了安边小役，皆未曾用兵。

第六首：“伍相祠高百尺楼，屯田遗墓也千秋。溪边花落三春雨，江上潮来万古愁。无主泥神常趁庙，失群才子且低头。画船半破零星板，一棹残阳寂寞游。”此首写春秋时期吴越之争。吴国忠臣伍子胥劝君王夫差除掉越国降王勾践，夫差不听，伍子胥反被杀害。其后越国勾践卧薪尝胆，十年生聚，遂灭吴国。吴人为纪念伍子胥，在吴山立祠。屯田制始于曹魏，平时士兵垦荒种地，节省军费又增充军需，战时则出征作战。这都是历史经验教训。泥神有庙祭供之，才子沦落却无人理睬，画船已经破旧，诗人只好在残阳孤舟中寂寞观景了。

第七首：“踏遍芒鞋为买山，谁家小阁树中间？白云封处门常闭，红日高时梦未还。六代烟花销妄念，扬州金粉付朱颜。惟余一二渔樵侣，钓鱼担云事未艰。”禅诗有云：“尽日寻春不见春，芒鞋踏遍陇头云。归来笑拈梅花嗅，春在枝头已十分。”板桥的理想之一是买片理想的青山，隐居林野阁屋之中，吟诗作画为乐。回观六朝烟花破灭、扬州金粉世家败落，不如有几个渔夫樵翁相伴，从容度日。“烟花”指早春天气，花在烟雨中开放，“烟笼寒水月笼沙”（杜牧）。“金粉”指黄金或金色粉末，金粉乃富贵人家修饰用品。“朱颜”是红润美好的面容。唐末五代南唐李后主李煜词《虞美人》:“春花秋月何时了?往事知多少。小楼昨夜又东风,故国不堪回首月明中。雕栏玉砌应犹在,只是朱颜改。问君能有几多愁?恰似一江春水向东流。”哀叹自己被俘,脸色憔悴,愁绪绵绵,宋太宗见词后将其毒死。李白诗句:“故人西辞黄鹤楼,烟花三月下扬州。”板桥活用李白诗句,把扬州与烟花、金粉联系起来了。历史上的金粉世家不断败落,而扬州却由于李白的诗而名闻天下和后世。

第八首:“柏叶枫枝静掩门,卧看霜雁碧天痕。一生去国鲁司寇,万古辞家佛世尊。策马有心鞭已折,抄书无力眼全昏。而今说醒虽非醒,前此俱为蝶梦魂。”此首写作者静卧林下宅屋,观赏霜雁在碧天上画出飞行路线。又回顾历史上两大圣哲:一是孔子,一生漂泊他乡传道授徒,成为大成至圣先师;二是释迦牟尼离开王室出家觉悟,证成为佛祖。自己虽体衰无力,而心向往之。在二圣启迪下,自己已经从世俗迷梦中苏醒,别人也许未必认为我已醒悟。但自己回看以往诸事,就像《庄子·齐物论》的寓言故事“庄周梦蝴蝶”那样,应该从梦中惊醒了。

板桥写真州,两次紧接,共十六首,分量之重在他描写江南各地的诗钞中是独一无二的,不仅感情充沛,意境高雅,而且兼顾真州的景观、经济、历史、文化、古迹,是全方位的。有山色江光、绿林烟雨,有田家农事、鼓唱赛祠,有吴越争霸、隋梁败局,有诗朋酒友、吟咏相和。可见他在写作时是全身心投入的。

他的真州诗作彰显了江南风光之厚重秀美，使读过此诗的读者不能不羡而向往之。

焦山是板桥另一个属意的江南之地。板桥寄舍弟墨家书十六通中，有五通寄自范县官衙，五通寄自潍县官衙；另外六通中，一通寄自杭州，一通寄自仪真，一通寄自淮安，三通寄自焦山。可知板桥在中举为官之前的外出交游生活中，常在焦山歇息，对那里比较留恋，也较为熟悉。焦山现属江苏镇江市，是镇江三山之一（另两山为金山、北固山），东汉焦光隐居于此，故以焦山命名。它四面环水，林木苍翠、山水相映、美景天成。

板桥诗钞中有一首《送友人焦山读书》，诗云："焦山须从象山渡，参差上下一江树。高枝倒挽行云住，低枝搏击江涛怒。枯藤盘拏蛇走壁，怪石崚嶒鬼峡路。日落烟生江雾昏，微茫星火沿江村。忽然飞镜出东海，万里一碧开乾坤。夜悄山中更凄肃，鹳鹤无声千树秃。邻屋时闻老僧咳，山魈远在云端哭。几年不到大江滨，花枝鸟语春复春。抱书送尔入山去，双峰觅我题诗处。"此诗写焦山特异之美，用笔险奇，如写江树"高枝倒挽行云"、"低枝搏击江涛"，把江树写成能与行云、江涛相搏斗的大英雄；又如天明后人们乍见大海映像是"忽然飞镜出东海，万里一碧开乾坤"，东海像一面无边大镜把万里天空照亮了。读到此，不由使人想起朱熹诗《观书有感》："半亩方塘一鉴开，天光云影共徘徊。问渠哪得清如许？为有源头活水来。"朱子写半亩方塘在太阳照射下，如同一面镜子，清澈照人，是为了说明它有源头活水，才能保有清洁透明，使人联想到中华文化源远流长。板桥把天光下的东海比喻为飞镜，则体现了他对祖国海洋的热爱。他送友人入焦山读书，那里正是最佳的攻读环境，提醒友人不妨到双峰处找一下，板桥早有题诗在那里了。

《客焦山袁梅府送兰》是板桥为送焦山友人所画秋兰而作的短诗。诗云：“秋兰一百八十箭，送与焦山石屋开。晓月敲门传简帖，烟帆昨夜过江来。”诗中“一百八十箭”是形容所画兰叶如同箭杆那样众多而尖锐。为什么天不亮就去敲友人家之门呢？因为昨夜（应是后半夜）才乘船渡江过来的。“晓月敲门”使人联想到唐代诗人贾岛诗句“鸟宿池边树，僧敲月下门”。据说贾岛作诗喜欢炼字，对于“僧敲”一句是用“推”字还是“敲”字，

《兰花瓣》

反复吟试，举棋不定，遇到韩愈，退之云：“作敲字佳”，遂定。后来人们把作诗用字的功夫称为“推敲”。“晓月敲门”句使人仿佛听到敲门的咚咚之声，更能衬托晓月时分焦山的寂静。

《游焦山》一诗写作者热爱焦山、欲在焦山隐居的心境。诗云：“日日江头数万山，诸山不及此山闲。买山百万金钱少，赊欠何曾定要还。老去依然一秀才，荥阳家世旧安排。乌纱不是游山具，携取教歌拍板来。”焦山之静谧为江头诸山之冠，却无钱把它买下来。如果一生只是一个秀才，便只好回到荥阳老家（荥阳在河南，估计板桥先祖居住过）。如果做官带上乌纱帽，也不能以游焦山为乐了。游居焦山只能像民间艺人那样挥拍歌唱而闲散度日。

《焦山赠袁四梅府》一诗写作者在悲秋凄凉的同时却感受到袁梅府的温暖。诗云：“画角凄凉铁笛哀，一江秋色冷莓苔。多情只有袁梅府，十日扁舟五去来。”通常诗人们把秋天与寒霜、落叶、衰草联系起来，烘托心境的凄苦和老年的愁肠，秋诗的格调是低沉的。杜甫诗句“万里悲秋常作客，百年多病独登台”有代表性。在赠袁四梅府诗里，板桥也用哀凄形容焦山秋色，但他的真正用意是表达友情之暖已把焦山秋凉给融化了，只要人心是热的，足以抵挡任何自然界的寒冷。你看，在十天之中我要乘舟过江来回袁梅府五次，因为焦山吸引我，焦山人更吸引我。

总之，板桥的焦山诗都比较简短，没有真州诗两组八首那样长，但遣词造句很有功夫，表达他的焦山之情是不亚于真州诗的，可以说是各具特色。作者写真州诗和焦山诗，都是写家乡扬州以外的江南，他把乡愁扩大了，包括了长江下游广阔的区域，而这里就是他早期和后期流连迂回、优游卒岁的地方，也是他诗词创作最多的地方。

二十三、

板桥与《史记》的情缘

板桥推尊“四书”、“六经”，儒经之下，便是《左传》、《史记》、《庄子》、《离骚》四典，尤钟情于《史记》。他在《焦山别峰庵雨中无事书寄舍弟墨》中说：“吾弟读书，‘四书’之上有‘六经’，‘六经’之下有《左》、《史》、《庄》、《骚》”。他在《潍县署中与舍弟第五书》中说：“文章以沉着痛快为最，《左》、《史》、《庄》、《骚》、杜诗、韩文是也。”他在《与江宾谷、江禹九书》中又说：“文章有大乘法，有小乘法。大乘法易而有功，小乘法劳而无谓。《五经》、《左》、《史》、《庄》、《骚》、贾、董、匡、刘、诸葛武乡侯、韩、柳、欧、曾之文，曹操、陶潜、李、杜之诗，所谓大乘法也。”他再次把《左传》、《史记》、《庄子》、《离骚》四典置于仅次于“五经”（《乐经》失传，故“六经”又称“五经”）的地位，又加上贾逵、董仲舒、匡衡、刘向、诸葛亮、韩愈、柳宗元、欧阳修、曾巩诸人作品，还有曹操、陶潜、李白、杜甫的诗，皆称为“大乘法”。“六朝靡丽，徐、庾、江、鲍、任、沈，小乘法也”，六朝文人如徐幹、庾信、江淹、鲍照、任昉、沈约，皆不为板桥所重，因为其心专在文词雕琢，其志不在家国民生，故是

“小乘法”。按佛教说法，大乘要普度众生，小乘只自我解脱，故有高下之别。当然我们今天重新审视六朝文学，既要批评它的形式主义倾向，也要给予它在文体创新、文字雕刻上的成就以应有的肯定。

板桥讲论《史记》，要比其他史书更费纸墨，有文有诗，且有与众不同的看法，令人印象深刻。如在《范县署中寄舍弟墨第三书》中说：“人谓《史记》以吴太伯为《世家》第一，伯夷为《列传》第一，俱重让国。但《五帝本纪》以黄帝为第一，是戮蚩尤用兵之始，然则又重争乎？后先矛盾，不应至是。总之，竖儒之言，必不可听，学者自出眼孔，自竖脊骨读书可耳。”他认为司马迁固然表彰古人轻权让国，却把中华始祖黄帝列为五帝之首，颂扬他“克明俊德”、“协和万邦”，又能“修德振兵，治五气，艺五种，抚万民，度四方”，包括征伐蚩尤，保护邦国，两者是统一的，不可偏论。板桥在《潍县署中寄舍弟墨第一书》中讲自己读《史记》的体会：“《史记》百三十篇中，以《项羽本纪》为最，而《项羽本纪》中，又以钜鹿之战、鸿门之宴、垓下之会为最。反复诵观，可欣可泣，在此数段耳。若一部《史记》，篇篇都读，字字都记，岂非没分晓的钝汉！”板桥最欣赏《史记》中对项羽的记载，又特标出三个精彩的情节。这并不意味着板桥对项羽所作所为的全盘认可，而是先有肯定，又多有批评，项羽是被当作一个历史悲剧人物来看待的，而司马迁把项羽的故事讲得活灵活现，拨动人的心弦，太精彩了。板桥诗钞首篇便是《巨鹿之战》，曰：“怀王入关自聋瞽，楚人太拙秦人虎，杀人八万取汉中，江边鬼哭酸风雨。项羽提戈来救赵，暴雷惊电连天扫，臣报君仇子报父，杀尽秦兵如杀草。战酣气盛声喧呼，诸侯壁上惊魂逋，项王何必为天子，只此快战千古无。千奸万黠藏凶戾，曹操朱温尽称帝，何似英雄骏马与美人，乌江过者皆流涕!”此诗据司马迁《项羽本纪》而写，楚汉两军与诸侯起兵反秦，秦军破定陶，项梁死，秦将章邯围赵王于钜鹿，诸侯军皆作壁上观。于时楚怀王封项羽为上将军，率军渡河救赵，破釜沉舟，与秦军九战，以一当十，大破之，为项梁报仇，威震天下，诸侯皆慑服于项羽。章邯军既降，项羽夜坑秦卒二十余万。板桥认为巨鹿之战大快人心，项羽勇武，领军有方，作为武将是英雄好汉，他不追求当皇帝坐天下，是对的。再看后来奸雄曹操、朱温，起兵即有称帝野心，哪里比得上项羽，虽然后来兵败垓下，四面楚歌，与虞姬诀别，于乌江边自刎而死，却死得慷慨。此诗可称得上是对项羽的颂歌。西楚霸王项羽垓下的故事，后世演义为“霸王别姬”的戏曲及当代电影，凸显英雄末路的悲壮、宁死不降的精神，十分感人。同时也发人深省，项羽仅能“力拔山兮气盖世”，而没有仁德和智慧是成就不了建国大业的，失败了反而责怪“时不利兮骓不逝”，项羽至死也没有觉醒过来。板桥另一首诗《项羽》:“已破章邯势莫当，八千子弟赴咸阳。新安何苦坑秦卒，坝上焉能杀汉王！玉帐深宵悲骏马，楚歌四面促红妆。乌江水冷秋风急，寂寞野花开战场。”批评项羽坑杀秦卒之残酷，而在坝上的鸿门之宴又缺少决断、放过刘邦，最后的结局是垓下悲歌自刎。

司马迁在《项羽本纪赞》中对项羽一生作了总结。“太史公曰：吾闻之周生‘舜目盖重瞳子’，又闻项羽亦重瞳子。羽岂其苗裔邪？何兴之暴也！夫秦失其政，陈涉首难，豪杰蜂起，相与并争，不可胜数。然羽非有尺寸，乘势起于陇亩之中，三年，遂将五诸侯灭秦，分裂天下，而封王侯，政由羽出，号为‘霸王’，位虽不终，近古以来未尝有也。及羽背关怀楚，放逐义帝而自立，怨王侯叛己，难矣。自矜功伐，奋其私智而不师古，谓霸王之业，欲以力征经营天下，五年卒亡其国，身死东城，尚不觉寤而不自责，过矣。乃引‘天亡我，非用兵之罪也’，岂不谬哉！”太史公用面相（重瞳）之说解释项羽之暴兴，诚不足取，而他先赞许项羽率诸侯灭秦之举，后又指出项羽不讲信义，迷信武力，招致败亡，不能自责却抱怨上天，是荒谬的。这一结论可谓定评，足见司马迁见识过人。

上文所引家书里，板桥认为《史记·项羽本纪》中写得最好的篇章是巨鹿之战、鸿门之宴、垓下之会，巨鹿之战和垓下之会的参与者与见证人众多，写得逼真相对容易；而鸿门之宴的参与者很少，却在细节上写得栩栩如生，如范增召项庄私语，然后项庄舞剑，意在沛公，项伯以身遮护沛公，沛公如厕与樊哙悄悄议定、偷偷脱身返军营等情节，均难有外人知晓，而司马迁写起来如亲临其境，人们不免要问：何以能够如此？这就涉及一个新的重要话题：史学与文学的关系。

在中国古代，文人往往是文史哲兼修、多才多艺的。但毕竟文史仍有分工、各有侧重，如史学以真实为标的，文学以故事而取胜，哲学以智慧而见重。假如不能兼顾，先要守本，求得自立，而后渐通，力尽而止。只有很少的杰出之士才能兼而用之，熟练自如，妙笔纵横，如入无人之境。我举两位巨匠为例。一位是庄子，他发挥老子的智慧而使道家哲学形成一个高峰。庄子提出道的境界论、相对论、自由论、审美论，为道家思想的发展开辟了一个新的方向，更加关注人的主体自觉和精神状态，形成与儒家入世哲学、佛家出世哲学不同的游世哲学。而庄子哲学的阐述不靠逻辑推理，不用抽象概念，主要运

《瘦　竹》

用讲故事来表达。《庄子》一书，无论是内篇、外篇还是杂篇，均是“寓言十九”，用一连串的故事谈哲理，文学性极强，故引人入胜。其中涉及许多历史人物，也都不是实有其人其事，而是通过虚构把他们作为文学化的人物来对待，史学家不必从真实性的角度来指责。寓言故事还把许多动物拟人化。庄子追求的不是事实上的真实性，而是情理上的真实性。如《齐物论》讲鲲与鹏、蜩与鸠、汤与棘、尧与许由、肩吾与连叔的故事，还讲南郭子綦与颜成子游、狙公与众狙、啮缺与王倪、瞿鹊子与长梧子、罔两与景的故事；《养生主》讲庖丁为文惠君解牛、公文轩与右师、老聃与秦失的故事，《人间世》讲颜回与仲尼、叶公子高与仲尼的故事等。外篇《盗跖》批判孔子的故事，曾在“文化大革命”批林批孔时被一些人利用来作为史实攻击孔子儒学，令人啼笑皆非。外篇《寓言》明确讲“寓言十九”公开承认其文章十篇有九篇是寓言故事，是用故事讲道理。庄子被后世视为大哲学家的同时也被视为大文学家，人们用这些哲理故事启发的丰富想象力来构思生动形象，进行文艺创作。

另一位是司马迁，他打破《春秋》编年体叙事方式，用纪传体讲述中国历史。换句话说，他用讲故事的方式来讲历史，历史不再是大事记，而是活起来的中华民族各种人群奋斗前行的历史。他成功地把史学与文学高度统一起来，使《史记》成为伟大的史学著作，又有文学欣赏的价值。《史记》没有由于文学性而降低了它的历史真实性，反而由于文学性的介入而使情节更为清晰生动，人物性格更加真实丰满。他是如何做到的呢？我以为有三条：一是读万卷书行万里路，到处考察寻访，获得文献之外的民间口头流传或历史遗迹提供的资料；二是在故事细节上，进行大胆而又合乎情理的联想补充；三是善于运用文笔的精巧神妙，对人物、情节加以刻化。他写刘邦与项羽的鸿门之宴便是成功之作，人们读后觉得情节的前后发展、人物的私语斗智应当如此、必须如此，不会有另外的景象。写文学性的史书，如果不是大手笔，写出来难免文学不像文学、史书不像史书，不如只顾一头，作品也许才有价值。例如：《三国志》作为前四史之一，颇为人看重，但它不具有鲜明的文学性，读者也不会从中汲取审美营养；《三国演义》人称“七分实三分虚”，由于有三分虚，人们不把它看作史书，只当作小说欣赏。它虽然有历史的影子，却在魏、蜀、吴三国和人物的亲疏褒贬上有太强烈的感情偏向，更直白一点说，作者以蜀汉刘备为汉朝正宗的延伸，以魏之曹操一系为篡权的奸雄，过分夸大诸葛孔明的作用，使之能呼风唤雨，把赤壁之战的主功从周瑜转移到诸葛亮身上，这就不是史学家的作风了。

郑板桥不是史学家，也不是小说家，而是诗人、书法家兼思想家，他在诗文里能够以史学和文学的双重眼光看待《史记》和《项羽本纪》，乃是精读《史记》并深有体会的结果。这倒给了我们一点启示。今天我们研发哲学，书写历史，创作小说，从提高的层面上说，要达到庄子和司马迁的水平是困难的；但从普及的层面上说，讲好故事，把中国哲学和历史普及到青少年和民众之中，又能走出国门、流传到世界，是应该努力做到的。这需要承担者热爱中华文化，具有一定的中国哲学与史学功底，又善于运用文学语言，把中华民族五千年文明和孜孜不倦追求幸福美丽、和谐安康与世界大同的优秀传统讲得真切动人，这是我国文化事业的重要工作，也是为人类命运共同体建设作贡献。

二十四、

板桥词钞中的潇湘

板桥词钞中着墨最多的江南福地之一是潇湘。潇湘八景是他出游并激发情思的胜域。他写有《浪淘沙和洪觉范潇湘八景》，对潇湘一带作了多角度的艺术表达。

板桥《浪淘沙》在写潇湘八景之前有《暮春》一首，词曰："春气晚来晴，天澹云轻，小楼忽洒夜窗声。卧听潇潇还淅淅，湿了清明。节序太无情，不肯留停，留春不住送春行。忘却罗衣都湿透，花下吹笙。"这是多么轻快愉悦的心情，一反许多词人叹春归去的沉郁，而表示：春天既然要走，我不妨送它一程，不怕"清明时节雨纷纷"，也没有"路上行人欲断魂"（杜牧诗），更不会如宋代词人晏殊《浣溪沙》那样叹息"无可奈何花落去"，及柳永《蝶恋花》以憔悴的样子说"伫倚危楼风细细，望极春愁，黯黯生天际"，却在淅沥雨淋中从容吹着笙笛，这是一位多么洒脱的高人雅士。

《和洪觉范潇湘八景》分别有词八首。

其一，《潇湘夜雨》："风雨夜江寒，篷背声喧，渔人隐卧客人叹。明日不知晴也未？红蓼花残。晨起望沙滩，一片波澜，乱

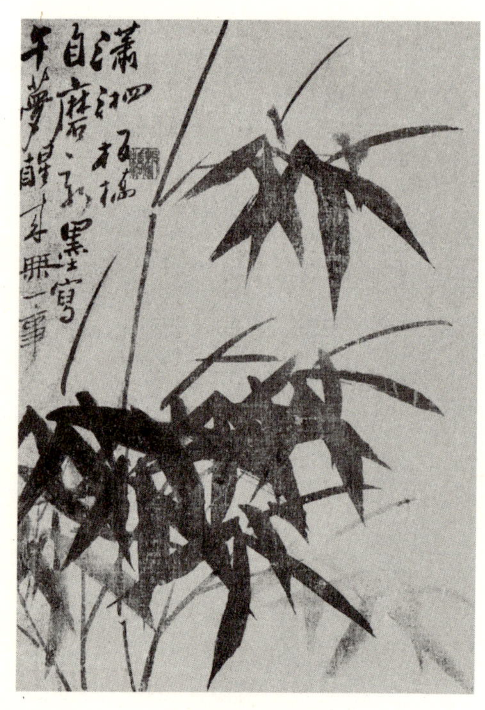

《新墨写午梦》

流飞瀑洞庭宽。何处雨晴还是旧？只有君山。”此首词写洞庭湖夜雨，船的顶篷被雨点敲打得叮咚作响，渔夫安然静卧，只有客人担心明日天不转晴不得登岸观花，花瓣已被风雨吹打落下许多。果然，早起放眼望去，沙滩上冲下急雨水流，汇成飞瀑，淌入洞庭，而湖水宽阔浩瀚，能够容纳千流万溪。无论在雨季还是晴天，始终不变其本色，巍然屹立的只有湖中的君山。这里讲潇湘雨季之景象：洞庭湖面茫茫无边，君山坚挺其中，渔人从容作业，客人焦灼不安，晴天固然水光潋滟，雨天也别有一番情趣。

以往诗人写潇湘夜雨多带有感伤情绪，如元揭奚斯的诗：“涔涔湘江树，荒荒楚天路。稳系渡头船，莫教流下去。”而板桥却能在夜雨中找到乐地。笔者不禁想起范仲淹《岳阳楼记》中描写洞庭湖雨晴两种气象：“若夫霪雨霏霏，连月不开，阴风怒号，浊浪排空，日星隐曜，山岳潜形，商旅不行，樯倾楫摧，薄暮冥冥，虎啸猿啼”，此时登临岳阳楼便“满目萧然，感极而悲者矣”。“至若春和景明，波澜不惊，上下天光，一碧万顷，沙鸥翔集，锦鳞游泳，岸芷汀兰，郁郁青青，而或长烟一空，皓月千里，浮光耀金，静影沉璧，渔歌互答，此乐何极。登斯楼也，则有心旷神怡，宠辱偕忘，把酒临风，其喜洋洋者矣。”如果说范仲淹《岳阳楼记》是一幅宏篇巨制之图画，那么板桥的《潇湘夜雨》便是一幅小巧精致之写生；范仲淹引出“先天下之忧而忧，后天下之乐而乐”的仁人志士之宏大抱负，板桥词则如冯友兰先生在《中国哲学简史》自序中说的：“小景之中，形神自足”。范仲淹认为士君子应“居庙堂之高，则忧其民；处江湖之远，则忧其君”，这是一种大儒情怀；板桥能居县衙之厅而忧其民，却不能处江湖之远而忧其君，因为他还有道家情怀，脱离官场政治，便以江湖为家了。因此，要以他民间艺术家身份讲，无论雨晴皆以平常心待之，这也是士君子的一种风度。

其二，《山市晴岚》：“雨净又风恬，山翠新添，薰烝上接蔚蓝天。惹得王孙芳草色，酝酿春田。朝景尚拖烟，日午澄鲜，小桥山店倍增妍。近到略无些色相，远望依然。”此首词写昭山景象，昭山在湘江流域、南距衡山150公里处。前人有云：“紫气缭绕，岚烟袭人，云蒸霞蔚。一峰独立江边，秀美如刚出浴仙子。”昭山之美主要在云蒸烟霞，如孟浩然诗所云“气蒸云梦泽”那样。元代诗人马致远《山市晴岚》云：“花村外，草店西，晚霞明雨收天霁。四围山一竿残阳里，锦屏风又添铺翠。”写雨后残阳中的昭山青翠可爱，如同一道锦绣屏风矗立在田野远处，供人们品赏。板桥此词专写雨后山景，山色更加翠绿，早晨尚有些烟云，至中午一片清丽，小桥流水之店家色泽鲜艳，格外吸引旅客目光，昭山似乎没有装扮，远远望去，本然的美姿尽情显露在人的视野之中，别有韵味。“色相”乃佛家语，《杂阿含经》云：“色无常，若因若缘，生诸色者，彼亦无常。”《摩诃般若经》云：“法若无相，即是动相，即是空相。”《般若心经》云：“色不异空，空不异色，色即是空，空即是色。”《华严经》云：“无边色相，圆满光明。”《楞严经》云：“离诸色相，无分别性。”佛教所说“色”或“色相”，超出俗间所说“颜色”的狭义，指一切事物的形态，皆是因缘和合而成，都是假有，没有自性，缘散归于无，故曰性空。执着于色相乃是痴愚；看破色相，便可觉悟成佛。中国魏晋佛教有即色宗，讲即色而空，空不离色。板桥词的深意是：山水之景不必离，亦不需迷，要在不失自家本来面目。

其三，《渔村夕照》：“山迥暮云遮，风紧寒鸦，渔舟个个泊江沙。江上酒旗飘不定，旗外烟霞。烂醉作生涯，醉梦清佳，船头鸡犬自成家。夜火秋星浑一片，隐跃芦花。”板桥对渔家生活比较熟知，写过相关诗词若干，此词写深秋季节的沅江渔家的情景：在云遮风大之际，渔船皆停靠在江边沙滩，渔人饮酒取暖解闷，醉后美梦不断，与船头自养的鸡犬作伴，也算不得寂寞。夜晚江船点点灯火与天上星星连成一片，在渔火闪烁中看到秋风吹拂下的江边芦花摆动，也算是渔村的一景吧。《渔村夕照》中之村，指白鳞洲村，位于沅江西岸。北宋中期画家宋迪作八景图，描绘沐浴在夕晖中的渔村，成了金色的仙境：飘悠的炊烟成为金色雾缕，翠绿树叶在微风吹拂中摇曳，闪烁金光，江水荡漾着金波，渔舟归来，渔夫脸上泛着金色微笑，构成一幅美轮美奂的图画。元代马致远《寿阳曲》的《渔村夕照》："鸣榔罢，闪暮光。绿杨堤数声渔唱。挂柴门几家闲晒网，都撮在捕鱼图上。"明代诗人沈明臣在七言绝句中形容白鳞洲村说："洲前洲后尽垂杨，村尾村头满夕阳。换酒醉眠高晒网，远山修竹正苍苍。"前人写《渔村夕阳》曲是展现白鳞洲村在夕阳照射下披上一层金色的图景，还有傍晚渔家晒网休闲的生活。板桥的词作又增加了渔家夜长梦好、鸡犬与人共船、夜火与秋星相映的新鲜内容，使渔家恬适的生活更令人向往。

其四，《烟寺晚钟》："日落万山巅，一片云烟，望中楼阁有无边。惟有钟声拦不住，飞满江天。秋水落秋泉，昼夜潺湲，梵王钟好不多传。除却晨昏三两击，悄悄无言。"此词所说烟寺，在湘江之滨，南岳衡山城北，叫清凉寺，寺有一口大钟，清夜敲之，宏亮悠扬。在日落之后，万山被云烟笼罩，望去寺中楼阁影像模糊，在似有还无之间，只有钟声清脆，传播辽远。秋雨下落，清泉流淌不舍昼夜。此钟名为印度梵王钟，已经少见，除了在早晚敲击三两下，其余时光沉寂无声，使人感受到佛法的性空之说，钟声也就是警钟，但愿众生从迷途中醒悟知返。在历代写古寺钟声的诗作中，最著名者当属唐代诗人张继的《枫桥夜泊》："月落乌啼霜满天，江枫渔火对愁眠。姑苏城外寒山寺，夜半钟声到客船。"此诗的重心是用寒山寺钟声衬托作者在月落时分的渔船上之愁肠，未给人以太多的佛寺联想。宋元之际，诗人写潇湘八景之一《烟寺晚钟》，则把重心移到佛教上面。如宋代宋宁宗赵扩诗作："金碧招提古，高峰最上层。喧风僧入梵，宿雾佛前灯。禅观延空寂，蒲牢忽震凌。黄昏山路险，窘步一枝藤。"宁宗对佛寺和僧人有敬意，相信坐禅能使人对人生有醒悟，他愿意拄杖爬山去峰顶佛寺朝拜。元代马致远的词作："寒烟细，古寺清，远黄昏礼佛人静，顺西风晚钟三四声，怎生教老僧禅定?"马氏认为古寺晚钟无助于僧人坐禅，他对佛教感情不够真切。元代鲜于必仁的词作："树藏山，山藏寺。藤荫杳昔，云影差差。疏钟送落晖，倦鸟催归翅。一抹烟岚寒光渍，问胡僧月下何之？逐朝夜时，扶筇到此，散步寻诗。"鲜于是文人气质，晚间到古寺来不是烧香拜佛，而是为了找到作诗的感觉。览诸《烟寺晚钟》诗词，皆不及板桥体会佛法深入，寺钟的言蕴含着不言之意，皆与醒世相关，须细细体会。

其五，《远浦归帆》："远水静无波，芦荻花多，暮帆千叠傍山坡。望里欲行还不动，红日西矬。名利竟如何？岁月蹉跎，几番风浪几晴和。愁水愁风愁不尽，总是南柯。"江水平静，在芦苇荻花开放的秋季傍晚，看那捕鱼归来的众多渔船沿山坡下的江岸拥簇在一起，渔夫看到了住家宇屋，却暂时上不了岸，而夕阳已西下了。为名利奔波结果会怎样？时光匆忙走过，如同出港打渔一样，有时天气好捕获很多又平安归来，有时遇到大风大浪只好艰难地空船而回。想起人生之路不免愁上加愁，富贵之路到头来总是南柯一梦。板桥写景生情，要人们早早放弃对豪华生活的追求，安心于平民化的日子。在一定意义上，这首词已经脱离主题了。宋代刘学箕有一首《赋祝次仲八景远浦归帆》："归鹭林边白，落霞天际明。蒲帆载风急，征棹逐鸥轻。稚子候江浒，遥闻嬉笑声。"这首诗的优点：一是写渔船归来江边之景有独到处，鹭鸶回归时的林边一片白亮，因为夕阳照射，落霞染抹下的天际比正午更为明朗，面对风急天高中的归帆，鸥鸟在船四周回旋飞翔；二是写情不写其他，专写渔人的孩子在江边说笑等候着大人回家。自古以来，江湖和海边的渔夫，不论出港打渔几多时日，家人都是焦虑地等候，担心遇到风险，一旦渔船靠港、渔夫登岸，全家便喜笑颜开。我的家乡芝水村在山东烟台近郊，距大海十公里，百姓以农林为业，多年来不断有海边渔家迁到芝水，转渔为农，原因并非收入菲薄，而是担心风浪不测，全家日子不能安宁。元代马致远的词："夕阳下，酒旆闲，两三航未曾着岸。落花水香茅舍晚，断桥头卖鱼人散。"此词是水村傍晚的风景图，渔船大都靠岸，水上漂散着落花香气，断桥头的鱼市已经收摊，劳作后的渔夫可以安闲地在酒店饮酒歇息了。元代揭奚斯的诗："冥冥何处来，小楼江上开。长恨风帆色，日日误郎回。"此诗描写暮色降临，江边小楼窗户打开，渔夫之妇凭栏远眺，只见到众多相似的渔船风帆形色，却看不到自己丈夫的身影，写妇人思亲之切。以上诸诗词都围绕渔村写景写情，唯有板桥之词引申开来，在打破名缰利锁上作文章。

其六，《平沙落雁》："秋水漾平沙，天末澄霞，雁行栖定又喧哗。怕见洲边灯火焰，怕见芦花。是处网罗赊，何苦天涯，劝伊早早北还家。江上风光留不得，请问飞鸦。"衡阳有回雁峰，前人写诗云："山到衡阳尽，峰回雁影稀。更怜归路远，不忍更南飞。"人们认为大雁南飞到衡阳为止，那里旷野平沙，丛丛芦苇，吸引群雁栖宿，形成一景。宋代沈括《梦溪笔谈·书画》，将平沙落雁列为潇湘八景之一。板桥此词写雁阵南飞到衡阳回雁峰洲边栖息，但要当心那里在芦苇中人们设下的大网罗，不如早点离开北还，这里逗留不得，问一下乌鸦便知道了，它们长年在此地生活已有经验。为何要问乌鸦？见李密《陈情表》"乌鸟私情，愿乞终养"，言乌鸟反哺其母，李密自己不能应诏出仕，在于有高龄祖母需要赡养，以报答长辈抚育之恩。从长远看，国最重要，从眼前看，家更重要。杜天明有诗："默默西风说不争，南迁云翼复停停。晴沙种下三千竹，老雁搀扶一万程。秋色铺张勾眼色，心声整理共潮声。故乡都作殷勤看，水瘦纷纷弦语轻。"此诗大意说雁阵南飞在此停留，青雁要照顾老雁才能往返；看到秋色宜人，心里如江潮般起伏；人们要学大雁，早晚要回归家乡，连江水微波也在轻轻向人们提醒呢。马致远的词："南传信，北寄书，半栖近岸花汀树。似鸳鸯失群迷伴侣，两三行海门斜去。”鸿雁南来北往，传递书信，多数大雁能准确找到栖息地并返回，可也有少数大雁迷失方向，离开伙伴，飞到海边去了。此词点明，人不要离群乱闯，否则会迷途难归。以上板桥词、杜天明诗、马致远词，分别从不同角度写平沙落雁：郑词要人防范陷阱，杜诗要人眷恋父老，马词要人热爱群体。

其七，《洞庭秋月》：“谁买洞庭秋，黄鹤楼头，槐花半老桂花稠。才送斜阳西岭去，月上慊钩。漭漭大荒流，烟净云收，万条银线接天浮。不用画船沽酒去，我自神游。”板桥此词写自己站在黄鹤楼看洞庭秋月映下的秋色，槐花开始凋谢，桂花正皎洁多姿，夕阳西下而月亮升起，湖水漾波，天空如洗，看水纹摇动月影如万条银线接通天际，我不需要乘画船饮酒观赏洞庭秋月景色，我的神魂已在想象中遨游洞庭了。宋代张经有诗：“秋夜净无云，嫦娥展孤镜。灏气浸澄波，荡漾光还定。”此诗写明月之夜，没有浮云，月中嫦娥向人间展示一面孤镜，大风吹得湖水起波浪，水中月影起伏而月光明亮稳定。马致远有词：“芦花谢，客乍别，泛蟾光小舟一叶。豫章城故人来也，结末了洞庭秋月。”在芦花凋谢的秋夜，与客人作别，送那月光下一叶扁舟远去。好在有豫章故友来访，使洞庭秋月继续能与朋友共享。这首词写作者在洞庭送友又迎友，秋月景象不断吸引着远方的客人。板桥的词落脚在自己的神游上，张经的诗落脚在水月的动静上，马致远的词落脚在友人的来往上。

其八，《江天暮雪》：“雪意满潇湘，天淡云黄，梅花冻折老松僵。惟有酒家偏得意，帘旆飘扬。不待揭帘香，引动渔郎，蓑衣燎湿暖锅傍。踏碎琼瑶归路远，醉指银塘。”此词是板桥写潇湘八景中唯一的雪天词，用梅花都冻折和老松亦冻僵来刻画冬雪之寒冷。雪季唯有酒店生意好，有炉火有酒菜，暖人身心。那些雪天打渔者蓑衣湿透，进到酒家锅炉旁边烤衣取暖。但终究是要回家的，只能踏碎白玉般积雪上路，带着酒气向家门口的结冰水塘走去。此词写渔人冬季不得悠闲，甘冒大雪外出捕鱼或垂钓，收工时借着酒力回家安息。《江天暮雪》人谓地点指橘子洲，那里可以东望长沙，西向岳麓，大雪纷飞之时，白雪与江天浑然一色，构成冬季一景。元代陈孚有诗：“长空卷玉花，汀洲白浩浩。雁影不复见，千崖暮如晓。渔翁寒欲归，不记巴陵道。坐睡船自流，云深一蓑小。”历代写雪景诗不多。唐代柳宗元有诗《江雪》：“千山鸟飞绝，万径人踪灭。孤舟蓑笠翁，独钓寒江雪。”柳诗写静态的雪天垂钓者，陈孚写动态的雪天垂钓者。陈诗写渔翁回家迷路，只有坐睡在小船上任其漂流吧。潇湘一带难得一遇大雪，如果雪花漫卷，覆盖山野，既会给人带来烦恼，又会使人惊喜，遂成江天暮雪一景。马致远有词：“天将暮，雪乱舞，半梅花半飘柳絮。江上晚来堪画处，钓鱼人一蓑归去。”马氏形容雪花一半像梅花，一半像柳絮，形神俱备。他点明江天暮雪中可以入画的景致只有钓鱼翁披着蓑衣回家的形象，陈诗和柳诗恰恰就是写雪天渔翁而成诗趣。板桥的词与诸家相比，更着意于渔家雪天劳作的辛苦。

综观板桥词《潇湘八景》，都是在绘制各色景物图像的过程中，使心灵在人性的太空中遨游，追寻人生的正途，显扬平民的善美，炼养自我的心性，唤醒世俗的迷误，与大众的苦乐共命运，因此比历来写八景的诗词都显出一种思想境界的超越和人格德性的高尚。

二十五、

板桥词钞中的金陵

金陵为六朝古都，又名建康、建业、石头城、南京，扼长江咽喉，风雨钟山，龙蟠虎踞，是江南政治、经济、文化中心，历史积存丰厚。板桥词钞中有《念奴娇金陵怀古十二首》和《满江红金陵怀古》，这是他40岁赴南京乡试时所写。

《金陵怀古十二首》的主题是怀古。

第一首，《石头城》:"悬岩千尺，借欧刀吴斧，削成城郭。千里金城回不尽，万里洪涛喷薄。王濬楼船，旌麾直指，风利何曾泊。船头列炬，等闲烧断铁索。而今春去秋来，一江烟雨，万点征鸿掠。叫尽六朝兴废事，叫断孝陵殿阁。山色苍凉，江流悍急，潮打空城脚。数声渔笛，芦花风起作作。"此词追溯石头城即金陵的古史。头三句缘起是:春秋末期越国铸刀剑大师欧冶子铸成金属刀具，据说"干将"、"莫邪"两剑即由其铸造，又吴国君王在此地建冶炼作坊，后来三国时期东吴孙权建石头城。第四、五句指江潮拍打石头城又不断卷回，万里长江洪涛奔腾，语出唐代诗人刘禹锡《石头城》:"山围故国周遭在，潮打空城寂寞回。淮水东边旧时月，夜深还过女墙来。"秦淮河的月亮不像故国与潮水那样空寂，带着温馨越过女墙为人照明。第六、七、八、九、十句来自刘禹锡另一首诗《西塞山怀古》:“王濬楼船下益州，金陵王气黯然收。千寻铁锁沉江底，一片降幡出石头。人世几回伤往事，山形依旧枕寒流。今逢四海为家日，故垒萧萧芦荻秋。”此诗讲史，西晋武帝派遣益州刺史、龙骧将军王濬造大型战船，下到益州江面率军顺流伐吴，灭其国，金陵吴王朝收场，横锁江面的千寻铁索沉入江底，降幡高挂在石头城上。诗人感慨人世沉浮，只有山河不变，好在遇上大唐统一天下，面对故垒赏识那秋景吧。板桥的心境与刘禹锡相似，回顾金陵的历史，在秋天烟雨中看那空中雁队掠过，雁声似乎传递着六朝的兴亡和明孝陵的盛衰，感受金陵此时的山川秋意，听那渔笛吹奏，看那芦花飘荡，毕竟四海一家了。

第二首，《周瑜宅》:“周郎年少，正雄姿历落，江东人杰。八十万军飞一炬，风卷滩前黄叶。楼橹云崩，旌旗电扫，熛射江流血。咸阳三月，火光无此横绝。想他豪竹哀丝，回头顾曲，虎帐谈兵歇。公瑾伯符天挺秀，中道君臣惜别。吴蜀交疏，炎刘鼎沸，老魅成奸黠。至今遗恨，秦淮夜夜幽咽。”此词由周瑜宅引起对三国历史的回顾，重点写周瑜（字公瑾）指挥赤壁作战，大败曹操的英雄事迹。周郎利用曹兵不习水战，火烧曹舰，号称八十万的曹军死伤惨重，狼狈而逃。赤壁火光冲天，惨烈程度超过当年项羽西屠咸阳，烧秦宫室，火三月不绝。可以想到，战争胜利后，虎帐中要奏丝竹音乐庆祝一番。周郎与孙策（字伯符）

都年少华美、智勇过人，可惜都英年早逝，不得长期共事。后来东吴与蜀汉交恶，刘汉宗绪断绝，而奸雄曹操成其大业，曹丕称帝，一统天下。超尘绝伦的周郎与诸葛亮皆未能打出天下，使后人绵绵有恨，看那秦淮河夜晚的水声和酒家歌曲，不都在倾诉历史的哀叹吗！板桥对三国的看法可以代表一种主流意识，即惜见吴蜀之不终，而视曹魏为篡汉奸臣，这就是小说《三国演义》写作的社会文化背景。历史上写周瑜之词作者，莫过于苏轼，其《念奴娇·赤壁怀古》，名声远播。词曰："大江东去，浪淘尽，千古风流人物。故垒西边，人道是，三国周郎赤壁，乱石崩云（一曰"穿空"），惊涛裂岸（一曰"拍岸"），卷起千堆雪，江山如画，一时多少豪杰。遥想公瑾当年，小乔初嫁了，雄姿英发，羽扇纶巾，谈笑间，樯橹灰飞烟灭。故国神游，多情应笑我早生华发。人生如梦，一樽还酹江月。"此词一改宋词中以柳永为代表的婉约派风格，大气磅礴，境界宏阔，为豪放派之作，读之使人心胸广大、心志高远。板桥此词虽无东坡词名声大，但气魄仍可追踪东坡，如"八十万军飞一炬"、"楼橹云崩，旌旗电扫，熛射江流血。咸阳三月，火光无此横绝"等句，也是豪放之声。

第三首，《桃叶渡》："桥低红板，正秦淮水长，绿杨飘撇。管领春风陪燕舞，带露含凄惜别。烟软梨花，雨娇寒食，芳草催时节。画船箫鼓，歌声缭绕空阔。究竟桃叶桃根，古今岂少，色艺称双绝。一缕红丝偏系左，闺阁几多埋没。假使夷光，苧萝终老，谁道倾城哲。王郎一曲，千秋艳说江楫。"桃叶渡是秦淮河古渡口，传说岸边桃树成林，在春风吹拂中桃叶飘落，浮满水面，撑舟艄公谓之桃叶渡。传东晋书法家王献之的爱妾叫桃叶，王作《桃叶歌》："桃叶复桃叶，渡江不用楫；但渡无所苦，我自迎接汝。"清代文学家吴敬梓作《桃叶渡》："花霏白板桥，昔人送归妾。水照倾城面，柳舒含笑靥。邀笛久沉埋，麈扇空浩劫。世间重美人，古渡存桃叶。"板桥词中"夷光"即西施，"苎萝"为西施家乡，今浙江诸暨苎萝村。"王郎"乃为西汉末一卜者，自称汉成帝之子，王莽新朝败亡，汉宗室刘林、豪强李育推戴王郎为帝，拥兵争天下，后被刘秀所杀。清代诗人吴伟业有《王郎曲》："王郎十五吴趋坊，复额青丝白皙长。孝穆园亭常置酒，风流前辈醉人狂。"板桥此词，写秦淮河桃叶渡春天杨飘燕舞，梨花芳草，箫鼓歌声，一片升平景象。无论名叫桃叶还是叫桃根，古今的淑媛很多，但才艺双绝罕见，许多人都被埋没了。假如当初西施不被发现，终老于故乡，又有多少人知道她倾国倾城的姿色呢？幸亏有人作《王郎曲》，才把桃叶的艳丽与秦淮河的桃林舟渡及落英缤纷联系起来，保留了桃叶渡的名胜供人观赏。板桥希望文人雅士到民间去发现有才艺的女性，为之宣扬，免被埋没。

第四首，《劳劳亭》："劳劳亭畔，被西风一夜，逼成衰柳。如线如丝无限恨，和风和烟僝僽。江上征帆，尊前别泪，眼底多情友。寸言不尽，斜阳脉脉凄瘦。半生图利图名，闲中细算，十件常输九。跳尽猢狲妆尽戏，总被他家哄诱。马上旌笳，街头乞叫，一样归乌有。达将何乐，穷更不如株守。”劳劳亭在南京西南，建于三国东吴，为古人分别相送之地。“劳”与“辽”古音通假，刘勰《文心雕龙》“山川无极，情理实劳”。当代学者陆侃如、牟世金译注云：“劳借为辽，有广阔辽远的意思。”唐代僧人皎然《塞下曲》之一：“寒塞无因见落梅，胡人吹入笛声来。劳劳亭上春应度，夜夜城南战未回。”这是送别应征亲人之曲。李白诗《劳劳亭》：“天下伤心处，劳劳送客亭。春风知别苦，不遣柳条青。”唐诗的主题之一是抒

《竹石图》

发亲友离别和思念之情，劳劳亭最能引起人们的这份感伤。板桥此词的前半部分写劳劳亭离别之苦和秋风斜阳之凄楚。后半部分则跳出离别之情的圈子，讲述他对人生穷困与发达的看法：一是不被名和利绑架，那样输的时侯多，浪费了人生；二是不逢场作戏，不被别人当成工具耍弄。无论是骑马坐轿还是流浪乞食，结局都化为乌有，不如过一种守株待兔的从容的生活。这实际上是一种儒道互补的人生，即尽人事而后听天命，不刻意追求富贵，也不自甘于贫贱，这恰恰就是他自己的人生写照。

第五首，《莫愁湖》："鸳鸯二字，是红闺佳话，然乎否否？多少英雄儿女态，酿出祸胎冤薮。前殿金莲，后庭玉树，风雨催残骤。卢家何幸，一歌一曲长久。即今湖柳如烟，湖云似梦，湖浪浓于酒。山下藤萝飘翠带，隔水残霞舞袖。桃叶身微，莫愁家小，翻借词人口。风流何罪，无荣无辱无咎。"金陵莫愁湖古称横塘、石城湖，缘于一个美丽的传说。南朝梁武期间，河南洛阳一女子叫莫愁，幼年丧母，少年时貌美、聪慧、文静、好学，亭亭玉立，略懂诗文，善于养蚕、纺织、刺绣，十五岁丧父，因家贫决意卖身葬父。建业卢员外到洛阳行商，悯爱之，帮她料理父亲丧葬，带她到建业来，收为儿媳。夫妇恩爱，生子阿侯。莫愁平日为穷人治病，深受欢迎。当她因怀念家乡父老而忧虑时，只要能治病医伤，便转为快乐，而病伤者见到她也乐而忘忧。当时卢家庄园牡丹长得国色天香，皆因莫愁善于料理。梁武帝得知，前去赏花，见莫愁姣美出众，便下旨召其进宫封她为妃。莫愁不愿离开丈夫孩子，又不能违背圣旨，便投石城湖自尽。另有传说：其一，丈夫从军杳然无归，莫愁自尽；其二，梁武帝设计毒死卢员外儿子，莫愁自尽。此后一传说似难成立，因梁武帝信佛，不至于如此狠毒，又写了一首《河中水之歌》以资纪念，是位虽有权势却有情分的君王。其歌曰："河中之水向东流，洛阳女儿名莫愁。莫愁十三能织绮，十四采桑南陌头。十五嫁为卢家妇，十六生子字阿侯。卢家兰室桂为梁，中有郁金苏合香，头上金钗十二行，足下丝履五文章，珊瑚挂镜烂生光，平头奴子擎履箱。人生富贵何所望，恨不早嫁东家王。"当地绅民为纪念她，在其居所郁金堂侧莲花池中树起二米高汉白玉莫愁塑像，改称石城湖为莫愁湖。

板桥此词咏叹莫愁人生遭际，莫愁慧丽淑贤又夫妻恩爱，却成为"祸胎冤薮"，招来"风雨催残"，虽使卢家湖池之歌借词人之口长久流传，还是不如"无荣无辱无咎"为好。老子说："祸兮福之所倚，福兮祸之所伏。"莫愁卖身葬父而巧遇卢员外并嫁到卢家，是因祸得福；莫愁在卢家培植花卉艳美衬托其貌美，又引来帝王的青睐而致自沉于湖，便是因福得祸；后来莫愁受到人们怀念而名传千古，也可视为再次的祸福转化。福与祸都不值得赞美，因此要远离荣与辱，过平淡的生活。这是一种平民意识。

第六首，《长干里》："逶迤曲巷，在春城斜角，绿杨阴里。赭白青黄墙砌石，门映碧溪流水。细雨饧箫，斜阳牧笛，一径穿桃李。风吹花落，落花风又吹起。更兼处处缫车，家家社燕，江介风光美。四月樱桃红满市，雪片鲥鱿。淮水秋青，钟山暮紫，老马耕闲地。一丘一壑，吾将终老于此。”长干里在六朝时是舟车商肆汇集之地，既有名流宅院，又有渔家市井，是金陵最繁华的地方。唐代诗人崔颢写有《长干曲四首》，其一：“君家何处住？妾住在横塘。停船暂借问，或恐是同乡。”其二：“家临九江水，来去九江侧。同是长干人，生小不相识。”前首问，后首答，是两舟相遇时青年男女初见时的对话。于中可知长干里人口众多，同里而不相识者多矣。李白诗《长干行》：“妾发初复额，折花门前剧。郎骑竹马来，绕床弄青梅。同住长干里，两小无嫌猜。十四为君妇，羞颜未尝开。低头向暗壁，千唤不一回。十五始展眉，愿同尘与灰。常存抱柱信，岂上望夫台？十六君远行，瞿塘滟滪堆。五月不可触，猿声天上哀。门前旧行迹，一一生绿苔。苔深不能扫，落叶秋风早。八月蝴蝶黄，双飞西园草。感此伤妾心，坐愁红颜老。早晚下三巴，预将书报家。相迎不道远，直至长风沙。”这是一首爱情诗，“青梅竹马，两小无猜”即出于此。年轻夫妻离别之苦，相思之切，跃然于纸上。板桥此词写长干里风光秀美，有绿杨披拂，碧溪流水，斜阳牧歌，同时还有樱桃鲥鱼，老马耕地，颇符合他向往的田园式生活蓝图，在乡试中便想到将来在此养老。可知对于板桥，仕途只是人生一段路程，不是终点，他从青年起一直追求田园生活。在板桥诗钞中还有两首诗写长干里。一首《长干女儿》：“长干女儿年十四，春游偶过南朝寺。鬓发纤松拜佛迟，低头堕下金钗翠。寺里游人最少年，闲行拾得翠花钿。送还不识谁家物，几嗅香风立怅然。”此诗写长干少年男女春游佛寺情景，稚嫩可爱。另一首《长干里》：“墙里花开墙外见，篱门半覆垂杨线；门外春流一派清，青山立在门当前。老子栽花百种多，清晨担卖下前坡；三间古屋无儿女，换得鲜鱼供阿婆。缫丝织绣家家事，金凤银龙贡天子；花样新添一线云，旧机不用西湖水。机上男儿百巧民，单衫布褐不遮身；中原百岁无争战，免荷干戈敢怨贫！”此诗写长干里风光秀美，百姓生活辛勤清苦，但太平无战事，也是难得的。

第七首，《台城》：“秋之为气，正一番风雨，一番萧瑟。落日鸡鸣山下路，为问台城旧迹。老蔓藏蛇，幽花溅血，坏堞零烟碧。有人牧马，城头吹起觱栗。当初趟代牺牲，食惟菜果，恪守沙门律。何事饿来翻掘鼠，雀卵攀巢而吸？再曰‘荷荷’，趺跏竟逝，得亦何妨失。酸心硬语，英雄泪在胸臆。”台城是东晋南朝皇宫所在，位于建康城内鸡鸣山后，隋军攻陷建康，荡平台城，只剩下石条城基。明代又建城墙，后废弃。现在所谓台城指明初残城。唐诗人张乔有诗云：“宫殿余基长草花，景阳宫树噪村鸦。云屯雉堞依然在，空绕渔樵四五家。”晚唐诗人韦庄诗《台城》：“江雨霏霏江草齐，六朝如梦鸟空啼。无情最是台城柳，依旧烟笼十里堤。”此诗哀悼台城命运悲惨，只剩下废墟一片，空留下长堤烟柳，径自生长。唐朝杜牧有诗《江南春》：“千里莺啼绿映红，山村山郭酒旗风。南朝四百八十寺，多少楼台烟雨中。”南朝是中国历史上佛教最发达、寺庙最多的朝代之一，而距台城不远的鸡鸣山则是“江南第一寺”。板桥此词写自己在鸡鸣山下寻访台城旧址，看到野草幽花，坏堞颓残，有人牧马，有人吹角，十分荒凉。想起当初佛教兴盛，梁武帝舍身佛寺，从此戒荤食素，以面食制作牺牲代替牛、猪、羊祭祖，只吃蔬菜瓜果，恪守佛徒清规戒律。后来侯景叛乱，攻陷建业，围困台城，断绝宫内饮食，梁武帝即使掘鼠充饥，取雀卵而吸，也无济于事，只有盘腿念佛，终于被活活饿死。作者想起梁武帝一番英雄宏业而有如此下场，不免暗暗落泪。正如李白诗所云“吴宫花草埋幽径，晋代衣冠成古丘。”看来佛教并不能治国理政，经世致用还在孔子儒学。

第八首，《胭脂井》：“辘轳转转，把繁华旧梦，转归何许？只有青山围故国，黄叶西风菜圃。拾橡瑶阶，打渔宫沼，薄暮人归去。铜瓶百丈，哀音历历如诉。过江咫尺迷楼，宇文化及，便是韩擒虎。井底胭脂联臂出，问尔萧娘何处？清夜游词，后庭花曲，唱彻江关女。词场本色，帝王家数然否？”胭脂井在今南京玄武湖南侧，它诉说着一段值得后人吸取教训的历史。此井是南朝陈代的景阳殿之井，陈末隋兵在名将韩擒虎率领下攻陷陈都建康，陈后主陈叔宝携爱妃张丽华、孔贵嫔藏入景阳殿之枯石井，至夜为隋兵所执，杀二妃，俘陈后主，石井栏上沾满二妃胭脂，故后人称为胭脂井，又此井为陈后主受辱之标记，称为辱井。隋朝代陈之际，景阳殿遭毁，井亦湮没。后世在鸡笼山鸡鸣寺侧立胭脂井，以为警示。板桥词中提到的迷楼，乃隋炀帝所建，用于寻欢取乐。宇文化及是隋朝丞相，后来谋反，被窦建德所杀。板桥词叙胭脂井当初的繁华旧梦已为农家汲水灌田取代，青山依旧，田地成园圃，人们在当初殿阶拾橡子，在宫池打鱼，傍晚一片寂静。“铜瓶百丈”语出杜甫诗《铜瓶》：“乱后碧井废，时清瑶殿深。铜瓶未失水，百丈有哀音。侧想美人意，应非寒甃沉。蛟龙半缺落，犹得折黄金。”铜瓶乃皇宫中陈设工艺品，敲打有雅音。杜甫诗所写仍是隋朝取代陈之时，殿井废，而铜瓶犹存，敲击发出哀鸣。“百丈”乃夸张语，美人沉入井中是被胁迫，并非本意，那蛟龙装饰的铜瓶虽有残缺，仍然可以换取黄金。板桥在游胭脂井名胜时，仿佛听到铜瓶哀诉，看到隋炀帝荒淫，宇文化及败亡，又向前听到韩擒虎占据陈宫，两美人联臂出井。陈后主靡乱失国乃前车之鉴，隋炀帝无道亡国又后车继复，“清夜游词”、“后庭花曲”亡国之音不绝，这是不是帝王之家必然的命运呢？杜牧有诗《泊秦淮》：“烟笼寒水月笼沙，夜泊秦淮近酒家。商女不知亡国恨，隔江犹唱后庭花。”“后庭花”等曲为陈后主所作，杜牧处在晚唐，担心官家沉溺在饮酒作乐之中，重蹈陈、隋覆辙。板桥的时代尚是清朝盛时，但他已总结出王朝有兴有亡似乎难以避免的规律，这是难能可贵的。

第九首，《高座寺》：“暮云明灭，望破楼隐隐，卧钟残院。院外青山千万叠，阶下流泉清浅。鸦噪松廊，鼠翻经匣，僧与孤云远。空梁蛇脱，旧巢无复旧燕。可怜六代兴亡，生公宝志，绝不关恩怨。手种菩提心剑戟，先堕释迦轮转。青史讥弹，传灯笑柄，枉作骑墙汉。恒沙无量，人间劫数自短。”高座寺初建于西晋永嘉年间，初名甘露寺，现在南京雨花台景区内。东晋初，龟兹沙门帛尸梨密多罗来，首传密宗，丞相王导拜其为师，敬称高座法师。住地甘露寺，改称高座寺。南朝梁代有宝志法师建菩提庵，改称山谷寺，传顿悟说。此前有竺道生法师首倡“一阐提人（善根断尽者）皆得成佛”、“顿悟成佛”，轰动佛教界，因而被逐出建业。后来宝志法师继之，其书《崇景德传灯录》有《志公和尚大乘赞》十首。

道生与宝志法师所倡“人人皆可成佛”、“顿悟成佛”，开启了以唐代慧能为代表的中国特色佛教禅宗之先河。但对于清代的板桥而言，只留下遥远的回忆，看那高座寺并无住僧且已破败，“僧与孤云远”，与朝代兴衰毫不关联。那些佛教界僧人虽在用菩提心作剑戟斩断烦恼，却依然在六道轮回中辗转，不得解脱，在出世与入世间翻腾，为青史所讥。这大概是无量世界中人间劫数的局限吧！看来板桥并不相信因果和涅槃成佛，他对佛教为善去恶、自净其意的教义是有保留的。

第十首，《孝陵》：“东南王气，扫偏安旧习，江山整肃。老桧苍松盘寝殿，夜夜蛟龙来宿。翁仲衣冠，狮麟头角，静锁苔痕绿。斜阳断碣，几人系马而读。闻说物换星移，神山风雨，夜半幽灵哭。不记当年开国日，元主泥人泪簇。蛋壳乾坤，丸泥世界，疾卷如风烛残。老僧山畔，烹泉只取一掬。”明孝陵在南京玄武区紫金山南麓，是明太祖与皇后合葬之地。始建于明洪武十四年，完成于永乐三年，历时三十余年，规模宏大，建筑艺术为皇家陵墓之典范，其规制影响到北京明十三陵。清康熙帝五次前去拜谒，民国初孙中山亦去祭奠。太平天国运动将明孝陵几乎毁掉，保存下来的建筑伤痕斑斑，未能恢复如旧。板桥去参访时，陵园虽有破损，总体上还是旧模样。他在词中赞美了朱元璋的功绩，第一次统一全中国后建都于金陵，而不像六朝偏安于江南。寝殿老桧苍松和神道上的大力士雕像及狮麟俱在，有人在残碣前读石刻文字。毕竟物换星移，大明已逝去。但当年明朝开国盛典，元朝皇帝泥塑像在哭泣，也算是成就一番伟业。板桥词中“蛋壳乾坤，丸泥世界”是佛教“一花一世界，一叶一菩提”的另一种表达，说明他虽不信佛，但对佛教宏大宇宙观的智慧有所融摄，从而能从无限宇宙的视野看待人间事物，后者是渺小而易逝的，不必去执着，要像山边老僧那样烹茶只取泉水一掬就行了。庄子也说过“鼹鼠饮河，不过满腹”的话，都是教人知足而乐。

第十一首，《方景两先生祠》：“乾坤欹侧，借豪英几辈，半空撑住。千古龙逄原不死，七窍比干肺腑。竹杖麻衣，朱袍白刃，朴拙为艰苦。信心而出，自家不解何故。也知稷契皋夔，闳颠散适，岳降维申甫。彼自承平吾破裂，题目原非一路。十族全诛，皮囊万段，魂魄雄而武。世间鼠辈，如何妆得老虎！”方景两先生指明初两大臣方孝孺和景清，靖难之役“孤忠赴难”，景清死，方孝孺被永乐帝诛十族。板桥认为社稷危难，必有忠臣出来承担栋梁之重，如方、景二先生即是。夏末有龙逢因谏被桀诛杀，商末有比干因谏被纣剖心（看其心是否有七窍）。稷与契为唐虞贤臣，皋陶为舜大臣，夔为乐官，闳夭、太颠、散宜生皆周初贤臣，他们都是合适的辅国之材。岳为中岳衡山，挺立于中州。方景两先生虽然死难，但精神雄武，而那些在承平时期碌碌无为、遇到国家危难便保身投靠奸邪的鼠辈，哪里能同从容赴难的英雄相比呢！板桥在方景两先生祠里受到了激励，汲取了力量，提升了境界。

第十二首，《弘光》："弘光建国，是金莲玉树，后来狂客。草木山川何限痛，只解征歌选色。燕子衔笺，春灯说谜，夜短嫌天窄。海云分咐，五更拦住红日。更兼马、阮当朝，高、刘作镇，犬豕包巾帻。卖尽江山犹恨少，只得东南半壁。国事兴亡，人家成败，运数谁逃得！太平隆、万，此曹久已生出。"此词写南明弘光小朝廷倾覆，清兵占领金陵，弘光帝被杀，盖因奸臣马士英、阮大铖当道乱政，流寇高迎祥、刘宗敏在南明占据要镇，内忧外患致使弘光朝瓦解。而这些奸贼在隆庆、万历年间便已出生，可知明廷之亡非一日之弊。板桥写《弘光》、《孝陵》及《方景两先生祠》，都不是站在清朝满族贵族的立场，而有很深的汉族情结，故讲明代的兴国透露出振奋，讲明代败亡的教训则心情痛切。他的词钞从不加掩饰，他是一位性情中人。

在以上《念奴娇》十二首之外，板桥还写过一首《满江红·金陵怀古》，其词曰："淮水东头，问夜月何时是了。空照彻飘零宫殿，凄凉华表。才子总缘杯酒误，英雄只向棋盘闹。问几家输局几家赢，都秋草。流不断，长江淼；拔不倒，钟山峭。剩古碑荒冢，淡鸦残照。碧叶伤心亡国柳，红墙堕泪南朝庙。问孝陵松柏几多存？年年少。”这首词在板桥词钞中放在十二首之后，从内容看像是金陵怀古的总结。历代在金陵建都的王朝都相继衰亡，只剩下残殿、古碑、荒冢、颓墙、旧庙由后人凭吊，唯有淮水、长江常流不息，夜月空照，碧柳依旧。唐代诗人韦庄《台城》诗“江雨霏霏江草齐，六朝如梦鸟空啼。无情最是台城柳，依旧烟笼十里堤”，埋怨台城柳无情，眼看着六朝一个个败亡而无动于衷，依然烟笼长堤、美景如画。板桥不同，在此首词里，他赋予碧柳、红墙以人的情感，它们在伤心流泪。而且埋怨人间无情，例如明亡之后孝陵的松柏便不受关爱而不断减少了，这里暗含着对明代的怀念之情。板桥的金陵怀古，在感慨历史上帝国王朝不可避免的兴衰周期的同时，表达出自己独有的明朝遗民情结，更深层则是中华民族主体民族汉族的人文情结。他生活在满族贵族统治中国的时代，但在民族感情上与满族当权阶层有距离，习惯于汉族尤其江南汉族的生活方式，这是他不以做官为人生追求而孜孜于平民化文人生活的重要原因之一。

二十六、

板桥咏史为哪般?

板桥的作品能集多样性于一身，诗词文中有史有论，有景有情，有物有人，皆因感而发，寓深意于艺术话语之中，而史的成分较重，借咏史发挥己见，这样的作品在板桥集中随处皆是。板桥并非有古史癖，他处处以史为鉴，将中华文化积淀的智慧融会于写景论事抒情之中，这使他的作品思想厚重又有很强的艺术感染力。

板桥咏史，大致有这样几种方式：其一是题目明标咏史，如《咏史》，或者《怀古》；其二是题目标出历史朝代、事件和人物，如《巨鹿之战》、《项羽》、《南朝》；其三是题目未明标而内容主题是咏史，如家书《焦山别峰庵雨中无事书寄舍弟墨》、诗钞《真州八首》、词钞《潇湘八景》；其四是题目未明标而内容侧重文艺史尤其诗词书画，如家书《仪真县江村茶社寄舍弟》、诗钞《送都转运卢公》、词钞《述诗二首》、题画《竹》、书札《与江宾谷、江禹九书》。我粗略统计，在板桥集中，直接与咏史相关的作品至少在三十篇以上，其他涉及历史的作品无法细算。笔者试图分类选择一些作品加以议论。

首先是咏史类作品。

《咏史》之一："蜂起狐鸣几辈曹，是真天子压群豪；何须傀儡诸龙种，拜冕垂旒赠一刀。天位由来自有真，不须划削旧松筠；汉家子弟幽囚在，王莽犹非极恶人。"此诗论曹魏代汉这段历史。作者以刘汉为正统，以曹魏为篡夺，不承认魏晋的合法性，认为天子来自天命，曹操及其子孙的政权不能长久。显然这是一种汉族情结的表达，内中有天命论的局限。对于王莽的评价，班固在《汉书》王莽传赞中说："王莽始起外戚，折节力行以要名誉，及位居辅政，勤劳国家，直道而行，岂所谓'色取仁而行违'者邪！莽既不仁而有佞邪之材，又乘四父历世之权，遭汉中微，国统三绝，而太后寿考，为之宗主，故得肆其奸慝，以成篡盗之祸。推是言之，亦天时，非人力之致矣。及其窃位南面，颠覆之势险于桀纣，而莽晏然自以黄虞复出也。乃始恣睢，奋其威诈，毒流诸夏，乱延蛮貉，犹未足逞其欲焉。是以四海之内，嚣然丧其乐生之心，中外愤怨，远近俱发，城池不守，支体分裂，遂令天下城邑为虚，害徧生民，自书传所载乱臣贼子，考其祸败，未有如莽之甚者也。昔秦燔诗书以立私议，莽诵六艺以文奸言，同归殊途，俱用灭亡，皆圣王之驱除云尔。"应当说王莽在礼乐制度的建设上有所作为，客观上有益后世，但他的主要问题是伪善，把儒家礼义文化当作实现帝王野心的工具。班固说他"色取仁而行违"，将他与秦始皇破坏中华文化的罪过同等看待，只是方式不同，所以殊途同归，都是短命王朝，班固是深刻的。板桥也认为王莽是恶人，只是“非极恶人”，因为他没有对汉宗室进行屠杀，只是幽囚，不像魏代汉、晋代魏那样对前代皇亲大开杀戒。我们可以这样说，王莽是伪善者，还不是狠毒者，是野心家，还不是野蛮人，当不至于与秦始皇同恶遭谴，板桥的评论比较适当。

《咏史》之二：“云里关门六扇开，天边太华鸟飞回。汉家安受秦家业，项羽东归只废才。已背齐盟强自雄，便应割据守关中。如何宴罢鸿门去，却觅彭城小附庸?”此诗说楚汉之争。西岳华山雅称太华山，它与函谷关以西古称关中，包括咸阳、长安、汉中等地。项羽曾攻入咸阳并屠烧之，不愿据守，却在鸿门宴上放走刘邦，后来又把关中留给刘邦，立为汉王，自己放弃统一全国的目标而到彭城称霸王，由此导致最终失败。刘邦占据关中，已得地利之胜，项羽鼠目寸光，非成大事者。正如齐人娄敬对刘邦所言：“秦地被山带河，四塞以为固，卒然有急，百万之众，可立具也。因秦之故，资甚美膏腴之地，此所谓天府者也。陛下入关而都之，山东虽乱，秦之故地可全而有也。”(《史记·刘敬叔孙通列传》) 张良曰：“关中左殽、函，右陇、蜀，沃野千里，南有巴、蜀之饶，北有胡苑之利。阻三面而守，独以一面东制诸侯。诸侯安定，河、渭漕輓天下，西给京师；诸侯有变，顺流而下，足以委输。此所谓金城千里，天府之国也。娄敬说是也。”(《史记·留侯世家》) 以今观之，楚汉之争，不仅是军事的较量，更是政治谋略和人才使用的较量，在这两方面项羽都远低于刘邦，其败亡是必然的。我们还要追问：为什么秦始皇与刘邦同据关中而一亡一兴呢？贾谊《过秦论》已精辟揭示了秦之亡在于“仁义不施，而攻守之势异也”。一条是以残暴手段治国，民不堪其苦；另一条是用打天下的方法来治天下，没有实行方略的转变。刘邦不同，进入咸阳便与父老约法三章，除去秦之苛法，得到民众拥护；后来又采纳陆贾“马上得天下不能马上治之”的规劝，重视六经传授和礼仪制度建设，治国方略是德主刑辅，故稳定了政权。文帝景帝用黄老，与民休息，又进一步恢复了经济，改善了民生，为武帝盛世奠定了基础。

《历览三首》：“历览名臣与佞臣，读书同慕古贤人。乌纱略带心情变，黄阁旋登面目新。翻笑腐儒何寂寂，可怜世味太津津。劝君莫作闲居赋，潘岳终须负老亲。”

“历览冰山过眼倾，眼前崒嵂有谁争？三千罗绮传宫粉，十万貔貅拥禁兵。白发更饶门户计，黄金先买史书名。焚香痛哭龙门叟，一字何曾诳后生！”

“历览前朝史笔殊，英才多少受冤诬！一人著述千人改，百日辛勤一日涂。忌讳本来无笔削，乞求何得有褒诛？唯余适口文堪读，惆怅新添者也乎。”

三首中第一首写人们要仰慕历史上的贤臣，识别并远离佞臣，不与同流合污。佞臣的特点是一旦当官便傲视侪辈和百姓，如鲁迅所说“一阔脸就变”，同时趋炎附势、巴结权贵。潘岳即潘安，是西晋文学家，有才华而乏德性，写有《闲居赋》、《秋兴赋》、《悼亡诗》等，其母劝他不要一味讨好上司，以免惹祸，不听，终于在权争中全家被害。

三首中第二首写一些人争的富贵如同冰山一样旋而消融，不能像崇山峻岭那样巍峨坚固，即使当上帝王，拥有三千粉黛、十万禁兵，也不免于败亡。有的人家拥有财富，要使家门久传，用黄金买通史志作者，以便青史留名，都无济于事。再看那司马迁著《史记》，一字不苟，多么可歌可泣！《太史公自序》说“迁生龙门”，可知“龙门叟”指司马迁。

三首中第三首写历朝著史之弊在于缺乏史德，往往依凭当时政治需要来写史尤其是当代史，以权势者之爱恶来褒贬人物，使许多英才蒙受冤诬。著述也是不断随时被改削，以便合乎当权者的口味，这样的史著变成政治工具，没有了真实性，也就失掉了价值。春秋时期齐国太史简实写实事，被杀，后人继之。晋国史官董狐秉笔直书被杀。文天祥《正气歌》赞为“在齐太史简，在晋董狐笔”，二人皆是史德的典范。当代西方意大利学者克罗齐提出“一切历史都是当代史”的命题，在中国颇有影响，对此不能盲从。史学家写历史不能不带有时代或个人烙印，克罗齐命题有其合理性。但是若对此加以夸大，历史就会变成独断臆造。写历史两条底线要坚守：一是尊重基本史实，在什么时间、地点、条件下，发生了什么事情，有什么人物、活动、典籍，要有清楚准确的交代。二是要表现社会发展进步的趋势，表彰真善美，谴责假恶丑。在中国，司马迁《史记》为我们提供了典范。唐代史学家刘知几著《史通》，提出史才、史学、史识的史学要求。清代史学家章学诚著《文史通义》，又突出了史德的重要。史学的最高境界是司马迁在《报任少卿书》里提出的“究天人之际，通古今之变，成一家之言”，这是史学研究的方向。我们今日要发扬中华史学优良传统，写好各种历史。

此外，板桥有《金陵怀古》，已写入随笔，此处不赘。

其次是对历史上具体朝代、事件、人物的咏叹。

《邺城》与《铜雀台》。《邺城》：“划破寒云漳水流，残星画角动谯楼。孤城旭日牛羊出，万里新霜草木秋。铜雀荒凉遗瓦在，西陵风雨石人愁。分香一夕雄心受，碑版仍题汉彻侯。”《铜雀台》：“铜雀台，十丈起，挂秋星，压寒水。漳河之流去不已，曹氏风流亦可喜。西陵松柏是新栽，松下美人皆旧妓。当年供奉本无情，死后安能强哭声。穗帷八尺催歌舞，懒慢盘鸦宾不成。若教卖履分香后，尽放民间作佳偶。他日都梁自捡烧，回首君恩泪沾袖。”

这二首诗写曹魏朝之邺城铜雀台事。邺城在今河北邯郸西南，曹操击败袁绍后在此建邺都，修建铜雀、金凤、冰井三台。邺城北临漳河，后来又称临漳，乃曹魏、后赵、冉魏、前燕、东魏、北齐六朝都城，是当时北方政治、经济、文化、军事中心，也是建安文学发祥地。邺下形成文人集团，写诗作赋，名作有曹操《短歌行》、《步出夏门行》，曹丕《典论》，曹植《洛神赋》、《铜雀台赋》，王粲《初征》、《登楼赋》等。板桥诗中“分香卖履”典故出自曹操临死“遗令”，要妻妾伎人居铜雀台，将上供余香分给诸夫人，诸妻妾平日可织鞋出卖以补生计，住六尺床施穗帐，早上吃各种供品，时时登铜雀台，“望吾西陵墓田”。板桥说漳水仍在流淌，可是邺城和铜雀台已经荒芜，成了牧场。曹操的陵墓石人在风雨中惆怅，曹氏分香遗嘱只是虚情假意，他是篡汉奸雄，墓碑上却刻着他是汉朝侯爵的身份。曹操是风流人物，死后妻妾对他的供奉不是真情流露，强迫不出哭声来；若是分香卖履出自真情，民间的男人就可以得到佳偶，死后获得女人的感恩眼泪。板桥暗含的意思是权贵者的婚姻作些表面文章而缺乏真情，只是在民间才会有夫妇间的真心扶持和死别后的相互怀念。板桥说“曹氏风流亦可喜”是有道理的。曹操在文学史上有开创贡献，“建安风骨”便始于他。其《短歌行》：“对酒当歌，人生几何。譬如朝露，去日苦多。慨当以慷，忧思难忘。何以解忧？唯有杜康。青青子衿，悠悠我心。但为君故，沉吟至今。呦呦鹿鸣，食野之苹。我有嘉宾，鼓瑟吹笙。明明如月，何时可掇？忧从中来，不可断绝。越陌度阡，枉用相存。契阔谈宴，心念旧恩。月明星稀，乌鹊南飞，绕树三匝，何枝可依？山不厌高，海不厌深。周公吐哺，天下归心。”此诗慷慨激昂，人生品味颇丰，至今传诵不绝。唐代诗人杜牧诗《赤壁》：“折戟沉沙铁未销，自将磨洗认前朝。东风不与周郎便，铜雀春深锁二乔。”“二乔”是一对姊妹美女，大乔嫁孙策，小乔嫁周瑜。赤壁之战若借不到东风，曹兵得胜，曹操灭吴掳二乔，必回邺城将之置于铜雀台归自己享用。可知铜雀台已成为曹操宫室欢乐的代名词。

《泜水》与《易水》。《泜水》："泜水清且浅，沙砾明可数。漾漾浮轻波，悠悠汇远浦。千山倒空青，乱石兀崖堵。我来恣游泳，浩歌怀往古，逼侧井陉道，卒列不成伍。背水造奇谋，赤帜立赵土。韩信购左车，张耳陋肺腑。何不赦陈馀，与之归汉主。"《易水》："子房既有椎，渐离亦有筑，荆卿利匕首，三人徒碌碌。世浊无凤麟，运否纵蛇蝮。雷霆避其威，人谋焉得速！萧萧易水寒，悄悄燕丹哭。事急履虎尾，偾辕终败轅。酒酣市上情，一往不可复。"

两诗讲秦汉之际豪杰故事。泜水又称泜河，在今河北南部邢台之北。《史记·张耳陈馀列传》说：张耳、陈馀早年"两人相与为刎颈交"，后来发生分歧，张耳投奔汉刘邦，陈馀为赵王歇大将，并被立为代王，两人誓不两立，"汉三年，韩信已定魏地，遣张耳与韩信击破赵井陉，斩陈馀泜水上，追杀赵王歇襄国。汉立张耳为赵王"。诗中提到"韩信购左车"，左车乃人名，指李左车，是赵王大将，在韩信、张耳攻赵之际，李左车向陈馀献策破汉军，陈不听，败后被俘，韩信待以礼，并用左车之计，燕不伐而降。司马迁赞言："张耳、陈馀始居约时，相然信以死，岂顾问哉。及据国争权，卒相灭亡，何向者相慕用之诚，后相倍之戾也；岂非以势利交哉！"易水在河北易县，历史上最有名的故事是荆轲为燕太子丹效力去刺秦王，在易水饯别，留下《易水歌》："风萧萧兮易水寒，壮士一去兮不复还。"秦始皇残苦天下，豪杰皆欲杀之。张良趁始皇东游，与大力士用一百二十斤铁椎击之，误中副车不果。高渐离善击筑而歌，始皇召见，渐离筑中置铅，举筑击始皇未中被杀。诗中提到“履虎尾”，是《易经》《履》卦卦辞：“履虎尾，不咥（咬也）人，亨。”板桥的《泜水》诗称赞韩信重用李左车平燕，但说“张耳陋肺腑”，意谓张耳心胸狭窄，为何不趁胜赵之机劝韩信赦免陈馀，复归于好，共同为汉王效力呢？这是一种豁达的胸怀。

《易水》诗是感叹浊世运否难得有凤麟英雄，却涌出大批蛇蝮毒物，当此之时，雷霆尚不能不暂避始皇的威力，人间反秦的斗争哪能很快就奏效呢！（仅想通过刺杀皇帝并不是根本办法）所以才有燕太子丹哭荆轲死。事情紧急时踩老虎尾巴是要倒霉的。这种事情只能与酒友闲聊，事实上是不可能再重复的。看来板桥不赞成刺客的行为，相信若无强大的社会运动便成就不了改朝换代的事业，这是板桥历史观的深邃之处，历史也反复证明了它的真理性。

《南朝》：“昔人谓陈后主、隋炀帝作翰林，自是当家本色。燮亦谓杜牧之、温飞卿为天子，亦足破国亡身。乃有幸而为才人，不幸而有天位者，其遇不遇，不在寻常眼孔中也。

“舞榭歌楼荡子家，骚人落拓借揞遮。如何冕藻山龙客，苦恋温柔旖旎花！红豆有情传梦寐，青春无赖斗烟霞。风流不是君王派，请入鸡林谢翠华。”

杜牧号牧之，温庭筠号飞卿，晚唐诗人。唐王维有诗《相思》："红豆生南国，春来发几枝；愿君多采撷，此物最相思。""鸡林"典故出自元稹为挚友白居易《白氏长庆集》写的序，说鸡林国宰相喜欢白诗，通过商人高价收藏之，后人用"诗入鸡林"形容好诗的珍贵。"翠华"指用翠鸟羽毛装饰的旗帜，代指皇帝的车队，白居易《长恨歌》有"翠华摇摇行复止"句。板桥在诗前序语中指出，做帝王和做诗人是两回事，标准不同；好的帝王不必是好的诗人，好的诗人未必能当好的帝王。帝王有天命降临，有幸而为才子，当帝王对他则是一种不幸，不懂政治，足以使国破身亡。舞榭歌楼乃是放荡子弟的寄处，也是落魄文人借以自慰的场所，那些温柔之乡不是有帝王气象的山龙客所应流连的地方。才子型的有情有义的皇室人物，不要浪费时光，赶快投入诗词的创作，谢绝帝王之位，发挥文艺才干，写出像白居易诗那样好的作品，才对得起天赋的潜质。

板桥此诗能体现思想家的素养：政治与文艺有联系又有区别，文人往往不自量力，以为可以治国平天下，其实治国理政的路数与文艺创作不同，主要在于爱民、用贤、纳谏。唐太宗就是靠这几条成就了贞观之治，而唐玄宗由于迷恋杨贵妃和梨园之乐，导致安史之乱，破坏了盛唐光景。陈后主留下了优美词作，同时成为亡国之君。隋炀帝也只适合作翰林文人，却不懂长治久安，把隋文帝打下的江山很快葬送。宋徽宗的瘦金体书法传之后世，他却成了北宋灭亡的罪人。人不能好高骛远，一定要找到适合自己性情才干的位置或职业。唐代诗人白居易写了两首长篇叙事诗《长恨歌》和《琵琶行》，皆脍炙人口，前者写唐玄宗与杨贵妃的爱情故事，后者写琵琶女的弹艺、身世和自己的悲叹。《长恨歌》作为文艺作品是成功的，富有感染力；但从政治的角度看，它是不成功的，因为美化了沉溺于声色的帝王。玄宗的腐化，不仅引起内乱，杨贵妃死于非命，更使得无数百姓流离失所、家破人亡，其罪莫大焉。况且“汉皇重色思倾国”，并非深沉的爱情。《琵琶行》写教坊乐女和诗人自身遭遇的不公正，皆值得同情。

第三是题目未标明而内容是咏史谈艺。

板桥集外诗文《焦山别峰庵复四弟墨》（节选）：“选读古诗，须有精当之抉择，盖唐宋诗家，各有所长。例如少陵诗，圣品也；东坡诗，神品也；太白诗，仙品也；摩诘诗，贵品也；退之诗，逸品也。此五人均足为后学楷模，宜各选绝律古风若干首，抄录汇订，置诸案头，得闲吟诵，裨益非浅。”板桥品评历史上诗词大家五位，每位用二字评价，大都精当，几可成定评。这需要对古诗词读深读透，对诗词史作系统考察，还需要有哲学高度的概括能力。杜甫诗是圣品，他被人称为诗圣，盖在于他忧国忧民，有至圣孔子的情怀，如《三吏》、《三别》。苏东坡的诗词乃宋以来的巅峰，皆神来之笔，故可称神品。其诗《饮湖上初晴雨后》、《题西林壁》，其词《水调歌头》、《念奴娇·赤壁怀古》为古今绝唱，不可企及。李白诗是仙品，人称他诗仙，他深受老庄道家和道教熏陶，追求成仙，其诗极富浪漫主义色彩，想象力丰富，如《蜀道难》、《梦游天姥吟留别》。王维诗是贵品，此处之“贵”不是富贵，而是高贵、清雅、皎洁，不染一点尘埃。王维早年信道，晚年参禅，号摩诘居士，人称诗佛，如《山居秋暝》、《鹿柴》无不体现出此风格。王维诗之“贵”，还贵于其情深意切，如《九月九日忆山东兄弟》、《渭城曲》等。韩愈诗是逸品，此处之“逸”不是隐逸，而是恬静、素淡，如《早春呈水部张十八员外》、《左迁至蓝关示侄孙湘》。板桥五人品评中也许有争议的是韩愈：一是他最突出的成就在文章还是在诗作？恐怕是文章，《古文观止》收韩文竟有二十四篇之多；二是他的诗就风格而言是“逸品”还是“雅品”？还可以商榷。

《仪真客邸复文弟》："苍头王升来仪，接展我弟来书。殷殷以画竹法相询，并嘱绘尺页，以资临摹。我弟误矣。问途于盲，焉能指迷。愚兄之画竹，信笔乱涂，并无师承。本来画墨竹，幽人韵士，聊以抒写性情，故画有六法，惟竹与兰不与焉。按画墨竹之始创者，为唐张立。王摩诘亦擅墨竹。五代郭崇韬之妻李夫人，临摹窗上竹影，别成一派。更有黄筌父子、崔白弟昆，皆工墨竹。笔致精细，神妙入微。宋元以降，有文湖州、苏东坡、赵孟坚、赵孟頫、赵仲穆、管仲姬、吴仲圭、倪云林等。诸子中，惟湖州笔法，最臻神化。其布局，有浅深层次向背照应之分别；其补地，有邱石泉壑荆棘野草之变化；其点景，有烟云雪月风晴雨露之烘托。是惟意在笔先，始能笔超法外，诚为画墨竹之圣手。东坡与之同时，尚北面事之也。其后金之完颜樗轩，元之李息斋父子、自然老人、乐善老人，明之王孟端、夏仲昭，都师法湖州，兼师东坡。湖州息斋，各立墨竹谱以传厥派，后世师承其法者，代有传人。更有写墨而兼擅勾勒着色者，有王澹远、黄华老人、吴道子。画紫竹者，有程堂。画朱竹者，有宋仲温。画雪竹者，有解处中。此犹如禅宗之别派也。老弟素习传神，亦属执艺之一，似当专心研究，不宜分心旁务。则业精于勤，必能出人头地。质之老弟，以为如何？毕竟与我有同嗜，将笑愚兄鄙吝区区画法，毫无手足之情，则我岂敢。还望少安毋躁，容待尽我所能，笔之于纸而见赠焉。兄板桥手草。”我们在板桥诗词文中已得知他对六经、老庄、古史、古诗词名家的熟知和推扬，但他对于竹画史的熟悉程度如何，我

《仿文同竹石》

们了解得不多，他自己讲得也少。板桥这封家书，为我们展现了他精研竹画史而具有丰富知识和识见。我们在此家书中，比较明晰地得知，他虽自称“并无师承”，却非平地空起高台，而是师出多门，只是没有专师而已。如孔子所说“三人行，必有我师焉”。古代学问传承有师法家法，其得在受业有脉，其失在自我局限。板桥学无常师，却能博采众长，择其精华而活用之，自树一格。此家书不啻一篇竹画简史纲要，不仅历数各代画竹名家，还将其分类为画紫竹，画朱竹，画雪竹，非多年研习不能为也。晚唐张立创墨竹画，其后，代有竹画名家出世。板桥最为推崇的名家是宋代文湖州，其次是苏东坡。文湖州即文同，板桥说他“意在笔先”、“笔超法外”，乃“画墨竹之圣手”。今人说“胸有成竹”，即源于文同的画竹经验，好的景物画作不是临摹，而是再创，是人与物的交融，如文湖州所云“竹如我，我如竹”。品赏其画竹，生气勃勃，雄姿英发，给人一种向上的力量。

文湖州与苏东坡共创湖州竹派，代有传承，其特点是“以浓墨为面，以淡墨为背”。东坡画竹，错落有致，与远山、江船、丑石、谷兰相映成趣，构成美丽仙境。东坡有言：“宁可食无肉，不可居无竹。无肉使人瘦，无竹使人俗。人瘦可以肥，人俗不可医。”竹在东坡心中象征着高雅、贞节、弘毅。松、竹、梅被人称为“岁寒三友”，寒冬来临，冰封雪飘，当此之时，众芳摇落，唯有松、竹、梅斗雪傲冰，悠然自得，彼此相携为伴，使严冬保持一份青翠亮丽。

人们称文湖州、苏东坡、赵孟頫、吴昌硕为湖派四大家。板桥正是湖州竹派另一类传人，传湖州神韵而不拘其形迹，他所画之竹，秀拔清逸，青葱神致，常与兰石相陪衬，而别有一番吸引人们目光的图景。在“三君子”兰、竹、石中，板桥的竹画最受世人欢迎，看了这封家书，便知道他在画竹上最为刻苦，故成就最大，所谓功夫不负有心人是也。

板桥咏史之诗词文，有多篇已在其他随笔中有议论，此处从略。世间有一句名言：忘记历史就意味着背叛。这是至理名言。不总结和牢记历史经验教训，人们便会重蹈覆辙。只有通古今之变以达古为今用，才会使我们今后的路走得更稳健、更顺畅。

二十七、

诗《种菜歌》和《后种菜歌》内含的历史情结

板桥对明末贤臣常延龄有特殊好感，为他写下诗两首，都意味深长。

《种菜歌　为常公延龄作》：

有明万历天启间，时事坏烂生凶顽。群贤就戮九千岁，宫中不复尊龙颜。烈皇帝起震而怒，练帛一条殪凶孺。天荒气败不可回，龟鼎潜移九庙仆。苍谷先生开平嗣，屡疏交章称天意。提将白刃守宫门，散尽黄金酬死事。都城陷没走南邦，恶孽桐城马贵阳。新王夜夜酣春梦，戍卒朝朝立晓霜。上方请剑长号唾，忠谠不闻城又破。虎口才离二黠奸，孤舟欲覆江流大。买田种菜作生涯，泪落春风迸野花。懒寻旧第乌衣巷，怕看钟山日暮霞。荷锄负担为佣保，菜羹粝食随荒草。时供麦饭孝陵前，一声长哭松楸倒。家有贤媛魏国孙，甘贫茹苦破柴门。烧残昔日鸳鸯锦，涤尽从前翡翠痕，一畦菜熟一畦种，时时汲水提春瓮。玉纤牵断井边绳，茅棚压匾钗梁凤。几年毷氉生死，含饭无资乞邻里。天涯有客独挥金，棺衾画翣皆周视。人心不死古今然，欲往金陵问菜田。招魂何处孤臣墓，万里春风哭杜鹃。

明季，万历帝为神宗，天启帝为熹宗，其时司礼秉笔太监宦官魏忠贤擅权，人称九千岁，滥杀忠臣，熹宗几成傀儡。崇祯庄烈帝登基，朝臣弹劾魏忠贤十大罪状，帝命逮治其罪，魏氏自缢而死。《明史·常遇春列传》述常遇春为明朝开国元勋，死后追封开平王。其子孙世代受封，“嘉靖十一年绍封四王后，封复（常氏后裔）孙玄振为怀远侯，传至曾孙延龄，有贤行。崇祯十六年，全楚沦陷，延龄请统京兵赴九江协守。又言江都有地名常家沙，族丁数千皆其始祖远裔，请鼓以忠义，练为亲兵。帝嘉之，不果行。南都诸勋戚多恣睢自肆，独延龄以守职称。国亡，身自灌园，萧然布衣终老”。板桥诗提到“乌衣巷”，是金陵秦淮河朱雀桥旁的古巷，曾是晋代世家大族王、谢家族的宅地。据说东吴时乌衣巷是守卫石头城部队的营房，士兵穿黑军衣，故名。唐代刘禹锡有诗《乌衣巷》：“朱雀桥边野草花，乌衣巷口夕阳斜。旧时王谢堂前燕，飞入寻常百姓家。”从前的王、谢豪族至唐已经败落，其宅巷破旧，燕子也离开此地飞到有烟火的平民住屋梁上了。

板桥诗谴责明末神宗、熹宗昏庸腐败，使宦官专权、迫害忠臣。虽然庄烈帝将魏忠贤治罪，而国政已经糜烂，象征社稷的龟鼎和皇家九庙即将转移到别人手里。在这存亡之际，作为常遇春后裔之常延龄却仍在为国殚思竭诚，甘愿守卫都城，献出家产。北京沦陷，南明小皇帝福王在马士英（贵阳人）、阮大铖操纵下不能振作而败灭，及其后之鲁王、唐王、永明帝相继灭亡。常延龄欲效忠南明而无门，孤舟难驯大江流，看来国已不可复，但决不能做贰臣；于是隐居山野，买田种菜为生，甘做普通百姓，以守忠节。他把伤心泪洒在春风野花中，不愿去金陵乌衣巷，怕见到钟山的暮色，以免引起对明王朝的哀恋。每天荷锄挑担做佣工，吃的是粗饭菜汤，却把麦面好饭按时上供到明孝陵，在那里痛哭一番。妻子乃贵胄之后而贤惠有德，甘心与他一起含辛茹苦，把以前贵族式的穿戴抛在一边，不停地种菜汲水，纤纤素手被井绳磨破，头上凤钗被茅棚折断。几年之后，延龄死去，她只好行乞于邻里。幸好有义士出资安葬了丈夫。唉！自古人心不死，我今日把延龄先生这颗忠心保持下来，要到金陵打听他昔日种菜的地方，寻找他的孤独的墓地，为他招魂，看那万里春风中杜鹃也在为他哭泣呢。

以上文字是笔者疏通板桥诗的大意，不是精准的白话今译。诗中他那浓烈的明遗民哀情是很能引起大清帝国治下明代士君子后裔共鸣的。

《后种菜歌　仍为常公延龄作》：

菜叶青，霜雪零；菜叶落，桃李灼。别有寒暄只自知，骨头不比松枝弱。辘轳牵断银瓶绠，填瞎胭脂亡国井。畦干虫蠹叶如纱，蠹入孝陵墙上粉。碎麟残虎暮松声，扫叶填沙隧道倾。年年寒食一盏饭，来享孤臣旧菜羹。

此词写常延龄种菜的辛苦，冬去夏来，孜孜不倦，抵御寒霜，风骨犹在。每日用辘轳从井下汲水浇菜，此井恰与陈后主亡国时携二妃躲藏的胭脂井形成鲜明对照，前者可称为忠井，后井则是辱井。给孝陵上供的菜叶被蛀虫蠹蚀成纱状，虫子爬到了孝陵粉墙上。那神道上的残破石麟石虎伴着傍晚的风松声，当此之时他在清扫落叶，填平沙坑，修补隧道。他在每年寒食节要送去一盘饭菜，给太祖皇帝享用，表达无依无托的孤臣的一片忠心。

板桥此词，使我们更加深入地了解到他为何对常延龄怀念不已，为常一人写两首诗，细致入微地加以刻画。常氏不仅仅坚守忠道，誓

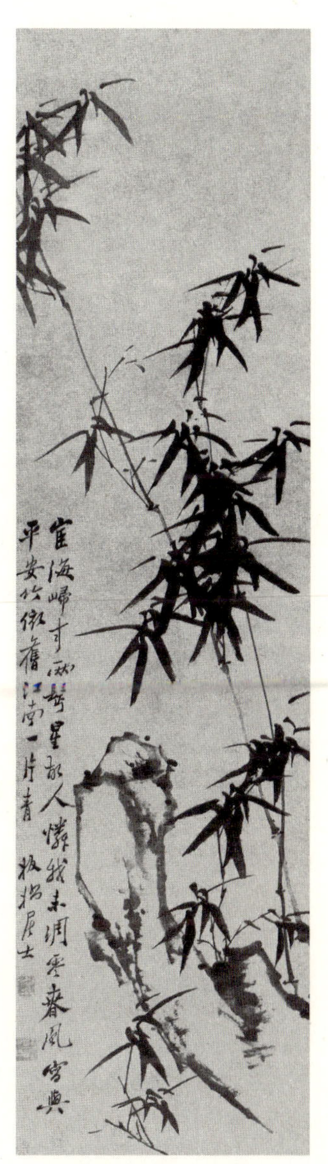

《依旧江南一片青》

不为新朝效力，只做平民，靠种菜维持生计，而且常去明孝陵上供扫墓，追念明朝开国之君，不忘先祖创业之初。这样的遗民臣子还能有几个呢？大多数人恐怕都做了顺民吧。

板桥的心情是复杂的，他面临的问题对于汉族士君子而言颇具有代表性，即如何对待少数民族贵族建立的国家政权。中国自古就是一个多民族的国家，中华民族的格局是多元一体。按照费孝通先生的说法，中华民族结构有两层：高层是中华民族共同体，低层是五十六个民族。我把中华民族视为复合型民族，把五十六个民族视为单元型民族，共同组成中华民族。中华民族是五十六个民族共有的大家庭，既是文化共同体，又是命运共同体。在民族平等、团结、和谐、合作的今天，各族人民对中华民族的认同与对本民族的认同是高度一致的。但在清代及以往许多朝代，两者既一致又有矛盾。一致之处在于不论什么朝代都认同中华民族传统礼义文化，把它作为整个国家的主要意识形态和道德基石，而且在文化政策上主张和而不同，比较包容。但当汉族贵族掌权时，往往歧视少数民族；当少数民族贵族掌权时，往往歧视汉族，发生民族摩擦乃至冲突。清代皇帝顺、康、雍、乾、嘉都有很高的中华文化素养，不仅对汉族民间习俗予以尊重，而且对明代有作为之帝王、忠臣皆加褒扬，对宦官、奸臣皆予指责，只要翻阅张廷玉等编撰的《明史》便清楚了。清代明史馆设于顺治二年，康熙十八年开始修史，雍正十三年定稿，乾隆四年刊行，同时对北京明十三陵加以保护。这正与板桥生活的时代相吻合。不过民族歧视与压迫一直存在，尤其从乾隆后期起，制造文字狱，压榨汉族百姓，打击回族新生力量，不断引起汉族以民间宗教八卦教、天地会、哥老会为旗帜的农民起义，整个社会越来越动荡不宁，加剧了清朝的危机。

在这种情势之下，郑板桥的内心是矛盾的，一方面他处在清前期，认同四海一家的太平日子，努力通过科举晋身精英行列；另一方面他又留恋汉族贵族掌权的明朝，与清朝统治者有隔膜，对明末忠勇之士倍加赞赏。这就产生了《种菜歌》、《后种菜歌》这样的作品，给予常延龄以深切的同情。其时大约是板桥 40 岁赴南京乡试之际，社会还比较宽松安定，他写这样颂扬明季忠臣的作品尚不致引起当局的追究。但板桥并不对明朝盲目歌颂，他对万历、天启及之后的朝政，比《明史》有更尖锐的批判，这是他过人之处。

二十八、

板桥眼中的佛寺与僧人

在板桥诗钞词钞中，游访佛寺，与僧人赠答，所占比重较大，足证他乐此不疲，成为生活的有机组成部分。试举数首诗词以释之。

五言诗《招隐寺访旧五首》：

江鸟唤朝兴，山中访旧僧。遇泉先解渴，济胜漫夸能。十里树中曲，半楼天外凭。上方应远在，小歇更攀登。

沃水先清面，除烦更削瓜。客真无礼数，僧亦去袈裟。竹榻斜支枕，苔窗卧看花。来朝好风日，细细探烟霞。

禅房精笔砚，窗又碧纱糊。吮墨情温细，吟诗味澹腴。茶枪新摘蕊，莲露旋收珠。小盏烹涓滴，青光浅浅浮。

俯瞰僧归寺，微茫蚁附阶。过桥疑入涧，转树忽登崖。碧绿新筐果，轻黄旧草鞋。林深天欲暮，风起作阴霾。

楼有高于树，树更迴于楼。上下扶苏碧，阴晴户阒幽。鸟声人语让，花气日光遒。五月山秋逼，僧衣裹作裘。

招隐寺地处江苏镇江南山，建于南朝刘宋，距今有1500多年。初为艺术家戴颙私宅，戴顒不应刘裕招请入朝，愿为隐士从事艺术创作。戴氏逝世后，其女誓不嫁人，舍私宅为佛寺。因刘裕招请和戴颙隐而不应，一招一隐，故人称招隐寺。南朝萧梁昭明太子于招隐寺建读书台、增华阁、虎跑泉、鹿跑泉、万古常青亭、珍珠泉等，并在此编成《昭明文选》。此处花木繁茂、景色秀美，宋代书法家米芾称“山林在城中，城中有山林”。清代诗人鲍之钟诗云“灿烂霜机浅深红，楼台如在万花丛”。

板桥此诗描述自己游访该寺的过程，是在江鸟唤起的早上，来到南山访问僧人老友，走累了在清泉边捧水喝足。如此胜景要走遍并不轻松，林中小路弯弯曲曲有十里之长，远远望去寺院楼台像是立在天边，距那顶端还有遥远的路，只好歇歇脚再向上攀登。终于到达了寺院，先用水洗净满脸汗渍，僧友切西瓜为我解渴。我不讲客套礼仪，僧友也未衣袈裟，用竹榻供我歇息，侧卧观看窗外花枝，待明朝有好风吹拂，我要仔细地探寻烟霞中的山色。禅房中有笔墨纸砚供我挥洒，纱窗碧绿把日光引进屋内，我一边吟诗咏叹，一边写字体味温情，间歇时品尝新茶滋味，看那莲叶上露珠滚动，茶杯里泛着青光，是难得的享受。僧友早已下山并正在旧途，我从山顶寺院向下瞭望，在微茫中看到僧人如同蚂蚁般小点在爬山阶，要过桥了却像涉入山涧，转过大树便攀上崖顶。他背着一筐刚采摘的山果，穿着轻便黄服和草鞋回到了寺院，这时山林已经是暮色笼罩，风起云郁了。峰顶寺院楼台看起来比树木更高，而树木却比寺楼阔远，枝叶扶疏，无论晴天阴天都使寺楼门窗幽静宜人。鸟声比人语要清脆动听，花的香味在日光下更加浓烈，五月的山间寒气袭人，僧人已用多层僧衣裹住身体，权当皮衣穿了。

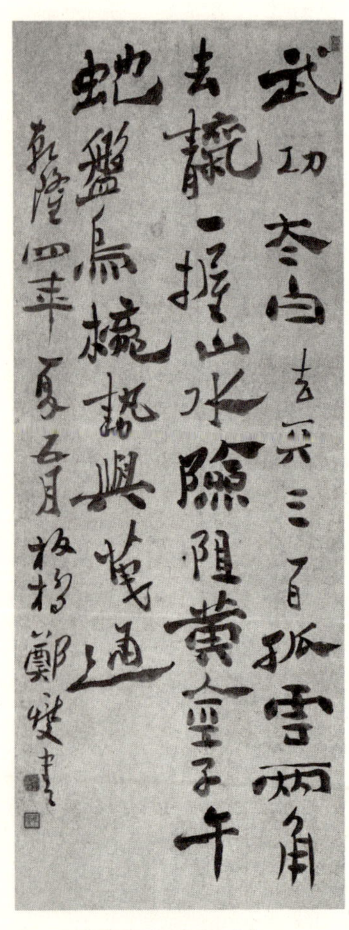

《书古乐府诗》

看了板桥的诗，读者会有何感想？首先想到招隐寺是一个隐居修道的好地方，环境清幽，人迹罕至，又有野果充饥、甘泉解渴，但气候高寒、过冬不易，有益于磨炼心性。其次想到招隐寺也是一个有文化底蕴的地方，有文房四宝，有茶道品味，有文人来往，无世间俗气。虽然作者未作明细刻画，却知僧人必是文士，能与板桥结成朋友，一定会有诗词文章赠答。在招隐寺为僧并不容易，一要有隐士的坚守，不怕寂寞，不避崎岖，才符合戴颙后继者的身份；二要有较高的人文素养，才对得住昭明太子前贤的才情。随之而来的，我们还会想到，这不是一个普通信众经常进香朝拜的地方，因为地势太过险峻，只有极少数虔诚者才能不畏艰难，攀崖登峰，到达佛殿。

诗钞中《法海寺访仁公》、《同起林上人重访仁公》、《山中夜坐再陪起上人作》三首，接续而作，可连读。

《法海寺访仁公》：

昔年曾此摘蘋婆，石径攲危挽绿萝。金碧顿成新法界，惜他荒朴转无多。

参差楼殿密遮山，鸦雀无声树影闲。门外秋风敲落叶，错疑人扣紫金镮。

树满空山叶满廊，袈裟吹透北风凉。不知多少秋滋味，卷起湘帘问夕阳。

《同起林上人重访仁公》：

几日不相见，作诗盈一囊。立残云外漏，销尽定中香。雨歇四天碧，风高秋稼黄。可应歌《击壤》，更为继陶唐。

宾主吟声合，幽窗夜火然。风铃如欲语，树鹤不成眠。月转山沉雾，花深鸟入烟。朝霞铺满径，裁取作蛮笺。

胜地前朝辟，青山帝主情。莫教轻一物，可待报他生。斋粥分天庾，盘蔬列贡罂。秋风满松壑，幽梵晓来清。

《山中夜坐再陪起上人作》：

人语山上烟，月出秋树底。清光射玲珑，峭壁澄寒水。栖鸟见其腹，历历明可指。秋虫草际鸣，切切哀不已。禅心冷欲冰，诗怀淡弥旨。吟成无笺麻，书上破窗纸。

顽奴倦烹茶，汤沸火已灭；冷然酌秋泉，心肺总寒冽。丛花夜露滋，细媚石上茁。老槐恃气力，排风骨正折。坐久月当中，寒光射毛发。不但饮秋泉，此心何得热。

晨起望诸山，烟岚漭涨塞。阳乌初出海，气弱不得力。墨云横亘天，稚霞敛颜色。重帛那禁寒，拥裘坐岩崩。露重如小雨，径危滑难陟。酸枣垂累累，瓜果蔓寒棘。招手谓山乌，与尔得饱食。

诗成令我写，写就复涂抹。骨脉微参差，有爱忍心割。未得如抽茧，针尖隐毛裼。既得如尸解，蜣螂忽蝉脱。主人门外来，诗才日豪阔。迟疾各性情，维余气先夺。

诗中提到的法海寺是指北京法海寺。全国法海寺有多座，如江苏临海有法海寺，扬州瘦西湖有法海寺，皆为佛教名寺。按：《郑板桥集》附年表，乾隆元年，板桥44岁，“赴北京，试礼部中式成进士”，“与伊福纳兼五（人名）游西山”，作有“《赠瓮山无方上人》、《瓮山示无方上人》、《赠图牧山》、《酬中书舍人方超然弟》、《读昌黎上宰相书因呈执政》、《游香山卧佛寺访青崖和尚和壁间晴岚学士虚亭侍读原韵》、《寄青崖和尚》、《山中夜坐再陪起上人作》诸诗”。据此，知上述所引三诗皆作于北京。北京法海寺在今石景山区模式口翠微山南麓，建于明正统年间，以古松与壁画而闻名。仁公何许人也？称仁公，不称上人或和尚，应非佛门正式出家人，又住法海寺，当是儒佛兼修者，或居士。是否就是图牧山？无从考证。

《又赠图牧山》中有句“芦沟归马催人疾”，则图牧山住芦沟桥附近，与模式口尚有一段距离。板桥来京赶考中进士，时间不长即归扬州，滞留北京所作诗未有他游皇家宫殿、园林踪迹，却大都与西山佛教文化圈有关，可知他在壮年时的人文兴趣即不在政治仕途，而在高雅清逸，故对京西禅寺与高僧有感情、愿亲近。

此期间只有一首诗与政治相关，即《读昌黎上宰相书因呈执政》：“常怪昌黎命世雄，功名之际太匆匆；也应不肯他途进，惟有修书谒相公。”他对唐代韩愈（祖籍昌黎，故称韩昌黎）有批评也有体谅。自命不凡的韩愈，未免功名心太切了，好在韩氏不愿走巴结送礼的攀龙附凤之路，只有写信给宰相，自我推荐，希望得到重用。这其实是当时的一种风气。韩愈的两封上宰相书皆收入《古文观止》，可见直至清康熙年间，该书编者吴楚材、吴调侯叔侄是认同韩愈上书并赏识其文才的。然而板桥不同，他从未给任何权贵写信求其提拔。他与上层人士也有交往，如他数次作诗寄赠并有回赠的紫琼崖主人，就是慎郡王允禧，二人之交乃属文缘之交，即诗书画上的交情，与升官无涉。

《法海寺访仁公》一诗，说法海寺之翠微山险峻，长满果树和藤萝，金碧辉煌的殿堂楼台遮盖山坡，成为佛法修行之地，但拜者稀少，山林寂静。住在寺内听到外面风扫林叶萧萧下，似乎是有人在敲打寺的山门铜环。秋天来临，树木只有枝杈，而寺廊上却铺了一层厚厚的红叶。北风吹透袈裟，板桥看在眼里，心中升起悲秋之意，赶快卷起湘绣棉帘，好让夕阳带来一些温暖。此诗的社会文化背景之一是清廷的民族宗教政策有所倾斜，大力扶植藏传佛教却疏离汉传佛教，以便巩固满、蒙、藏三族特殊关系。在板桥进京之际，西山汉地佛寺已被冷落，诗里透露出些许凄凉景象。

《同起林上人重访仁公》一诗，第一段描写板桥与起上人、仁公在法海寺作诗唱和，最能表现三人文缘之交的特点。与上次来访才间隔数日，仁公便写下了一书箧诗稿。站着默诵直到残云在天边消退，禅定中供香渐渐消尽，秋雨已经停止，满天碧蓝，秋风劲吹，庄稼地一片金黄。看到田野情景，不禁使人想起上古先民的《击壤歌》:“日出而作，日入而息。凿井而饮，耕田而食。帝力于我何有哉!”那是天下太平、百姓安居的陶唐大尧时代呀。板桥寄情于民生，他的注意力转向了金秋农业的收成。

第二段写三人吟诗唱和，通宵达旦，屋内燃着火炉，窗外风铃想参与说话，树上鹤鸟也听得着迷。夜已深沉，月潜山雾重，花隐鸟入烟。不觉之中东方日出，朝霞铺满山路，如能把彩色的坡面剪裁下来可是蛮好的写诗用纸呀！板桥陶醉于诗词创作吟诵之中，进而想把诗词直接写到多彩的山峦上了。

第三段点明法海寺是明朝建立的，青山是上帝（天）赐予的，这里的一草一木、一砖一瓦都要加以爱护，按照佛法，众生因果轮回，三世善恶报应，只做好事，莫问前程。僧寺打开大自然的谷仓，煮粥施舍穷人，做好各种菜盘，和瓶花一起供养到佛像前。秋风吹拂松林，佛寺的早晨幽静清爽。这一段的描写触及佛寺的分内职能，就是敬奉佛祖和做社会公益慈善事业。

《山中夜坐再陪起上人作》一诗，板桥写自己与起上人夜晚在山寺的情景。观赏山色月光、峭壁泉流，仰见树梢鸟腹，俯听草间虫鸣，似乎是哀诉之声，此时禅心冷冰、诗兴淡雅而有味，没有纸张，就把吟成的诗写在破旧窗户纸上。寺佣已睡，不再为我们添火烹茶，只好饮用泉水，不免腹内寒冷。晚上丛花蒙在露水中，苔藓依旧在岩石上生长，老槐粗壮但枝条仍被劲风吹折，久坐山寺寒夜之中，即使不饮秋泉，心里也热不起来。早上出来远眺群山，被烟霞笼罩，那刚露头的太阳未能红光四射，只见浓云愈重，朝霞收藏，身上裹紧棉衣仍不御寒。露滴如小雨，山路湿滑难行，看山坡一片片酸枣、一丛丛荆棘中的瓜蔓野果，我向山鸟打招呼：你们就尽情饱餐吧。我写好了诗，起上人叫我写出来，我边写边涂改，总觉得书法的筋骨稍有不足，故割舍重来。未得其神之时，像抽茧一样艰难，似乎笔头有针尖作祟；既得其神之时，如尸解成仙，如蜣螂蝉蜕，抛弃外壳，成其神韵。这时仁公返回寺院，三人互动，诗兴大发，各自性情有迟速，我却占了先声。

板桥此次访法海寺，兴趣集中在作诗写字上，对于山林景致的描写充满凉秋气息，不过他尚未体验京城西山数九寒天、滴水成冰、冷彻骨髓的滋味。以上三首诗与《招隐寺访旧五首》有所不同，比较具体地写了佛寺与僧人的生活，使人印象深刻。

《郑板桥集·补遗》收有《兴化县志》刊板桥所写《自在庵记》。

兴化无山，其间菜畦瓜圃，雁户渔庄，颇得画家平远之意。一村一落，必有茅庵精舍，为高僧隐流焚修栖息之所。而平望庄自在庵之建，不尽为此也。庵始于邑侯张公蔚生，廉明慈惠，念水乡穷民棺骨无葬地，于城北九里平望东偏买地为义冢，凡一十二亩三分。即于是庄建佛殿，招僧为住持，固以奉佛，实以修护穷民之冢也。张公去后，佛舍荒，冢地荡，过者伤之。慧圆上人毅然以重修为己任，众亦敬其素操，翕然从之。爰造梵宇二十二间。张公置田五十二亩，慧圆置四十亩，晓达置十亩，计田一百二亩。而晓达之师、慧圆之徒祥元者，虽未有所创造，乾隆中叠遭水灾七八载，祥元竭力支持，使此庵不废，则其功亦不可不书也。山田足供僧众，而自在庵永不废矣。有庵有僧，耕渔之暇，一畚一锸以修冢，而枯骨于兹有托矣。佛舍修，枯骨聚，而张公仁民爱物之心，传于千古矣。凡庵有兴有废，而是庵泽及枯骨，深得佛理，当久而弗替也。

此记中“慧远”疑为“慧圆”，音近而误也。张公之后慧圆重修自在庵并置田40亩，其徒祥元，祥元之徒晓达，几位僧人前后有传承关系。《自在庵记》与《招隐寺访旧五首》、《法海寺访仁公》等三首又有不同，它写了佛寺与当地官绅、民众之间的关系，从佛教与民间义冢的角度，刻画了中国特色佛教的一个典型事例。

自在庵初非为出家僧人修禅法而立，乃是官绅张公为穷民置地造义冢，立庵招僧加以护理，且可为死者超度亡灵。张公的义举得到响应，置田建庙顺利完成，且有慧圆师徒继而扩之。佛殿有22间，义田100余田，已具规模。佛教有其神圣性，高僧有其感召力，故屡遭水灾而自在庵得以不断修缮而保存下来。寺田耕种可以供僧人生活之用，同时僧众自带工具建义冢，掩埋无主枯骨。这样一来，有庙有地，有僧有法，把佛事劳动、慈善结合起来，体现了中国人间佛教禅农并行的特色。如唐代百丈怀海法师所提倡的“一日不作，一日不食”，不增加国家和民众的负担，又能养成僧人勤劳节俭、服务大众的作风，所以受到当地民众的欢迎。

从这篇庵记也能看出板桥儒佛兼修的风格。张公是儒家式乡绅，板桥赞其有仁民爱物之心，并愿出资置田建义冢；同时他与佛教比较亲近，善于借用佛寺的修建、聘用有德行的僧人，来护养义冢，使之成为一项持续性的社会事业。这是儒佛之间的一种良性结合，既帮助兴化平望庄解决了穷民枯骨无人收的实际难题，使之有了归宿，又依靠佛寺的宗教仪式抚慰了大众希望乡亲逝后入土为安、来世得福的心灵。板桥对此深为赞许，因此把《自在庵记》写得详细又生动感人。

二十九、

板桥关怀弱势穷民令人感动

孟子说："老而无妻曰鳏，老而无夫曰寡，老而无子曰独，幼儿无父曰孤。此四者，天下之穷民而无告者也。文王发政施仁，必先斯四者。《诗》云：'哿矣富人，哀此茕独。'"（《孟子·梁惠王下》）儒家讲仁民爱物，在实行的过程中首先要照顾鳏寡孤独，因为他们是弱势群体。依据后世的情况，社会弱者还可加上难民、乞丐、童养媳、大病穷人和残疾人，都需要得到社会各界特殊的关照，才不至于冻、馁、受气、挣扎于底层。板桥关心民间疾苦，用诗词为无依无靠的穷民呼号，体察他们的痛苦，同情他们的遭遇，企望引起人们的同情并伸出援助之手。三百多年后的今天，人们读其诗作，亦不免潸然泪下。让我们重读他的几首诗，看看板桥在穷民身上用心之细、用情之深。

《孤儿行》

孤儿踯躅行，低头屏息，不敢扬声。阿叔坐堂上，叔母脸厉秋铮铮。阿叔不念兄，叔母不念嫂。不记瘦嫂病危笃，枕上叩头，孤儿幼小，立唤孤儿跪，床前拜倒。拭泪诺诺，孤儿是保。娇儿坐堂上，孤儿走堂下；娇儿食粱肉，孤儿兢兢捧盘盂，恐倾跌，受笞骂。朝出汲水，暮莝刍养马。莝刍伤指，血流泻泻。孤儿不敢言痛，阿叔不顾视，但詈死去兄嫂，生此无能者。娇儿著紫裘，孤儿著破衣；娇儿骑马出，孤儿倚门扉。举头望望，掩泪来归。昼食厨下，夜卧薪草房。豪奴丽仆，食余弃骨，孤儿拾啮，并遗剩羹汤。食罢濯盘浴釜，诸奴树下卧凉。老仆不分涕泣，骂诸奴骨轻肉重，乃敢凌幼主，高贱躯。阿叔阿母闻知，闭房悄坐，气不得苏，终然不念茕茕孤。老仆携纸钱，出哭孤儿父母，头触坟树，泪滴坟土。当初一块肉，罗绮包裹，今日受煎苦。墓树萧萧，夕阳黄瘦，西风夜雨。

此诗写一孤儿在叔父母家受气受罪。其叔父母的亲子吃肉著裘，出门骑马；孤儿却端盘汲水，铡草喂马，指伤流血却被叔父骂为无能。孤儿吃残汤剩饭，晚上在柴草房过夜。那些趋炎附势的奴仆把洗碗刷锅的活推给孤儿去做，自己图个清闲。只有一位老仆人看不过去，骂那些奴仆贱骨头，主人听了无动于衷。老仆对往日旧主人孤儿父母怀有感情，在其坟头烧纸钱又流泪，哀叹孤儿当初是父母的心头肉，今日却在受煎熬，而亲父母已在地下长眠，墓树萧森、夕阳黄花、夜雨霏霏，一片凄凉。孤儿是弱势人群中最为可怜的，没有自立能力，又恰遇狠心养主，日子就凄惨了。在一般情况下，少有人去关心他们，故在以往诗人笔下罕有相关作品。李白的《长干行》是写一位少妇孤独思夫的寂寞。板桥却用古乐府“行”体长篇文字写一个孤儿的悲戚日常生活，这大概是诗史上的创举吧。

《后孤儿行》

十岁丧父，十六丧母。孤儿有妇翁，珠玉金钱付其手。蒲苇系盘石，可以卒长久。纵不爱他人儿，宁不为阿女守？丈丈翁，得钱归，鼠心狼肺，侧目吞肥，千谋万算伏危机。姥曰：“不可。”翁曰：“不然。”令孤儿汲水大江边，失足落江水，邻救得活全。丈丈闻知复活，不谢邻舍，中心怅然。朝不与食，暮不与栖止，孤儿荡荡无倚。乞求餐饭，旬日不返；外父外母不问，曷论生死！夜宿野庙，荒苇茫茫。闻人笑语，渐见灯光；绿林君子，勒令把火随行。孤儿不敢不听从强梁。事发贼得，累及孤儿；贼白冤故，官亦廉知。丈丈辣心毒手，悉力买告，令诬涅与贼同归。西日惨惨，群盗就戮。顾此孤儿，肌如莹如，不恨己死，痛孤冤毒。行刑人泪相续。

此诗写一个更为悲惨的孤儿，她是孤儿兼童养媳，十六岁来到养父母家。生身父母在世时，给她留下一些珠玉金钱，挂长命锁，希望她平安幸福。不意养家老翁得到她的钱财却图谋害她，要她去大江边提水。孤儿失足落于水中，幸为邻人所救。丈家老翁依然贼心不死，白天不给饭吃，晚上不给住处，孤儿只好流落街头行乞度日，丈家翁母不闻不问，只期望她早死。孤儿只好夜宿野庙，眼前一片白茫茫芦苇不见天日，忽然听到说笑声，看到灯光闪烁，却是遇上了一伙强盗，命她举火照路，随行打劫。事发之后，强盗尚不昧良知，说明孤儿是被裹胁，县官也心知肚明。可是丈家翁心狠手辣，买通原告，让其诬陷孤儿是强盗同案罪犯。结果，盗伙引颈就刑，娇嫩的孤儿也命丧黄泉，人们痛惜她受冤被害，连行刑刽子手见此情景也不禁落泪了。

上一个孤儿受到叔父母的虐待，尚有生机可持，而此篇中的孤儿童养媳则遇上了唯财是图、心冷血凉的野兽般丈翁，只有死路一条。板桥的悲愤何可尽言。人们常说，人若坏起来，犹如禽兽；实则是禽兽不如，因为人有智能，加害好人的手段可以花样翻新，无所不为。社会是复杂的，孤儿之寄养，知情邻里应伸出援手，托付给善良人家，避免孩子落入坏人之手。不过收养孤儿最好的办法是由社会慈善团体来做。历史上宋代就有了育婴堂和孤儿院，早期由宗教团体办，后来政府介入，地方绅商参与。近代国外慈善机构和教会与中国人协作办孤儿院的事业较为成功。仅举一例。我的家乡山东烟台于民国期间在世界红卍字会关照下，成立了以绅商为主体的中国人自办的社会救助机构——烟台恤养院。它源于民间宗教道院，又集资扩大规模，制定条例，规范管理，在慈善家、律师、报人褚文郁领导下，数年间成为中国民间慈善救助事业的典范。开始时收容孤儿 60 名，后期收养孤婴残老约800名，开办工厂，争取自力更生。它的院训是："诚"、"悦"、"爱"、"敬"四个大字，褚先生说："吾人果能以父母之心为心，使儿童无家庭而享家庭之乐，无父母而有父母之亲，则感情之浓重，精神之慰快，效率之增进，自有不期然而然者矣。"该院不仅对孤儿养护，而且实行德智体全面教育，促其健康成才。1936年恤养院正式成立三周年纪念日，各界人士纷纷前来参观，军政要员和社会名流题词祝贺。孙科题："鳏寡孤独，残羸盲瘖，颠连无告，锡类施仁，饥溺犹己，胞与为心，解衣推食，康济功深，老老幼幼，福我人群，三载著绩，高义同钦世界红卍字会烟台分会三周纪念"。傅作义题："慈惠宏施"。于右任题："民胞物与"。可见烟台恤养院产生了全国性影响。①

《逃荒行》

十日卖一儿，五日卖一妇，来日剩一身，茫茫即长路。长路迂以远，关山杂豺虎；天荒虎不饥，肝人伺岩阻。豺狼白昼出，诸村乱击鼓。嗟予皮发焦，骨断折腰膂。见人目先瞪，得食咽反吐。不堪充虎饿，虎亦弃不取。道旁见遗婴，怜拾置担釜；卖尽自家儿，反为他人抚。路妇有同伴，怜而与之乳。咽咽怀中声，咿咿口中语；似欲呼爷娘，言笑令人

① 参见《芝罘历史文化丛刊》2013年第10期、2015年第12期、2016年第12期的相关文章。孤儿问题是个社会问题，要靠社会建设来解决。

楚。千里山海关，万里辽阳戍。严城啮夜星，村灯照秋浒；长桥浮水面，风号浪偏怒。欲渡不敢撄，桥滑足无履；前牵复后曳，一跌不复举。过桥歇古庙，聒耳闻乡语。妇人叙亲姻，男儿说门户；欢言夜不眠，似欲忘愁苦。未明复起行，霞光影踽踽。边墙渐以南，黄沙浩无宇。或云薛白衣，征辽从此去；或云隋炀皇，高丽拜雄武。初到若夙经，艰辛更谈古；幸遇新主人，区脱与眠处。长犁开古碛，春田耕细雨；字牧马牛羊，斜阳谷量数。身安心转悲，天南渺何许。万事不可言，临风泪如注。（注：潍县刻诗钞）

《还家行》

死者葬沙漠，生者还旧乡；遥闻齐鲁郊，谷黍等人长。目营青岱云，足辞辽海霜；拜坟一痛哭，永别无相望。春秋社燕雁，封泪远寄将。归来何所有，兀然空四墙；井蛙跳我灶，狐狸据我床。驱狐窒鼯鼠，扫径开堂皇；湿泥涂旧壁，嫩草覆新黄。桃花知我至，屋角舒红芳；旧燕喜我归，呢喃话空梁；蒲塘春水暖，飞出双鸳鸯。念我故妻子，羁卖东南庄；圣恩许归赎，携钱负橐囊。其妻闻夫至，且喜且彷徨；大义归故夫，新夫非不良。摘去乳下儿，抽刀割我肠。其儿知永绝，抱颈索阿娘；堕地几翻覆，泪面涂泥浆。上堂辞舅姑，舅姑泪浪浪。赠我菱花镜，遗我泥金箱；赐我旧簪珥，包并罗衣裳。"好好作家去，永永无相忘。"后夫年正少，惭惨难禁当；潜身匿邻舍，背树倚斜阳。其妻径以去，绕陇过林塘。后夫携儿归，独夜卧空房；儿啼父不寐，灯短夜何长！

这两首诗写另一类穷民，即难民。中国历史上的农民，在天下太平、风调雨顺的岁月，大多数尚能自给自足；但遇到天灾人祸，便会流离失所，成为难民。天灾指水、旱、虫灾或瘟疫，人祸指内忧外患的战乱和匪盗横行。板桥所写的逃荒及还家者，主要是旱灾歉收引起的难民，而且就是他任潍县县令期间当地发生大旱灾造成的难民，故深知其惨状。《郑板桥集》附《郑板桥年表》载，乾隆十一年，“先生自范县调署潍县。是岁山东大饥，人相食，先生开仓赈贷”，“潍县饥民出关觅食，先生有感而赋《逃荒行》”。乾隆十三年，“潍县饥民由关外络续返乡，先生为撰《还家行》以纪其事”。

《逃荒行》写一个潍县难民向关外逃荒，卖儿鬻妻，一路上有野虎豺狼袭击，由于瘦饿得皮包骨头，连老虎都不屑一顾。路边有弃婴，难民怜而置于担中，同行难民中妇人为之哺乳，婴孩牙牙学语又露出笑容，更使人酸楚。走过山海关，进入了辽宁，这些地区自古都属于遥远的边关，对于关内农民而言是一片陌生地带。夜晚要渡河过桥，只有星星和村灯送来一点亮光，风大浪急，桥面湿滑，又无鞋穿，难民只好前拉后曳，生怕跌到河里。在古庙休息时，耳边响起乡音，互相攀谈聊家常，终于有了一丝快乐，来打发这愁苦的黑夜。天未明便又起身前行，回顾关城渐渐远去，前望黄沙无际展开，人说唐初薛仁贵征辽、隋炀帝派兵伐高丽，都是走这一条出关之路，似乎这群难民不是初来乍到，谈论古事也可以减轻行路的艰辛。幸亏遇上当地一家主人，收留了他，给他住处，雇他耕种沙土地，放牧马牛羊，收获时能分到粮食吃。安顿以后却悲从心起，南望无踪影的家乡，不知何时能够返回，在风吹中眼泪哗哗流。

《还家行》续写这位难民两年后听说齐鲁大地农业丰收，便眼望青州岱宗，辞别辽海，回到了家乡。第一件事是拜哭祖坟。看到春燕来、秋雁去，收起眼泪把希望寄托于未来吧。家已徒有四壁，青蛙在锅灶上跳跃，狐狸在床上翻滚。只好驱赶它们，堵住鼠洞，和泥墁墙。春天来临，修剪院草使之长出新叶，桃花在屋角开出红朵，家燕重新在梁上筑巢欢叫，蒲塘水暖，飞出鸳鸯来。于是念及卖掉的妻子，按当时上面规定，可以用钱赎回，便携钱前往买家。妻子已经有了好的丈夫，生了孩子，要回归故夫，必须扔下正在吃奶的孩子，孩子打滚哭闹，不舍生母。孩子的爷奶哭着送她礼物，嘱咐回家吧，但不要忘了我们。孩子的年轻父亲不忍睹此惨景，躲到邻居家的树后。妻子越走越远，后夫独自带着幼儿过夜，儿子哭不停，儿父睡不着，怎么熬过这漫漫长夜啊。

板桥把逃荒者的苦难通过一个典型作了生动感人的描述。把妻儿卖掉了，自己一路上九死一生，好不容易有了落脚点，又能隔年返回故里。儿子却已无法赎回，妻子是赎回来了，但又破坏了另一个组合不久的家庭，造成了无母之儿的新悲剧。这固然归咎于天灾，实有人祸作祟。一者齐鲁大地和更远的地方，并非都有大旱，只要当时政府关心民众，善于调配与安置，并不会使众多难民背井离乡、逃往关外，那时毕竟还是一个“太平盛世”啊！但乾隆忙于下江南、美宫室、玩古董，并没有把心思放在穷民身上，加上权贵大臣弄权贪腐，即使有板桥那样的州县清官也无法有效消解大灾的严重后果，反而因放赈来不及按程序请示而受到指责。二者社会没有像样的救灾团体，“三纲”（君为臣纲，父为子纲，夫为妻纲）之遗毒造成集父与夫于一身的人有权卖子卖妻，使子与妻成为可以买卖的物品，丧失了起码的人权和尊严，这就是宗

《幽兰图》

法等级制度的罪过了。

我钦佩板桥，不仅用笔同情穷民，对社会的苦难提出柔性控诉，而且尊重弱势者的人格，对于他们中的优秀者有发自内心的礼敬。如他有一首《题陈孟周词后》就对残疾盲词人诚心赞叹。板桥诗序曰："陈孟周，瞽人也。闻予填词，问其调。予为诵太白《菩萨蛮》、《忆秦娥》二首。不数日，即为其友人填二词，亦用《忆秦娥》调。其词曰：'光阴泻，春风记得花开夜。花开夜，明珠双赠，相逢未嫁。旧时明月如钩挂，只今提起心还怕。心还怕，漏声初定，玉楼人下。''何时了，有缘不若无缘好。无缘好，怎生禁得，多情自小。重逢那觅回生草，相思未创招魂稿。招魂稿，月虽无恨，天何不老！'予闻而惊叹，逢人便诵。咸曰青莲自不可及，李后主、辛稼轩何多让矣。拙词近数百首，因愧陈作，遂不复存。"板桥题诗曰："圆峤仙人海上飞，吸风饮露不曾归。偶然唾墨成涓滴，化作灵云入少微。世间处处可怜情，冷雨凄风作怨声。此调再传黄壤去，痴魂何日出愁城？"

盲词人陈孟周两首《忆秦娥》，写两情相悦男女有缘相逢，无缘结发，而生离死别，只有觅得回生草和写出招魂稿才有希望再相会，确实写得动魂摇魄。板桥对陈的评价极高，认为他虽比不上李太白（号青莲居士），也和陈后主、辛弃疾不相上下了。因而自惭无容，把自己写出的数百首词一概废弃不存。这是受了极大震动才会作出的决断。板桥在题诗中把陈孟周比喻成海上仙山中的神人，以风露为营养，不食人间粮菜，偶而把唾液化作墨汁才能写出如此灵纤的情词。《庄子·逍遥游》云："藐姑射之山，有神人居焉；肌肤若冰雪，绰约若处子，不食五谷，吸风饮露，乘云气，御飞龙，而游乎四海之外；其神凝，使物不疵疠而年谷熟。"板桥把盲词家比作晶莹的仙家有其道理：盲人的成就往往在艺术上，原因之一是不受光怪陆离的视觉干扰，专注于内心即"其神凝"，故能把情思捉摸得细致入微。板桥担心，人间怨恋太多，假如陈孟周此二词传入黄泉之下，那些痴心的鬼魂何时能从惆怅之狱中解脱出来呢？

板桥生活在君主权贵等级制社会，他却有强烈的平民意识，懂得人们之间要相互帮助、相互尊重，这实在是太难得了。孔子的忠恕之道化成了他的志向和气象，因此能够与当代平等、友善、文明的价值观相通。

三十、

为社会各类穷苦者呐喊

——板桥诗词的社会学价值

板桥是书画大家，他的诗词文除了探讨书画艺术风格之外，在社会人文关切上有两大主题：一是铸造君子人格，二是关注民间疾苦。他尤其能够深切同情那些挣扎在苦难中的最下层民众，因而他的诗词文便具有了社会学价值，即透过文艺性作品观察当时社会穷苦者的生活状态。这些状态不是个体的偶然的现象，而带有群体性的类型特点，可以为社会史提供研究资料。我在其他随笔中已写了板桥笔下的贫农、孤儿、童养媳、逃荒者等，在此文中重点写板桥笔下另几类人的苦日子，揭露那种不合理的社会制度和文化。当然，诗词比不上史料事实上的精确性，但好的诗词及小说等文艺作品，其情理上的深刻性要超过史料。例如《红楼梦》对曹雪芹时代贵族大家庭危机的刻画，就是当时《清史》不能企及的。列举板桥的几首诗词并加以评说。

《抚孤行》

十年夫殁扃书簏，岁岁晒书抱书哭；缥缃破裂方锦纹，玉轴牙签断湘竹。孀妇义不卖藏书，况有孤雏是遗腹。四壁涂鸦嗔不止，十日索墨五日纸；学俸无钱愧塾师，线脚针头劳十指。灯昏焰短空房黑，儿读无多母长织。败叶走地风沙沙，检点儿眠听晓鸦。

此诗写死去书生丈夫的寡妇，苦守遗儿。丈夫是读书人，留下一批藏书，可知原来家境尚可。这也许并不典型。但寡母孤儿却是一类人数很多的群体，又无大家族撑腰，乃是女性中的弱者。她与“老而无夫曰寡”不同，是年轻寡妇，受到传统礼教“从一而终”的熏陶，丈夫死去已十年，仍守节不嫁，在清苦中全力抚孤。生活艰难，她义不卖藏书，一是把书作为思念丈夫的象征，二是留作孩子阅读长见识。孩子稍大，便在墙壁上写画，还要来墨纸学字。家贫无钱给私塾先生，每天缝衣做鞋，在油灯下熬夜，靠纺织度日，孩子也可多少读点书以承父业。听着窗外秋风扫落叶沙沙作响，照顾孩子睡得暖和安详，不觉之间已闻到鸦雀报晓了。

中国唐代风气开明，寡妇改嫁被社会舆论视为常态。宋以来倡导女子守节，史书上有烈女贞妇列传，寡妇人性受到抑制与摧残，这是违反人道的。板桥诗钞中有一首《海陵刘烈妇歌》，写刘烈妇为捐躯战场的丈夫守节，伺侯公婆直到去世，便自缢而死。诗中有哀赞，也有悲鸣，他是一种矛盾的心理。《抚孤行》对守寡抚孤女性以极大同情，板桥没有也不可能提出解决这个问题的办法，但他的心情是不安的、痛惜的。

《贫士》

贫士多窘艰，夜起披罗帏；徘徊立庭树，皎月堕晨辉。念我故人好，谋告当无违。出门气颇壮，半道神已微。相遇作冷语，吞话还来归。归来对妻子，局促无仪威。谁知相慰藉，脱簪典旧衣。入厨然破釜，烟火凝朝晖；盘中宿果饼，分饷诸儿饥。待我富贵来，鬓发短且稀；莫以新花枝，诮此蘼芜非。

此诗中的贫士，指读书人落第，或一时找不到合适职业、家庭生活遇到困难者。他半夜起来在庭院里思量向故旧好友借点钱以渡难关。天亮出门，越走信心越不足，果然碰了个冷钉子。回家畏缩地告诉妻子。不想妻儿贤惠，立时拔下头上的银簪，找出值点钱的旧衣，到典当铺换回些钱以充急需。做饭用裂纹的旧锅，烟熏火燎的。把昨日舍不得吃的果饼，分给孩子们垫饥。他发誓：只要有富贵那一天，即使头发已稀疏，也不会炫耀，不讥笑落拓的人或当初的自己。

从板桥诗里可知，此类贫士并非先天无能，曾经日子还不错，故妻子衣饰像样，养得了几个孩子，只是一时手紧而已，却很要面子，不好意思向亲友伸手借钱，这是人生中一个难堪的节点，而冷遇是常有的。板桥在《范县署中寄舍弟墨》中要墨弟携自己的官俸钱回乡，挨家比户散送，说：他旧时同学“今皆落第未遇，亦当分俸以敦夙好。凡人于文章学问，辄自谓己长，科名唾手而得，不知俱是侥幸。设我至今不第，又何处叫屈来，岂得以此骄倨朋友！”板桥并不认为自己中举成进士全是主观才能和奋斗必得的，其中有很大的偶然性，毕竟中举名额有限，考官好恶也起重要作用，如今虽然做了县官，不能忘记故旧同侪，既然知道借钱难，便应主动把积攒的俸禄银两送上门去，接济他们。板桥诗《贫士》能够将心比心，推己及人，这正是他道德品性的过人之处。

《墨竹图》

《姑恶》

古诗云：“姑恶，姑恶，姑不恶，妾命薄。”可谓忠厚之至，得三百篇遗意矣。然为姑者，岂有悛悔哉？因复作一篇，极形其状，以为激劝焉。

小妇年十二，辞家事翁姑。夫知伉俪情，以哥呼阿夫。两小各羞态，欲言先嗫嚅。翁令处闺阁，织作新流苏。姑令杂作苦，持刀入中厨。切肉不成块，礧磈登盘簠；作羹不成味，酸辣无别殊；析薪纤手破，执热十指枯。翁曰："是幼小，教导当徐徐。"姑曰："幼不教，长大谁管拘？恃其桀傲性，将欺颓老躯；恃其骄纵资，吾儿将伏蒲。"今日肆詈辱，明日鞭挞俱。五日无完衣，十日无完肤。吞声向暗壁，啾唧微叹吁。姑云是诅咒，执杖持刀铻："汝肉尚可切，颇肥未为癯；汝头尚有发，薅尽为秋壶。与汝不同生，汝活吾命殂。"鸠盘老形貌，怒目真凶屠。阿夫略顾视，便嗔羞耻无！阿翁略劝慰，便嗔昏老奴。邻舍略探问，便嗔何与渠？嗟嗟贫家女，何不投江湖？江湖饱鱼鳖，免受此毒荼。嗟哉天听卑，岂不闻怨呼？人间为小妇，沉痛结冤诬。饱食偿一刀，愿作牛羊猪。岂无父母来？洗泪饰欢娱。岂无兄弟问？忍痛称姑劬。疤痕掩破襟，秃发云病疏。一言及姑恶，生命无须臾！

板桥此诗讲的是婆媳关系。由于早婚风习，12岁的贫家女孩便出嫁为小妇。她不是孤儿，有父母兄弟，不幸的是遇上了凶悍的婆婆，遭受着非人的待遇。下厨做饭，劈柴烧火，承担着大人也费力的苦活。姑（婆母）的逻辑是：小媳妇不严加管教，长大必桀骜不驯、放肆欺上，连丈夫也不会放在眼里。于是动不动就鞭打棍敲，使之穿无完衣、体无完肤。小妇饮泣吞声，有时微微叹息，婆婆耳尖，认为是咒骂自己，便执杖操刀威胁小妇，说你身上还有肉给我切割，我拔光你的头发把头颅当作夜壶，我和你不能同生，不是你死就是我活。婆婆一副鸠面恶煞、凶狠屠夫的模样。小丈夫偷偷看小妇一眼，婆婆便斥他无耻；公公略加劝慰，婆婆便呵他昏庸；邻里稍一打听，婆婆便责其多管闲事。唉！这贫家之女为什么不投江湖喂鱼鳖，也强似活着受罪。老天爷能知晓世人万事，难道听不见小妇的怨苦吗。“人间为小妇，沉痛结冤诬”，社会上作小媳妇往往种下难言的沉痛冤诬。生不如死，还不如牛羊猪那样吃顿饱饭挨一刀宰死得了。这小妇是通情达理的人：父母来探，赶快洗泪强作笑颜，怕老人担忧；兄弟来问，便夸婆婆辛劳。身上挨打的疤痕用破衣裳遮盖，头上少发说是生病造成的。一旦有一句话说婆婆的不是，自己的性命很快就完蛋了。

板桥写此诗是“极形其状”，有文学性夸张。他在开篇引诗曰“姑恶，姑恶，姑不恶，妾命薄。”意思是：都说婆婆可恶，未必都如此，只是我做媳妇的命不好罢了。不仅限于小妇，即使成人媳妇也往往受婆婆的气，这里涉及一个普遍性的社会问题：婆婆有恶有善，但婆媳关系在大多数家庭都比较紧张，只有少数家庭中婆媳之间和顺。

媳妇是亲家的女儿，为什么母女关系易处而婆媳关系难调？

其中有必然性吗？有。其一，婆媳之间没有血亲，容易产生猜忌疏离；其二，在传统家庭中，婆媳共同操持家务，整日打交道，而心理上有代沟，抚育儿童的理念也不同，容易发生摩擦；其三，丈夫是婆母的骨肉，又与媳妇是伉俪，一般水平的婆母担心儿子“娶了媳妇忘了娘”，便把忧虑化作不满泼向儿媳；其四，在传统礼教中，婆媳关系不平等，媳妇只能听命于婆母，不能有异议，丈夫也要顺从老人，不能替媳妇说公道话。那么，什么时候媳妇才能翻身呢？在传统社会，只有一种希望：“多年媳妇熬成婆”，公婆去世，儿子娶亲，自己有了媳妇使唤，于是婆媳悲剧又会重演。当代社会，婆媳关系好处理：一是讲人际平等和男女平等，法律保护自由婚恋；二是核心家庭居多，婆媳不在一起生活；三是新观念流行，婆母希望儿子媳妇和睦，对媳妇平等包容，媳妇也多能孝敬老人，两代人相互帮助，共同把孙儿抚育好。现代家庭出现矛盾往往在财产分配继承上，官司打到法院，亲情也打没了。因此家庭伦理的建设十分必要，其关键是剔除陈旧礼教，继承敬老爱幼传统美德，把它与现代平等自由观念结合起来，使人们能普遍享受到家庭的幸福。这个话题扯得远了，就此打住。

《老兵》

万里金风病骨秋，创瘢血渍陇西头，戍楼闲补破羊裘。

少壮爱传京国信，老年只话故乡愁，近来乡思也悠悠。

陇雨萧萧陇草长，夕阳惨淡下边墙，敌楼风起暮鸦翔。册上有名还点队，军中无事不归行，替人磨洗旧刀枪。

板桥此诗写多年戍边老兵，表现当时兵制的不合理和老兵的困苦生活。最不合理的地方是戍边服役年限太长。老兵离乡背井，在前线受过伤、流过血。秋天戍边，身体病弱抵不住寒风，还要自己缝补破羊袄。当初年轻时，总爱打听京城国家大事，如今衰老了只愿与同伍乡友谈论故土情思，不过近来连乡愁也似乎疏离不论了。陇边下雨，野草遍长，淡淡夕阳落到边墙后面，听那远方敌楼风起乌鸦腾飞。长官按册点名排队，老兵闲时不必归行操练，但要替人磨洗刀枪以备年轻士兵杀敌用。

据史书载，古代兵制有郡县征兵制、府兵制、募兵制、世兵制（世代兵户）等。应征士兵年龄从十五六岁到60岁乃至70岁，而且要求自带武器和口粮。清代中前期与唐代类似，皆有老兵戍边。唐代杜甫《兵车行》字面明标年代是汉武帝开边，士兵出征，爷娘妻子走相送，实际指唐玄宗天宝年间对边疆用兵，诗中有句云："或从十五北防河，便至四十西营田。去时里正与裹头，归来头白还戍边。"可知当时服役年限很长，老兵颇多。板桥所处时代，内地虽无战事，但对西北边疆游牧民族用兵则是不断发生的，而且需要大量军士守卫边关。于是造成一系列社会问题，如：老兵的病弱与婚姻家庭怎么办？家中亲老无人孝养如何解决？乡村农业耕种缺乏男劳力而减产又怎样应对？板桥的《老兵》可以与杜甫的《兵车行》相对应，在为这一类应征穷苦者呐喊的同时，连带牵出一系列社会问题发人深省，是研究清代社会史的生动教材。

三十一、

读《七歌》、《哭犉儿》，叹板桥命途多舛

板桥身世艰辛，家道却和顺尚义，从小得到亲人护爱，这使他了解民间疾苦、深爱骨肉乡邻、养成平民化性格，世道民瘼成为滋润其诗画书文的底色和主题，直到老年不改初衷。

板桥诗钞中有《七歌》、《哭犉儿》，读之使人心酸不已。

《七歌》是七言长诗，每曲十句，共七曲，咏叹道情，故称七歌。时年三十。

《七歌》

第一曲：郑生三十无一营，学书学剑皆不成；市楼饮酒拉年少，终日击鼓吹竽笙。今年父殁遗书卖，剩卷残编看不快。爨下荒凉告绝薪，门前剥啄来催债。呜呼一歌兮歌逼侧，皇遽读书读不得！

板桥感叹自己人到中年还没有一份合适的职业，学书学剑的路皆未走通。常常在酒楼与年少朋友喝喝酒、奏奏乐，以解烦闷。自父亲去世，把遗下的书籍变卖，剩下的也不愿翻看。家里

少粮缺柴，债主不断前来催讨。啊！这第一曲歌是诉说生活把自己逼到了墙角，哪里顾得上认真读书上进呢！

第二曲：我生三岁我母无，叮咛难割襁中孤。登床索乳抱母卧，不知母殁还相呼！儿昔夜啼啼不已，阿母扶病随啼起；婉转噢抚儿熟眠，灯昏母咳寒窗里。呜呼二歌兮夜欲半，鸦栖不稳庭槐断！

板桥3岁时慈母去世，临终前最舍不下这怀中儿。小儿无知还抱住母亲要奶吃，不断叫妈妈却没有回声。好在已有乳母在照应，小儿夜晚啼哭不断，乳母带病起来抚摩至孩子睡去，自己却在昏灯寒窗里咳嗽不停。啊！这第二曲歌是诉说夜里童年的悲鸣，院里槐树枝被风吹断，连乌鸦也栖息不住了！

第三曲：无端涕泗横阑干，思我后母心悲酸。十载持家足辛苦，使我不复忧饥寒。时缺一升半升米，儿怒饭少相触抵；伏地啼呼面垢污，母取衣衫为湔洗。呜呼三歌兮歌彷徨，北风猎猎吹我裳！

板桥有个善良的后母（即乳母），持家扶养十年间非常辛苦，使自己童年免于饥寒。偶有缺粮饭少，不懂事的儿童便发脾气，在地上打滚哭闹，把衣服弄脏，后母耐心地为他换洗。啊！这第三曲歌是诉说童时的迷茫，“我”在呼啸的北风里思念后母的悲酸。

第四曲：有叔有叔偏爱侄，护短论长潜覆匿！倦书逃药无事无，藏怀负背趋而逸。布衾单薄如空橐，败絮零星兼卧恶；纵横溲溺漫不省，就湿移干叔夜醒。呜呼四歌兮风萧萧，一天寒雨闻鸡号。

板桥的乳母一度不得不随其夫离开郑家，三年后归来，其间板桥由叔父相陪。叔父偏爱侄儿，总是在父亲面前替他护短。少年的板桥经常逃学逃药，还会依在叔父怀里，或者爬在叔父背上歇息。没有乳母的缝补料理，被褥单薄，棉絮撕裂，睡觉中尿在床上，就移到干处，把叔父弄醒，叔父也无怨言。啊！这第四曲歌是诉说在萧萧的秋风里“我”却得到了亲情，不像鸡儿在寒雨里只能啼号。

第五曲：几年落拓向江海，谋事十事九事殆。长啸一声沽酒楼，背人独自向真宰。枯蓬吹断久无根，乡心未尽思田园；千里还家倒反怯，入门忸怩妻无言。呜呼五歌兮头发竖，丈夫意气闺房沮。

板桥 17 岁读书于真州毛家桥，26 岁设塾于真州之江村。30

岁之前落拓于江湖，未能成就理想的事业，只能在酒楼挥饮长叹，独自向命运之神叩问。自己像一株早就断根漂泊的转蓬，思乡之情日切，可是千里归来时反而由于在外无大作为而胆怯，进门自己忸怩、妻子无语。啊！这第五曲歌是诉说自己曾经怒发冲冠，怀有大丈夫高远之志，如今却回到小家而神态沮丧。“真宰”语出《庄子·齐物论》“若有真宰，而特不得其朕”。杜甫《遣兴》：“性命苟不存，英雄徒自强。吞声勿复道，真宰意茫茫。”感慨命运不济人，徒呼奈何。

第六曲：我生二女复一儿，寒无絮络饥无糜；啼号触怒事鞭朴，心怜手软翻成悲。萧萧夜雨盈阶阤，空床破帐寒秋水；清晨那得饼饵持，诱以贪眠罢早起。呜呼眼前儿女兮休吁爷，六歌未阕思离家。

板桥此曲写家庭困顿中二女一子的贫穷童年，没有厚被御寒，没有稀粥充饥，孩子由此哭闹就怒以鞭打，转念一想这是自己未尽到责任使孩子可怜，便手软下来，怒气变成了悲哀。萧萧夜雨把门外台阶淹没到堂口，孩儿在空床破帐上受着寒秋雨水的刺激。早上没有饭吃，便哄孩子睡懒觉蹭过早餐时间。啊！我可爱的儿女不要再叫我爹了，我不够格呀。这第六曲歌尚未终止我就想再离家出去闯荡了。板桥深深自责，没有获得成年男人应有的业绩以担当起养家育子的责任。

第七曲：种园先生是吾师，竹楼桐峰文字奇，十载乡园共游憩，壮心磊落无不为。二子辞家弄笔墨，片语干人气先塞；先生贫病老无儿，闭门僵卧桐阴北。呜呼七歌兮浩纵横，青天万古终无情！

板桥读私塾，师从同乡先辈陆种园先生学填词，与王竹楼国栋、顾桐峰于观为学友。十年间三人共同在家乡一带游憩，怀有雄心壮志而大胆作为。王、顾二人喜欢写词作诗，只要有句话触犯了别人就会遭到反讽。陆先生贫穷老病无儿敬养，孤独地僵硬地躺在梧桐树荫下的北屋受罪。啊！我这第七曲歌是放眼看这纵横交错的大千世界，是否青天大老爷自古以来对有志士人都缺少关怀呢？板桥对于苍天之不公提出了大胆的怀疑。

《七歌》表达了板桥从小至而立之年间的人生经历和思绪。可以归纳为以下几点：其一，儿时丧母后的悲苦和乳母、叔父的护养恩德；其二，17 岁至 30 岁走向社会、开拓事业的种种挫折和无奈；其三，成家后生儿育女的艰难和自责；其四，师友虽然落拓无成而自己决然要摆脱命运的摆布再次走出家门独自探寻人生的光明之路。

此后，板桥毅然离家出走，先后游江西庐山、北京禅寺和通州、浙江杭州。40 岁赴南京乡试中举人，终于开出了人生新征程。41 岁叔父郑省庵去世。44 岁赴北京试礼部中式成进士。他跻身于社会士林主流和做官之后，不忘民众乡亲的灾难，也一直感激对他有抚养之恩的亲人。45岁作《乳母诗》，细致描写乳母费氏对他无微不至的关爱，他在诗序之后作诗云："平生所负恩，不独一乳母。长恨富贵迟，遂令惭恧久。黄泉路迂阔，白发人老丑，食禄千万钟，不如饼在手。"诗里没有丁点中举后得意扬扬之情，反而惭愧没有及时报答恩人之德。他的最终追求不是升官发财，而是做官时为民解除痛苦，罢官后用诗书画提升世人的品格、丰富社会的精神生活。他后半生的实践证明，他是一位善美兼俱、知行合一的艺术家。

《哭犉儿》可与《七歌》中的第六曲连读，视为其续曲，表达他对爱子夭折的悲鸣。

《哭犉儿五首》

天荒食粥竟为长，惭对吾儿泪数行。今日一匙浇汝饭，可能呼起更重尝！

歪角鬏儿好戴花，也随诸姊要盘鸦。于今宝镜无颜色，一任朝光满碧纱。

坟草青青白水寒，孤魂小胆怯风湍。荒涂野鬼诛求惯，为诉家贫楮镪难。

可有森严十地开，儿魂一去几时回？啼号莫倚娇怜态，逻刹非尔父母来。

蜡烛烧残尚有灰，纸钱飘去作尘埃。浮图似有三生说，未了前因好再来。

板桥极重骨肉之情，对早夭的儿子伤怀不已，其哀悼之诗如泣如诉，细腻感人。诗作回忆起家贫以粥食儿，不免落泪，在坟头浇上一匙稀饭，把儿子呼醒再进餐会有多好！想起儿子喜欢头上梳角辫戴花，随着姐姐一起盘卷黑发成头髻，可现在宝镜已照不出娇儿面容，任凭它反射朝阳在碧纱上。葬儿的坟头长满青草，旁边的流水日渐寒冷，儿子孤独的灵魂胆小怕风，遇到荒郊野鬼前来索财，只能诉说家穷连纸钱也拿不出很多。究竟有没有天堂地狱十个阶位？儿子的灵魂何时能回到人间来？你在阴间不要依仗稚小就耍娇，那逻刹恶神并不是你的父母。我为你点的蜡烛烧完尚有余灰，烧的纸钱已被风吹作尘埃。佛教有三生因果报应之说，盼望你与我情缘未了托生在我身边。

笔者读了此诗，主要体会有三：一是板桥对天伦之情的专注是他博爱的起点，如孟子所言“亲亲而仁民，仁民而爱物”；爱亲人才能推而爱他人，不爱其亲而爱他人者世间无有。二是他用如此长诗表述丧子之哀在诗人中是少见的，儿童诗未有如此之缠绵悱恻的。三是中国人需要儒学的家庭伦理，但又不满足，因为孔子不言死后与来生，故包纳佛道二教加以补充。尤其佛教讲三世因果、善恶报应，既可满足人们对生命延续的追求和对死去亲人再相会的渴望，又能劝善惩恶，故中华思想文化形成儒、道、佛三教鼎立与合流的核心格局，板桥的诗是其例证之一。最后，笔者联想到北宋大哲学家张载的两句名言：“富贵福泽将厚吾之生也，贫贱忧戚庸玉汝于成也。”板桥中举为官，罢官后诗书画

《兰竹通屏》

有成而获得美誉，充实和丰富了他的艺术事业，使他的才艺得到超级发挥。板桥青少年的苦难和后来仕途的终止，磨炼了他的心性，使他早熟，能够始终坚守君子品格和心志，成为德才兼备的大艺术家，历经几个世纪的大浪淘沙，不仅能够名留青史，而且其光彩愈益照人，为越来越多的现代人所追随。

三十二、

黄山咏叹调

有两句流行语，形容黄山在诸山中的崇高地位："五岳归来不看山，黄山归来不看岳。"我去过黄山三次，深知此言之不虚；时间已过去二三十年，黄山映象仍常浮现心头。黄山原称黟山，以其峰岩青黑而得名，又传说轩辕黄帝炼丹于此，故名黄山。明代地理学家、旅游家徐霞客在游记中专有黄山一篇，曾说过："薄海内外之名山，无如徽之黄山，登黄山，天下无山，观止矣。"当今安徽黄山乃是世界文化与自然双重遗产，国家5A级旅游景区，它在诸名山中确实是出类拔萃的，兼有奇松、怪石、险峰、云海、飞瀑、温泉等各种名山的特色。

板桥诗钞中有一首《题程羽宸黄山诗卷》写黄山，五言长诗，68句340字，这在众多咏黄山名诗之中是不多见的，可见他对黄山倾注了很大的心血。

《题程羽宸黄山诗卷》

黄山擘空青，造化何技痒？阴阳未判割，精气互滉漾。团结势绵迂，抽拔骨撑掌。日月始明白，云龙渐来往。轩成

> 末苗裔，炼丹破幽厂。天都强名目，芙蓉谬借奖。秦汉封锢深，唐宋游屐广。云海荡诗肺，松涛簸天响。飞泉百断续，怪石万魍魉。少少塔庙开，微微金翠榜。岑崿裹楼殿，龙象森灌莽。鹘鹤鹃鸠鸪，榛榧枣栗橡。岩果垂累累，仙禽翩晃晃。山腰矮雷电，峰顶耸蒲蒋。肤土寸若金，风萝密于网。转径窄欲堕，陟巇眩还惘。我欲跻巅峤，梦寐徒怅怏。陆骑姑熟驴，波泛浙江桨。羁迟婚嫁累，苟贱簪笏想。山灵久拒斥，飞砂击俗颡。输君饱游憩，晴岚披翠爽。澡泉畅骨脉，卧雪饮瀣沆。聒耳流琮琤，耸身峰仄仰。摘星揭户牖，洗日涤盆盎。赋诗数十篇，才思何阔朗。刻画宠金石，铿锵叶平上。硃砂入炉灶，天马受羁鞅。骨重势郁纡，神清气英荡。作记数千言，琐细传幽赏。同游谁何人，吾宗虔谷党。当境欣淋漓，离怀惜畴曩。昔我未追逐，今我实慨慷。万愿林壑最，一官休歙傥。当复邀同游，为君负笻鞶。

先说程羽宸，板桥诗钞中有一首《怀程羽宸》。“序”曰“余江湖落拓数十年，惟程三子駿奉千金为寿，一洗穷愁。羽宸是其表字”。诗云：“世人开口易千金，毕竟千金结客心。自遇西江程自駿，扫开寒雾到如今。十载音书迥不通，蓼花洲上有西风；传来似有非常信，几夜酸辛屡梦公。”观诗的内容，可断此诗作于板桥44岁中举成进士之前，故自谓“江湖落拓数十年”。程羽宸赠其千金，使板桥从此直到做官前能摆脱贫困，是他的大恩人，可谓仗义疏财，慧眼识英雄。蓼花洲今在安徽中部，距马鞍山、芜湖不远，离黄山相对较近，可能是程羽宸的故里。板桥奔波于科举，十余年与程氏未通音信，得到其消息后，数夜思念，只在梦里相见，令人心酸。在《郑板桥全集》集外诗文中有一篇《板桥偶记》，说自己客扬州时（39 岁，徐夫人殁），在城外民居遇一老妪，其壁上贴有板桥词，老妪得知眼前来客即是板桥，便呼其女儿出来拜见，其女向板桥索书《道情十首》一幅，饶氏老妪得知板桥失偶，表示愿将女儿续弦，板桥以所赠词《西江月》一阕为订婚礼，答应成进士后来娶。其间有富贾以七百金欲购该女为妾，被女拒绝。“江西蓼洲人程羽宸，过真州江上茶肆，见一对联云：‘山光扑面因朝雨，江水回头为晚潮。’傍写‘板桥郑燮题’。甚惊异，问何人，茶肆主人曰：‘但至扬州，问人便知一切。’羽宸至扬州，问板桥，在京，且知饶氏事，即以五百金为板桥聘资授饶氏。明年，板桥归，复以五百金为板桥纳妇之费。常从板桥游，索书画。”“羽宸年六十余，颇貌板桥，兄事之。”

板桥后来有机会得程氏诗卷，故有《题程羽宸黄山诗卷》之作。板桥在此诗中描绘黄山是天地造化之灵秀，他活用杜甫《望岳》句“造化钟神秀，阴阳割昏晓”，却说“阴阳未判割，精气互滉漾”，更符合黄山群峰绵延纵横、阴阳不分的态势。日月交辉，云龙出没，变幻莫测。“轩成未苗裔，炼丹破幽厂”，指轩辕黄帝和仙人容成子来此炼丹，打破了黄山的幽静。接着两句，说天都峰（黄山最高峰）和芙蓉峰都是借人们熟悉的词汇来勉强形容黄山奇险而已。秦汉时期它尚不为外人所知，唐宋以来游客络绎不绝。以下“云海”四句，说云海激荡着诗人的心肺，松涛不断奏出天籁的乐章，多条飞瀑之流时隐时显，到处怪石嶙峋。“少少塔庙开”等四句，说黄山有少量佛教塔寺（如翠微寺、祥符寺、慈光寺等），金殿掩在悬崖之中，护法神兽龙像伫立在山门。接下去四句写黄山的禽鸟和山果树多种多样。后面写浓云雷电只能在山腰逞威，而蒲草却依然长在高耸的峰顶；险崖寸土如金，爬满藤萝；山径狭窄陡峭，游人时刻提防坠崖，向下看时头便眩晕，我本想爬到最高峰顶，最终还是未能实现此梦而快快归来；在平缓处骑驴游览，在水流中划桨为乐；流连山景故推迟婚嫁琐事，也不愿为官而显扬；不过黄山灵秀早已对

《柱石图》

我有考验，故飞砂扫击我脸颊。“输君饱游憩”以下，写自己比不上程羽宸那样畅游黄山，春秋享其翠爽，夏日沐浴清泉，冬日亲近雪景，耳边倾听瀑流奏出的乐曲，仰观高耸入云的奇峰，想摘下星星打开天窗，又将云海权作盆盎洗净太阳。吾友才思敏捷、眼界开阔，作黄山诗数十篇，刻画如古代金石之作，铿锵叶韵，如仙人炼出金丹，能将天马驾驭驰骋，诗作的风骨凝重而神气回荡，又写出游记数千言，细微的描述供人们传诵静赏。与君同游黄山的有我的同乡。游山时畅快于怀，离别后珍惜当日时光。板桥最后表示，以往我未能随同程友同游，今日则慷慨有其志，人生万种心愿中以栖身山林为最好，倘能在休宁、歙县有个一官半职，我必邀你同游黄山，为你扶杖提裳，做好服务。

从板桥《题程羽宸黄山诗卷》中，我们至少能看出两点：其一，是他有豪情壮志与才艺，很早就得到友朋的有力资助。他不忘此情义，后来又用自己积金资助贫困友朋。他与程氏都是忠义之士，彼此是道义之交。其二，是他一向流恋山水幽境，以天地为大美，对黄山的着力咏赞是真诚的，有天人一体的情怀。

黄山是一首诵不完的长诗，是一曲奏不完的乐章，是一幅绘不完的画卷。自古以来，文人墨客着笔者多矣。下面录几首唐以来的黄山诗。

《送温处士归黄山白鹅峰旧居》（唐）李白

黄山四千仞，三十二莲峰。丹崖夹石柱，菡萏金芙蓉。

伊昔升绝顶，下窥天目松。仙人炼玉处，羽化留余踪。亦闻温伯雪，独往今相逢。采秀辞五岳，攀岩历万重。归休白鹅岭，渴饮丹沙井。凤吹我时来，云车尔当整。去去陵阳东，行行芳桂丛。回溪十六度，碧嶂尽晴空。他日还相访，乘桥蹑彩虹。

李白是诗仙，“五岳寻仙不辞远，一生好入名山游”，而且写山水诗富于夸张的浪漫主义气息，故有“天台四万八千丈”和“飞流直下三千尺”等句。他游黄山并写下多首诗作。此诗开头便是“黄山四千仞，三十二莲峰”，形容黄山之险峻与奇峰之众多。他来黄山寻觅仙人炼丹飞升的踪迹，渴饮丹井，愿驾云车、蹑彩虹而翱翔。他游黄山的感触是“采秀辞五岳，攀岩历万重”，黄山秀美盖过五岳，可是攀登也要历千难万险才能享受绝顶的景观。

《望黄山诸峰》（唐）释岛云

峰峰寒列簇芙蕖，静想嵩阳秀不如。峭拔虽传三十六，参差何啻一千余。

浮丘处处留丹灶，黄帝层层隐玉书。终待登临最高顶，便随鸾鹤五云车。

这首诗作者岛云是位僧人，诗里不仅赞美黄山之秀美超过中岳嵩山，峭峰错落不下千座，而且表示愿在此修道成仙，“终待登临最高顶，便随鸾鹤五云车”，飞升到仙界。《文选》谢灵运诗“傥遇浮丘公，长绝子徽音”。李善注引《列仙传》“王子晋好吹笙，道人浮丘公接以上嵩山”。岛云认为，浮丘公后来从嵩山登上黄山，与黄帝一起修仙才实现了理想，并留下炼丹遗迹。这首诗说明佛道互融在唐代已是常态。

《游黄山留题》（宋）张冠卿

路尽清溪逼画图，乱云深处插天都。雾开虎豹文姿出，松隐龙蛇怪状孤。

吐焰看砂奴火齐，凌虚精舍碍灵乌。我来为访容成侣，试问丹丘果有无。

张冠卿是宋代诗人，此诗写黄山景色如一幅天然画图，无须修饰，形容天都峰用“插”字很得其神，又用虎豹、龙蛇等能腾跃搏战的动物形容山势的隐显变化，在静态中蕴含着动态。接着描述炼丹飞升，最后两句点出作者来黄山访仙修道的意向。容成子是神话中的古仙人。丹丘不是浮丘，乃是李白的朋友，据说武功高强。李白在《将进酒》中说“岑夫子，丹丘生，将进酒，杯莫停”。那么丹丘生与道教有无关系？有的。佛道二教既主静修，又重武功，如佛教有少林武术，道教有武当内家拳，皆名重海内外。

《因公檄按游黄山》（宋）吴黯

倏忽云烟化杳冥，峰峦随水入丹青。地连药鼎汤泉沸，山带龙须草树腥。

半壁绛霞幽洞邃，一川寒雹古湫灵。霓旌去后无消息，犹有仙韶动俗听。

宋代诗人吴黯写黄山别有韵味。云烟瞬间遮蔽了群山，又很快散开。群峰映在缓流的河水中，与倒影共成美丽图画。山下温泉如同鼎内丹药在沸腾，山上树藤像是龙须带着腥味。向阳的峭壁映着彩霞，更衬出岩间洞穴的幽深。山涧一阵冰雹袭来，使古老的水塘有了灵气。天空的霓虹消退，不知去向，只留下修仙的诗文在俗间流传。

《百步云梯》（明）唐世靖

一线天高不可升，穿云深处有梯登。猿惊难上回山木，鸟骇迟飞落野藤。

行客携筇常起伏，山僧着屐每凌兢。后阶先幸奇松护，独立能遮最上层。

此诗专写黄山一线天的云梯。两陡壁之间有极窄缝隙，透出一线天光，似不可登升，但在云雾之中有石阶自下而上挂在悬崖。善于攀缘的猿猴不敢登顶而回到林中，擅长飞翔的群鸟踌躇不前落在野藤上。游客拄着竹杖一会伸腰一会弯曲，山僧穿着草鞋在升登中也小心翼翼。好在身后台阶有奇松保护，让人稍微心宽，向上有巨松遮住峰顶，不至于使人眩目。

《黄山绝顶题文殊院》（清）魏源

峰奇石奇松更奇，云飞水飞山亦飞。华山忽向江南峙，十丈花开一万围。

魏源是鸦片战争前夕的启蒙思想家，写有《海国图志》，是中国第一个睁开眼睛看世界的人。那么黄山在他那阔大视野中是何种气象呢？诗开头第一句用了三个“奇”字，第二句用了三个“飞”字，把黄山的不同凡俗写活了。黄山之峰、石、松三者，除了一个“奇”字，很难将其写明白，而且“奇”字也只能表达一种模糊的惊异之感，剩下的由人去想象吧。云飞不足为奇，水飞就需要作些解释了。我意是指瀑布的飞扬，与飘动的云层相衔接，更像是瀑水随着云朵飘荡。那么山亦飞呢？这要把黄山岚峰与天气云晴的变幻莫测联系起来，黄山的气候瞬息万变，时晴时云时雾时雨，诸峰此隐彼显，气象万千，看上去都在不停地上下左右移动，故可说“山亦飞”。诗的后两句用具体事象如华山、花簇作比较：华山在陕西省东部、潼关之西，护卫古都长安，在五岳中为西岳，被视为圣山，乃中华根苗生存之地，故称华山。在魏源的人文视野里，看黄山如同是华山飞到了江南，中华之山与黄帝之山合一了，“华”与“花”通，那华山的花团锦簇布满了黄山群峰。

由黄山之恋，我想起了香港歌手张明敏演唱的《我的中国心》，内有两句:“长江长城，黄山黄河，在我心中重千斤，无论何时无论何地，心中一样亲。”我们应把黄山与中华民族核心发源地黄河联结在一起，视为圣山，敬仰它，热爱它，以它为祖国的骄傲。

三十三、

《偶然作》不偶然

板桥诗钞中有两首诗皆题名为《偶然作》。前一首的精华在开头两句“英雄何必读书史，直摅血性为文章”，我已有专题随笔论之，不赘。后一首也很精彩，值得反复细读。板桥为何题诗名为《偶然作》？他自己未予说明，我揣其意是两诗之作不像他诗先立一个主题，而是灵感凸显，即兴而咏。精读之下始知两诗之作是源于长年的人文积累，有深刻内涵，表达他对文学创作的整体性的美学高度的思考，绝不是一时心血来潮。下面我对第二首《偶然作》边读边议，试图体味板桥文学观的价值。

后《偶然作》为五言长诗，共36句。

开头四句：“文章动天地，百族相绸缪；天地不能言，圣贤为咙喉。”板桥一上手就把文章提升为感动天地、协和百族的宏业。“文章”在他眼里早已超出现如今的“文学”的狭义，它包括一切形诸文字的写作，都要从天人一体的宇宙观加以考察。这符合孔子儒家的圣贤之道。《论语》云：“天将以夫子为木铎。”《中庸》云：“大哉圣人之道，洋洋乎！发育万物，峻极于天。”“故君子尊德性而道问学，致广大而尽精微，极高明而道中庸。”张载说：

“为天地立心，为生民立命，为往圣继绝学，为万世开太平。”儒家圣贤把写字为文看作是君子的神圣使命，是代天地立言的大事。板桥对文章不能则天、不关民生是深恶痛绝的，因此对文化史上与当时文化界一系列现象提出批评：“奈何纤小夫，雕饰金翠稠，口读《子虚赋》，身著貂锦裘；佳人二八侍，明星灿高楼；名酒黄羊羹，华灯水晶球。偶然一命笔，币帛千金收；歌钟连戚里，诗句钦王侯；浪膺才子称，何与民瘼求！”板桥瞧不起一些所谓文人，专门雕凿辞藻，口中诵念司马相如的《子虚赋》，身上穿着貂锦皮衣，身旁有年轻美貌女子伺候，在阁楼赏月观星，

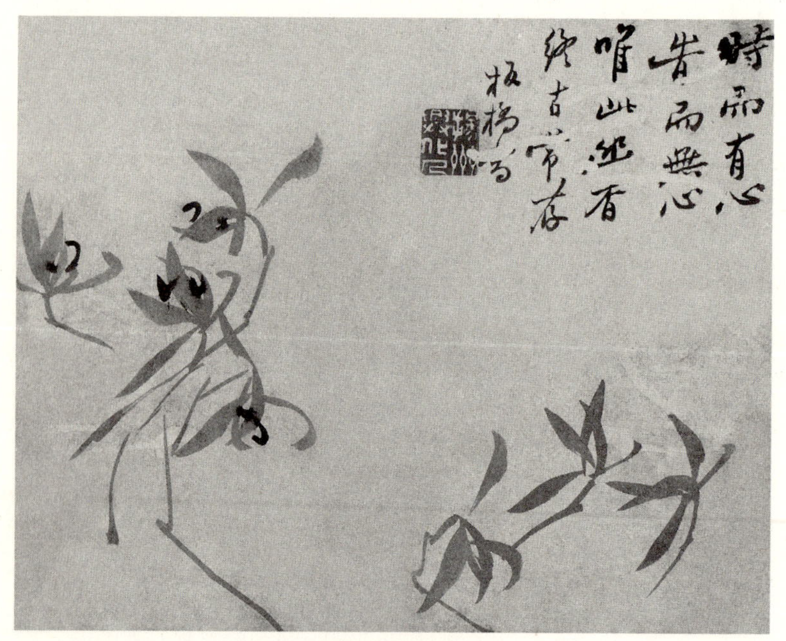

《兰花图》

喝着名酒鲜羊羹，悬挂着水晶般华灯，偶尔写幅字画，便可收到贵重的财礼，用钟磬歌舞显耀乡里，用动听诗句讨得王侯欢心。这样的文人，虽然得到了才子的称号，与民众解除疾苦的诉求又有什么相干？用我们今天的话说，这些人把文章当成个人追求富贵的工具，完全丧失了文章赞天地之化育、济世安民、寓教于乐的价值。

接着板桥为杜甫大唱赞歌："所以杜少陵，痛哭何时休！秋寒室无絮，春雨耕无牛；娇儿乐岁饥，病妇长夜愁。推心担贩腹，结想山海陬。衣冠兼盗贼，征戍杂累囚。史家欠实录，借本资校雠。持以奉吾君，藻鉴横千秋。"杜甫的《新安吏》、《石壕吏》、《潼关吏》、《新婚别》、《无家别》、《垂老别》、《兵车行》、《茅屋为秋风所破歌》等，皆是关注民生痛苦之作，通过自身的感受，为那些被悍吏、征战所折磨和处在贫寒、饥饿中的大众呼号。杜诗里有"纵有健妇把锄犁，禾生陇亩无东西"（《兵车行》），"少陵野老吞声哭"（《哀江头》），"急应河阳役，犹得备晨炊"（《石壕吏》），"布衾多年冷似铁，娇儿恶卧踏里裂"、"安得广厦千万间，大庇天下寒士俱欢颜，风雨不动安如山"（《茅屋为秋风所破歌》）等句，其意旨皆为板桥诗所吸纳。接下去板桥写出"衣冠兼盗贼，征戍杂累囚"两句揭出官匪勾结、戍卒如囚的黑暗现实。板桥又写下"史家欠实录，借本资校雠。持以奉吾君，藻鉴横千秋"四句，尖锐地批评官修史书并非实录，没有记述像杜甫诗中关于民间苦难的情节，因此他主张用杜诗等好的诗作对有关史书加以校补，送给明君，作为千秋史鉴。以诗为史，称为史诗，杜诗是典范，这就把中华诗词现实主义传统的价值大大扩展和提高了。

《偶然作》最后四句："曹刘沈谢才，徐庾江鲍俦，自云黼黻笔，吾谓乞儿谋。"说的是魏晋南北朝时期三曹（曹操、曹丕、曹植）、刘伶（或刘桢）、沈约、谢灵运、徐干、庾信、江淹、鲍照等一批文人，自以为是锦绣之笔，其作品在板桥看来不过是借文学乞食的方法而已。这个批评不仅严厉，而且有些刻薄了。

依我浅见，中国文学史有三大传统：一是儒家"尽善尽美"、"诗可以兴，可以观，可以群，可以怨"（孔子）的现实主义传统，杜甫的诗作最合圣贤之道，故人称其为诗圣；二是道家"天地有大美而不言"（庄子）、"清水出芙蓉，天然去雕饰"（李白）的浪漫主义传统，李白是其代表，故人称其为诗仙；三是魏晋"诗缘情而绮靡，赋体物而浏亮"（陆机：《文赋》）、"俪采百字之偶，争价一句之奇"（钟嵘：《诗品》）的唯美主义传统，谢灵运、庾信等便是其推扬者。但魏晋南北朝文学不可一概而论之，如建安风骨"慷慨多气"，嵇康"俯仰自得，游心太玄"，阮籍"终身履薄冰，谁知我心焦"，更有陶渊明"采菊东篱下，悠然见南山"的田园诗境。此一时期的"魏晋风度"被李泽厚概括为"人的自觉"和"文的自觉"。仅就追求辞藻华丽、"四六"排比的唯美主义而言，在提升人们审美能力上也有一定贡献，不过由于它远离了大众，出现孔子所指出的"文胜质则史"（虚伪、浮夸）的弊端，在中国难以延续，被唐代古文运动取而代之。至今，中国新时代的文学主流较多继承了杜甫的现实主义传统，以李白的浪漫主义作补充，强调坚持以人民为中心的创作导向，加强现实题材创作，唯美主义更难有存身之地了。现在的中华文艺，大众化、生活化的程度已达到空前的程度，这是大好现象。但要防止和纠正低俗、媚俗和娱乐至上，文艺家要努力向杜甫和板桥学习，与百姓心灵沟通，用作品反映民众的喜怒哀乐，让民众从心里喜欢，既能感动社会，又能到处被传颂，不断激发出人们的正能量。这是中国文艺的远大目标，此项事业尚任重而道远。

三十四、

读《板桥自叙》，看他的自我人生总结

郑板桥于五十七八岁撰《板桥自叙》，为晚年之自传，篇幅不冗长，叙述不详细，却包含着他大半生的丰富阅历和精神境界的高度。在风格上，他坚守实事求是的原则，不溢美，不掩丑，自性中的光辉与缺陷都形诸文字，个性鲜明，凸显出板桥独有的本色。

《板桥自叙》（以下简称《自叙》）开头一段写自己身世："板桥外王父汪氏，名翊文，奇才博学，隐居不仕。生女一人，端严聪慧特绝，即板桥之母也。板桥文学性分得外家气居多。父立庵先生，以文章品行为士先。教授生徒数百辈，皆成就。板桥幼随其父学，无他师也。"板桥的父母皆出身诗书之门，不显贵而有文化。其父为私塾先生，教他读书，板桥的人生之路和文艺成就皆源于其明书有礼的家风家教，从小就接受经典文化和家长风范的熏陶，在心灵深处种下了一颗良知的种子。

接着写自己个性的成长："幼时殊无异人处，少长，虽长大，貌寝陋，人咸易之。又好大言，自负太过，漫骂无择。诸先辈皆侧目，戒勿与往来。然读书能自刻苦，自愤激，自竖立，不苟同俗，深自屈曲委蛇，由浅入深，由卑及高，由迩达远，以赴古人之奥区，以自畅其性情才力之所不尽。人咸谓板桥读书善记，不知非善记，乃善诵耳。板桥每读一书，必千百遍。舟中、马上、被底，或当食忘匕箸，或对客不听其语，并自忘其所语，皆记书默诵也。书有弗记者乎？”从少年及成年，板桥形成一种狂放不羁的性格，喜欢骂人，再加上形貌丑陋，为人看轻，皆不愿与之交往。这大约就是今日教育心理学所说的青春期的叛逆性格吧。他与众不同之处在于能刻苦读书而求深解，精读熟读经典，达到废寝忘餐的程度，致力于与古圣贤作心灵沟通，然后形成自己特有的体悟。这正如古人所说：“读书百遍，其义自见。”又如现代诠释学所言：作创造性的诠释。板桥少年时代对经史所下的超常功夫，在他后来的诗词文中自然而然地展现出来，成就了他的作品的常人难以企及的思想高度。当时

竹石君子

的反叛性格后来转化为创作上的“自树其帜”。而他少年确立的修己安人的基础性信仰，使他能够始终“咬定青山（中华优秀文化）不放松”，“千磨万击还坚劲”，不怕风吹浪打，一直勇往直前。

《自叙》往下极简练地概述自己治学经验：“平生不治经学，爱读史书以及诗文词集、传奇说簿之类，靡不览究。有时说经，亦爱其斑驳陆离，五色炫烂。以文章之法论经，非六经本根也。”板桥不是经学家，不走考据学之路，他阅读偏重于文史以及小说，可以说是博而杂，这使他擅长文思。他也讲读六经，喜爱其中各种有趣的历史故事。他心里明白，用写文章的方式讲六经是抓不到其要领的。

《自叙》讲自己的日常兴趣爱好：“酷嗜山水。又好色，尤多余桃口齿及椒风弄儿之戏。然自知老且丑，此辈利吾金币来耳。有一言干与外政，即叱去之，未尝为所迷惑。好山水，未能远迹；其所经历，亦不尽游趣。乾隆十三年，大驾东巡，燮为书画史，治顿所，卧泰山绝顶四十余日，亦足豪矣。”他喜欢游山逛水，未能远游，故未能尽其所兴；也不讳言好色恋风月，却知娼门妓女为钱而讨客人欢心，故不为其所迷。他感到自豪的一件事，就是在他 56 岁署潍县时，乾隆东巡泰山，他作为书画史，治顿所，在泰山之巅住了 40 多天为之服务。这对于一位县令级的官吏来说是难得的亲近皇帝的机会，故板桥引为荣光，可以理解。但他仅为此写一笔而已，没有扬扬自得，没有留下一篇诗文，这也不容易。

《自叙》的重点是讲述自己的文艺创作："所刻《诗钞》、《词钞》、《道情十首》、《与舍弟书十六通》，行于世。善书法，自号'六分半书'。又以余闲作为兰竹，凡王公大人、卿士大夫、骚人词伯、山中老僧、黄冠炼客，得其一片纸、只字书，皆珍惜藏庋。然板桥从不借诸人以为名。惟同邑李鱓复堂相友善。复堂起家孝廉，以画事为内廷供奉。康熙朝，名噪京师及江淮湖海，无不望慕叹羡。是时板桥方应童子试，无所知名。后二十年，以诗词文字与之比并齐声。索画者，必曰复堂。索诗字文者，必曰板桥。且愧且幸，得与前贤埒也。李以滕县令罢去。板桥康熙秀才，雍正壬子举人，乾隆丙辰进士。初为范县令，继调潍县。乾隆己巳，时年五十有七。"板桥指明：第一，他最有代表性的作品是诗、词、道情与家书，还有书法，再加上画作；第二，他以文艺家的身份广交朋友，社会各阶层都喜欢他的作品，其中有权贵，但自己从不攀龙附凤；第三，他敬重李鱓（"扬州八怪"之一），其画作名扬天下，曾为朝官和县令，罢官而能淡然处之，板桥有多首诗作写其人，内有"最羡先生清贵客"句，并谓"梦中长与先生会"，可知二人情谊之深。

板桥写完上述《自叙》，意犹未尽，于次年作了重要补充，其文如下："板桥诗文，自出己意，理必归于圣贤，文必切于日用。或有自云高古而几唐宋者，板桥辄呵恶之，曰：'吾文若传，便是清诗清文；若不传，将并不能为清诗清文也。何必侈言前古哉?'明清两朝，以制艺取士，虽有奇才异能，必从此出，乃为正途。其理愈求而愈精，其法愈求而愈密。鞭心入微，才力与学力俱无可恃，庶几弹丸脱手时乎？若漫不经心，置身甲乙榜之外，辄曰‘我是古学’，天下之人未必许之，只合自许而已。老不得志，抑借于人，有何得意?”这一段文字最精要者当是“自出己意，理必归于圣贤，文必切于日用”三句话，是纲领。第一句是讲诗文要自成一家，决不依傍别人，文艺是个体化的精神劳作，必须有独立的创造。这是板桥成功的关键所在，诗词文呈板桥气象，书法绘画有板桥体式，所以能久传不衰。第二句是讲价值取向认同孔子之道，即修己及人，济世安民，牢牢把握真善美的大方向，不做于社会有害或无益的事情。第三句是讲作品要紧密联系现实生活，使普通人感到亲切可爱、充实快乐。

当代中国大哲学家冯友兰先生在家里悬挂着一副对联：“阐旧邦以辅新命，极高明而道中庸。”上联出自《诗经·大雅·文王》：“周虽旧邦，其命维新。”冯先生的人生追求就是发掘中国哲学史中有永恒价值的宝藏，给予它以符合新时代需要的创造性解释，为振兴中华作贡献。下联出自《中庸》：“故君子尊德性而道问学，致广大而尽精微，极高明而道中庸。”冯先生一生创立新理学，其哲学路向就是使新理学的理论切于人伦日用，为解决中国现代化面临的各种实际问题提供智慧和途径。他用“三史释古今，六书纪贞元”(三史指《中国哲学史》、《中国哲学简史》、《中国哲学史新编》；“六书”指《新理学》、《新事论》、《新世训》、《新原人》、《新原道》、《新知言》），“贞元”来源于《周易》贞下起元，指中华民族实现伟大复兴。冯先生的新理学符合板桥三句言，二人乃是间隔数世纪的同道。

板桥不赞成厚古薄今，他认为古可以承，但不必仿，在当时，好的诗文必定具有清代特色，即“清诗清文”。他首肯明清两代科举制度，认为是选拔人才的“正途”，可使士子的才力学力得到充分发挥，脱颖而出，否则自我标榜古学，天下人不会认同。在这里我们可以见到板桥对科举的复杂心情：一方面，诗文要“自出己意”，只要理归圣贤、文切实用即可，不必征得他者同意；另一方面，诗文作者必须应试中举，最好取得进士身份，其诗文才能广传于社会。看来两者是矛盾的，而在板桥身上却实现了统一。板桥的人生经历告诉他，在诗文上自树一家是长远目标，而应试中举是必经之途，这样可以跻身士林，使诗文得到交流而产生较大影响。

依我们今天的眼光看，科举制度作为一种人才选拔制度能够打破阶层的固化和权贵的垄断，使平民中的优秀人才有机会进入精英群体，是其所长，应当得到积极的评价；同时科举的弊端如唐代的试帖、清代的八股，又制约人才的创造性，加以考官的良莠不齐、考场的作弊，还有选拔人才只有独木桥可走，过桥人数稀少，造成了许多人才被扼杀、埋没的后果。不能不说，板桥对科举虽有肯定但不迷信，承认其中有很大偶然性，所以他并不蔑视科举落第者。他在《范县署中寄舍弟墨》中要其弟用己薪俸帮助下榜的同学，并说："凡人于文章学问，辄自谓己长，科名唾手可得，不知俱是侥幸。设我至今不第，又何处叫屈来，岂得以此骄倨朋友!"我们或许可以说，板桥《自叙》中说的"以制艺取士""乃为正途"是当时的客观现实，对板桥而言，实出无奈。现在的社会，人才选拔的途径宽广，在基础性的九年义务教育制度之外，有高校与中专科考试，有公务员考试，有出国留学，有培训班，有民间书院，等等，高等教育日趋普及。但不可否认，偶然性仍然存在，边远落后地区人才成长环境较差，因此有机缘成高级人才者在努力学以致用的同时不能骄倨未得机会的朋友，有条件者还要参与扶贫事业，包括发展当地教育。

《自叙》最后部分主要讲述"文必切于日用"："贾、董、匡、刘之作，引绳墨，切事情。至若韩信登坛之对，孔明隆中之语，则又切之切者也。理学之执持纲纪，只合闲时用着，忙时用不着。板桥十六通家书，绝不谈天说地，而日用家常，颇有言近旨远之处。"板桥引古证今，说汉代贾逵、董仲舒、匡衡、刘向之作，都能以六经为准绳，又能经世致用；韩信登坛封将，向刘邦献策，确立了战胜项羽的战略要点，诸葛亮隆中之对向刘备献策，为魏、蜀、吴三分天下之势勾勒了基本布局。这种切于日用是切于治国平天下的伟业。他对当时的程朱理学比较反感，认为它只是表面上引用"六经"，事实上流于空谈，与现实不能对接。

他很看重寄给墨弟的十六封家书，看起来说的是家常诸事，而内中蕴含着明体达用的高深道理，因此他把家书列为自己代表性作品之一。

《自叙》结尾说："板桥非闭户读书者，长游于古松、荒寺、平沙、远水、峭壁、墟墓之间。然无之非读书也。求精求当，当则粗者皆精，不当则精者皆粗。思之，思之，鬼神通之！板桥又记，时年已五十八矣。"他读书的原则有二：一曰读书与行路并举，面向外部世界，为了诗画创作，要在山水、古迹之间游历；二曰探求精粹，选择可行者而用之。他追求创作的出神入化，与大自然的造作相一致，与鬼神的灵性相贯通，这就是文艺的气韵生动、高明绝妙的境界。《淮南子·本经训》说："昔者仓颉作书，而天雨粟，鬼夜哭。"古人认为创造汉字是惊天地、泣鬼神的大事。板桥的"鬼神通之"的文艺观，实本于此。

三十五、

读《板桥自序》，看他诗文创作的自我总结

在《郑板桥集》（上海古籍出版社 1979 年版）的“补遗”中，收有《板桥自序》一文。在《郑板桥全集》（卞孝萱编，齐鲁书社 1985 年版）的“板桥集外诗文”中收有《板桥后序》一文。两文的文字完全相同，又皆标“徐平羽藏墨迹”，只是标题一为“自序”，一为“后序”，不知孰是。此篇与《板桥自叙》对照看，重点不在生平，而在回顾诗文创作。还有一篇《刘柳村册子》，可作为补充。

《板桥自序》如同其《板桥自叙》，在行文上不求严密周全，而是重点发挥，随兴而作，其“总结”是文学式的，不是哲理式的。

《板桥自序》（以下简称《自序》）头两段讲自家诗文的源头活水：“板桥居士读书求精不求多，非不多也，唯精乃能运多，徒多徒烂耳。少陵七律、五律、七古、五古、排律皆绝妙，一首可值千金。板桥无不细读，而尤爱七古，盖其性之所嗜，偏重在此。《曹将军丹青引》、《渼陂行》、《瘦马行》、《兵车行》、《哀王孙》、《洗兵马》、《缚鸡行》、《赠毕四曜》，此其最者；其余不过

三四十首，并前后《打鱼歌》，尽在其中矣。是《左传》、是《史记》，似《庄子》、《离骚》，而六朝香艳，亦时用之以为奴隶。大哉杜诗，其无所不包乎！七律诗《秋兴》八首、《诸将》五首、《咏怀古迹》五首，皆由此而推之；五律诗《秦州杂诗》二十首、《咏物》三十余首、《达行在所》三首，皆由此而推之；五言古诗前后《出塞》、《新婚别》、《垂老别》、《无家别》、《北征》、《彭衙行》，以及排律之《经昭陵》、《重经昭陵》、《别严贾二阁老》、《别高岑》，皆由此而推之。立志不分，乃疑于神。”板桥在古诗中最看重唐诗，在唐诗中又最推崇杜诗，其诗文受杜诗影响也最大，主要是在内涵上的现实民生关切和形式上的律诗、古体，即“性之所嗜，偏重在此”，只是时代不同而已。他对杜诗的评价是“是《左传》、是《史记》，似《庄子》、《离骚》”，其意是，杜诗不仅是诗，还是唐史诗，是新楚辞，它抒发了一位爱国爱民伟大诗人的崇高情怀。他认为杜诗“无所不包”，几近一部时代的百科全书。“立志不分，乃疑于神”，立志专注不移，故能出神入化。

我国当代李白、杜甫研究大家裴家麟先生在《看不透的人生》一文（收入《裴斐文集》第三卷，人民文学出版社 2013 年版）中指出：“李白和杜甫，这两个最有资格代表我们民族性格的诗人，正是大器晚成的典型，他们开始得早，成熟得晚，主要成就都在后期。”经过困苦艰难，使杜甫“接近社会下层，并对社会弊端有了深切的认识”。尤其是“安史之乱”后，他“创作出《哀王孙》、《悲陈陶》、《悲青坂》、《春望》、《哀江头》这一系列名篇”。接着又写了《北征》、《羌村》、《洗兵马》、“三吏”、“三别”。晚年的杜甫，诗作进入丰收期，而七律达到炉火纯青的地步，“名篇如《诸将》五首、《秋兴》八首、《咏怀古迹》五首、《白帝》、《阁夜》、《登高》等，均最能代表杜诗雄浑苍劲、沉郁顿挫的典型风格，属对律切而毫无斧凿痕，高度凝练却又流利自如无异于古诗”。我引裴文是想说，板桥《自序》中所列杜诗七律、五律、五古的名篇，差不多都是裴文指出的杜甫后期的作品，即经历了“贫贱忧戚”之后的成熟之作；而板桥《自序》作于其68岁，也是他经历了民间灾荒、逃难和官场的贪悍与自己因忤大吏而遭罢官，又熟睹社会百态之后的自我艺文总结。由此他对

《墨　兰》

杜诗才会有高度认同。

《自序》接着回顾自己在诗文界的社会交游："板桥平生无不知己，无一知己。其诗文字画每为人爱，求索无休时，略不遂意，则怫然而去。故今日好，为弟兄，明日便成陌路。紫琼崖主人极爱惜板桥，尝折简相招，自作骈体五百字以通意，使易十六祖式、傅雯凯亭持以来。至则袒而割肉以相奉，且曰：'昔太白御手调羹，今板桥亲王割肉，后先之际，何多让焉！'板桥游历山水虽不多，亦不少；读书虽不多，亦不少；结交天下通人名士虽不多，亦不少。初极贫，后亦稍稍富贵；富贵后亦稍稍贫。故其诗文中无所不有。"板桥用调侃式话语描述自己的交友之道，合则亲，不合则疏，故朋友多而至交少。他的得意处是其诗文字画非但为普通人喜爱，还为贵胄文士所青睐。紫琼崖主人是清室慎郡王允禧的雅号，与板桥有诗文唱和，能礼贤下士，招待板桥时亲自下厨切肉做菜，比喻成当年唐玄宗亲手为李白调羹之美谈。板桥诗钞中有《将之范县拜辞紫琼崖主人》，其中两句是"莫以梁园留赋客，须教《七月》课豳民"，即不学司马相如《子虚赋》夸梁园之美，要学《诗经·七月》对民生的关切。此前允禧有诗相送，其诗《紫琼崖主人送板桥郑燮为范县令》："万丈才华绣不如，铜章新拜五云书。朝廷今得鸣琴牧，江汉应闲问字居。四廓桃花春雨后，一缸竹叶夜凉初。屋梁落月吟琼树，驿递诗筒莫遣疏。"紫琼崖主人在诗里夸赞板桥才华过人，其诗文如五云书彩（元代朱德润冬至诗有云"五云书彩望灵台"），朝廷任板桥为范县令如同孔子弟子宓子贱理单县那样“鸣琴而治”，只是江汉地区索字求诗的屋子（板桥居所）就要闲起来了。在春雨后桃花盛开、竹影斜映缸水的初夜，趁着月色，我为你吟咏如琼树般人格的诗句，希望传递赠诗的人不延迟，能及时送给你看。由此诗可知板桥与允禧是诗友之交，不掺杂功利等级的浊念。

《自序》此段标出三个“不多不少”，即游历山水、读书、结交名士皆达到适中程度，实际上还有第四项不多不少，即不富不贫。这说明板桥处在当时社会中层，属于平民偏上，既不是权贵大佬，也不是贫民穷士，是文艺个体户，又有相当知名度，与上层下层皆有来往。他的这样一个身份可以有宽广的视野全方位观察社会生活，并自由地感悟人生而摄入诗文之中，这就是“故其诗文中无所不有”。确实如此，板桥诗文是当时社会生活的写照。

《自序》最后说到自己的主要诗作与特色：“陋轩诗最喜说穷苦，惜其山水不多，接交不广，华贵一无所有。所谓一家言，未可为天下才也。板桥诗如《七歌》，如《孤儿行》，如《姑恶》，如《逃荒行》、《还家行》，试取以与陋轩诗同读，或亦不甚相让；其他山水、禽鱼、城郭、宫室、人物之茂美，亦颇有自铸之伟词者。而又有长短句及家书，皆世所脍炙，待百年而定论，正不知鹿死谁手。乾隆庚辰，郑燮克柔甫自叙于汪氏之文园，与《刘柳村册子》合观之，亦足以知其梗概。”板桥在诗作上与陋轩作了比较，相同在诉说民间穷苦上，相异在陋轩诗所涉范围较狭，而自己诗作涉足较广，山水、动物、城建、人物都有表现，此外尚有长短句与家书。他标出五篇得意诗作皆是描写民间和自身苦难的。他有自信，因为人们喜爱其作品；他又清醒，让历史去做定论。二百多年过去了，板桥诗文书画依然温暖着世人，又流播于海外，他是不朽的。

《自序》结尾补记："叹老嗟卑，是一身一家之事；忧国忧民，是天地万物之事。虽圣帝明王在上，无所可忧，而往古来今，何一不在胸次？叹老嗟卑，迷花顾曲，偶一寓意可耳，何谆谆也！燮又记。"这一段结语说出板桥以天下为己任的大儒胸怀。孔子追求"博施于民而能济众"，孟子追求"乐以天下，忧以天下"，范仲淹追求"先天下之忧而忧，后天下之乐而乐"，当代佛教本焕法师名言"不为自己求安乐，但愿众生得离苦"，皆一脉相承，中华民族士君子的担当理应如此。今日中国知识分子若沉溺于个人得失或碌碌无为，面对板桥能不羞愧乎？

郑板桥集中有《刘柳村册子》（残本），可与《自序》合观。现摘其要而补足《自序》。他在《册子》开头便提到其早年作品《四时行乐歌》、《道情十首》，尤重后者，并以其流传而自得："传至京师，幼女招哥首唱之，老僧起林又唱之，诸贵亦颇传颂，与词刻并行。"述其后来游西湖，为杭州太守吴公作字画，湖州太守李公见而索去，并与板桥在湖上饮酒，板桥唱《道情》，李公云："十年前得之临清王知州处，即爱慕至今，不知今日得会于此！"《册子》还记有盐商吴其相能诵《四时行乐歌》；高丽国相李艮来索板桥字画；道教娄近垣真人令其侍者石三郎歌板桥诗词，董耻夫令其歌《竹枝》(《潍县竹枝词四十首》)；新安孝廉曹公用藏墨三十二挺换取板桥词钞一册，并称赞板桥《官宦家》词“朝霞楼阁冷，尚牡丹贪睡，鹦哥未醒”句为“不但措词雅令，而一种荒淫灭亡之气，已兆其中，所以甚妙”；紫琼崖道人慎郡王赠诗“按拍遥传月殿曲，走盘乱泻蛟宫珠”；南通州李瞻云诵板桥《恨》词，至“蓬门秋草，年年破巷；疏窗细雨，夜夜孤灯”不禁“赍咨涕泣”，方知此词在成都摩诃池一带“已家弦户诵有年”。《册子》还记板桥在范县作“《兰亭》六种枣木刻，《武王十三铭》八分书碑”；在大名府东关外有板桥为佛教临济宗祖庭作的碑文；而“潍县城隍庙碑最佳，惜其拓本少尔”。《册子》记自己年少时发奋图强，欲自立门户，作《渔夫》(按：集中有《渔家》一首)，最后一段总结：“板桥最穷最苦，貌又寝陋，故长不合于时；然发愤自雄，不与人争，而自以心竞。四十外乃薄有名，所谓‘诸生曰万盈，四十乃知名’也。其名之所到，辄渐加而不渐淡，只是中有汁浆耳。庄生谓：‘鹏怒而飞，其翼若垂天之云。’古人又云：‘草木怒生。’然则万事万物何可无怒耶？板桥书法以汉八分杂入楷行草，以颜鲁公《座位稿》为行款，亦是怒不同人之意。乾隆庚辰秋日，为柳村刘三兄书此十二页。”

我们读《刘柳村册子》，可以更全面又更有重点地了解板桥的艺术人生。值得指明的几点是：其一，他的诗文不追求铺排华靡，而贴近生活，又生动美妙，故能雅俗共赏，广为流传；其二，他乐为称道的诗文在《四时行乐歌》、《道情十首》之外，还有《潍县竹枝词四十首》、《官宦家》、《恨》、《渔家》、《潍县城隍庙碑记》等；其三，他用自己不懈的奋斗，克服种种不利条件，以“怒”（即发愤、振作，见《庄子·逍遥游》“鹏之背，不知其几千里也，怒而飞，其翼若垂天之云”）的精神开创属于自己的艺术空间，也使得这种艺术空间与广大人群共享。他的名声是才华加刻苦得来的，是社会舆论对其诗文成就的认可与评价，其中只有浓浓的“汁浆”，却没有水分。

三十六、

汉字书法与板桥怀念书友音布

汉字是中华文化的神奇瑰宝，是世界上仅存的高度发达的表意文字，它来源于象形文字，又使之提升为可以有效表达抽象思维的文字，它兼具形、音、义三要素，体现中国人的具象思维，又是唯一能够写成艺术品的文字。每一个汉字都是一个生命体，内含着丰富的历史文化信息。汉字能够跨越不同方言、不同族群，使地广人众言杂的中华民族通过汉字联结在一起，成为中华共同体历经分裂、苦难而不瓦解的文明载体和坚韧文化纽带，其功莫大焉。可悲的是：曾几何时，近代中国积贫积弱，激进的知识群把中国落后归咎于汉字，提出“汉字落后论”，进而提出废除汉字，要走拉丁拼音化的道路。主要理由有二：一是汉字笔画繁复，不易在大众中普及；二是汉字不能与现代世界高科技相对接，势将被淘汰。但后来的实践证明，汉字经过适度简化再加上教育普及，大众识字不成问题，汉字字形的有机构造更易于记忆；汉字通过适当处理完全能够进入科技系统和公共网络，与世界各种文字互通，而且在信息载量和识别功能上有其独特优势。“书同文”是国家统一的重要保证。中国很庆幸，汉字没有取消，否则中华民族首先是汉族就会分崩离析了。中华五千年文明的绵延不绝，汉字有极大功劳：六经典籍、先秦诸子、汉魏文赋、唐诗、宋词、元曲、明清小说，皆紧密依托汉字的表述而存在，每代中国人都能看懂前代典籍，体味优美简洁的汉字所表述的智慧与境界，使古典文化不断放射光芒，也照耀着当代中国。没有汉字，中华文明就会断裂。汉字简化是必要的，但是一要适度，不能破坏其要素格局；二要提倡“识繁用简”，既便于运用，又能保持后代读懂古典的能力；三把拉丁拼音作为学习汉字读音的方案，已在实践中通行，这是当代文字改革留下的有益遗产；四书法艺术是汉字文化中的奇葩，不应受简繁限制，繁体书法更能展现汉字的多姿多彩，再加上甲骨金

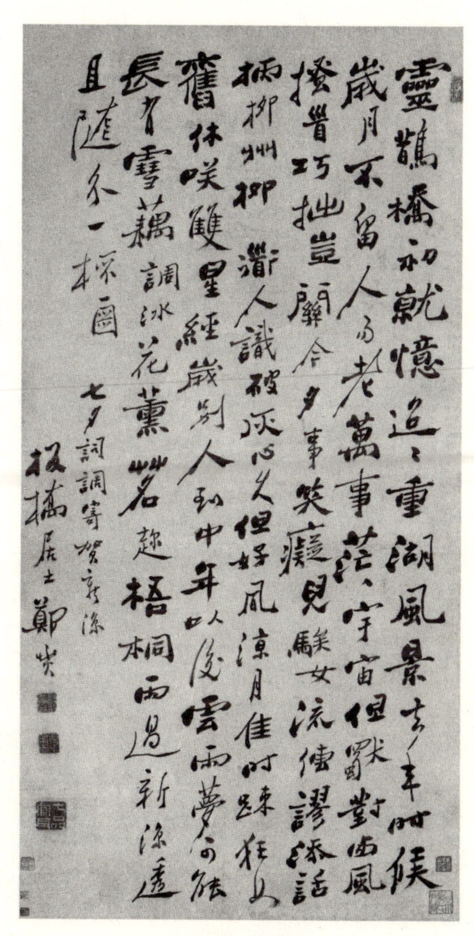

郑板桥书法

文篆体，皆可列入书法品类，隶、草、楷、行，相映成辉。以上可以算作我的汉字观提要，为的是更好地领略板桥诗《音布》。

《音布》一诗是板桥为怀念书友音布而作，感情深沉，论及书法艺术尤为动人。诗的开首云："昔予老友音五哥，书法峭崛含阿那。笔锋下插九地裂，精气上与云霄摩。陶颜铸柳近欧薛，排黄铄蔡凌颠坡。"板桥夸赞音布的书法峻峭挺秀，如利剑插开地层，如精气上接青云。"陶颜铸柳近欧薛"是说音布书法艺术受到颜真卿、柳公权的陶冶并接近欧阳询、薛绍彭。"排黄铄蔡凌颠坡"是说音布书法可与黄庭坚并列，熔化蔡襄、蔡京而逼近了张旭、苏东坡。板桥对诸多书友的点赞无过于此，只是我们无缘欣赏音布原件作品了。

接下来板桥用艺术夸张的语气描绘了音布的书法实践与生命轨迹："墨汁长倾四五斗，残毫可载数骆驼。时时作草恣怪变，江翻龙怒鱼腾梭。与予饮酒意静重，讨论人物无偏陂。众人皆言酒失大，予执不信嗔伪讹。大致萧萧足风范，细端琐碎宁为苛！乡里小儿暴得志，好论家世谈甲科。音生不顾辄嚏唾，至亲戚属相矛戈。愈老愈穷愈怫郁，屡颠屡仆成蹉跎。革去秀才充骑卒，老兵健校相遮罗。群呼先生拜于地，坌酒大肉排青莎。音生瞪目大欢笑，狂鲸一吸空千波。醉来索笔索纸墨，一挥百幅成江河。群争众夺若拱璧，无知反得珍爱多。昨遇老兵剧穷饿，颇以卖字温釜锅。谈及音生旧时事，顿足叹恨双涕沱。天与才人好花样，如此行状应不磨。嗟予作诗非写怨，前贤逝矣将如何！"从诗中可知音布的书法功夫极深，长年苦练积淀而至卓越，并以草书见长，其变化多端只能用“江翻龙怒鱼腾梭”来形容。其人嗜酒而品评人物不失大体，轻视家世出身和科甲名声，遭到亲属的指责，相伴生活的是老穷抑郁和挫折艰辛，被革去秀才而充军戍边，幸得老兵健校的照应才勉强活着。他的书法受到士卒喜爱，被敬拜为先生从而得到酒肉享用，在狂饮酒醉之后挥毫疾书，百幅书法如江河泻流而出，众卒视之为珍宝抢夺一空。板桥说，昨日见到一老兵在穷饿之际以卖所藏音布书法填饱肚子，谈起音布往事就顿足叹息两眼流泪。板桥认为音布虽然生活遭遇不幸，但其书法能为社会喜爱便是上天给予才人的奖赏，这样的人生便不会被磨灭；并说自己写诗不是表达怨恨，而是对逝去前贤的纪念。

该诗的最后八句是：“世上才华亦不尽，慎勿叱咤为幺魔。此等自非公辅器，山林点缀云霞窝。泰岱嵩华自五岳，岂无别岭高嵯峨。大书卷帙告诸世，书罢茫茫发浩歌。”板桥抒发其人才观：世上人才是众多缤纷的，各有各的优长，不要自视为风云人物而小看他人；像音布这样的才人不是治国辅政之器，而适于在山林田园用自己的书法为大自然增加云霞之彩；五岳虽在诸山中为尊，却还有其他的高峻山岭与之交辉；我把音布的书法成就和一生行状用诗书写出来公之于世，就是为了使更多的人了解他的才情艺能，不至于被埋没。板桥有很多话在诗里未说，我们却能体会到文字背后的深意，其中重要的意向之一是提醒社会掌权者不要粗暴摧残人才，不要做“革去秀才充骑卒”之类的事，而要善于发现和保护像音布那样才艺超俗、性格特异、狂放不羁的人士，宽容他们的某些反常行为，使他们的艺术天才有发挥的空间，为社会增添绚丽色彩。为此，板桥不惜笔墨，写出48句、336字的长诗，发出浩然正气之歌以醒世人。

我想，这首诗在今日人才教育和选拔事业上仍有借鉴意义，除了常态的标准和做法，还应有例外，为特异之士的成长发展保留一条通途，让其潜能充分施展。书法艺术至今盛行不衰，练习书法的青少年众多，书法业已列入中小学课程，这既是保持汉字书写传统的方式，也能为培养书法人才打好基础。书法特重个性，书如其人，平庸者无好字，痴心者方有成，要使当代书法新秀脱颖而出，能识才者在位是关键。韩愈云：“世有伯乐，然后有千里马。千里马常有，而伯乐不常有。故虽有名马，祇辱于奴隶人之手，骈死于槽枥之间，不以千里称也。”诚哉斯言。

三十七、

对联是诗韵和书法的结晶

对联是中国人从古到今喜爱的艺术形式，上联与下联字数相等、对仗工整，书写成为条幅，张贴、悬挂或镌刻于家居、书院、寺庙、亭榭、馆店、署衙等建筑物的门庭或神像两旁，用以表达敬仰、祝福、警喻、欢庆等意思，百姓过年节书写悬挂对联已是常态。古代书院对联要表达立志与学规，寺庙对联要表达教义与教规，署衙对联要表达官德与涵养。已往对联讲究平仄协调、字句精粹、构思巧妙、名家书写。当代民间对联多数只要求内容健康、左右对仗和书写清秀就可以了。对联可长可短，字数不限，因而与律诗有同有异。

古代著名长联可用清代乾隆年间孙髯撰昆明大观楼长联为代表，共 180 字。上联："五百里滇池奔来眼底，披襟岸帻，喜茫茫空阔无边。看：东骧神骏，西翥灵仪，北走蜿蜒，南翔缟素。高人韵士，何妨选胜登临。趁蟹屿螺洲，梳裹就风鬟雾鬓；更苹天苇地，点缀些翠羽丹霞。莫孤负四围香稻，万顷晴沙，九夏芙蓉，三春杨柳。"下联："数千年往事注到心头，把酒凌虚，叹滚滚英雄谁在。想：汉习楼船，唐标铁柱，宋挥玉斧，元跨革囊。

伟烈丰功，费尽移山心力。尽珠帘画栋，卷不及暮雨朝云；便断碣残碑，都付与苍烟落照。只赢得几杵疏钟，半江渔火，两行秋雁，一枕清霜。”上联写景，下联写史，表达对滇池山野景物的留恋，对历史英雄功业的轻淡，是一种布衣清流的情怀，与郑板桥较为接近。板桥诗《帝王家》有句：“几家宦寺，几遍藩王，几回戚里。东扶西倒，偏重处，成乖戾。待他年一片宫墙瓦砾，荷叶乱翻秋水。剩野人破舫斜阳，闲收菰米。”当代语言学大师王力教授于20世纪80年代撰桂林七星公园小广寒楼长联，共138字。上联：“甲天下名不虚传：奇似黄山，幽如青岛，雅同赤壁，佳拟紫金，高若鹫峰，穆方牯岭，妙逾雁荡，古比虎丘，激动着倜傥豪情；志奋鲲鹏，思存霄汉，目空培塿，胸涤尘埃，心旷神怡消块垒。”下联：“冠寰球人皆向往：振衣独秀，探隐七星，奇傲伏波，放声叠彩，泛舟象鼻，品茗月牙，赏雨花桥，赋诗芦笛，引起了联翩遐想；农甘陇亩，士乐缥缃，工展鸿图，商操胜算，河清海晏庆升平。”孙髯翁与王力叟相隔二百多年，两副长联的意境有了巨大的差异；下联写人尤为不同，上联写景则情趣相投。

郑板桥一生写过许多副对联，《郑板桥全集》的“集外诗文”中收有他的对联60多副，最长对联104字，余为短联，皆由他的抱负、阅历、智慧凝结而成，既有启示意义，又有审美价值。现选读其中若干副，从一个侧面观察板桥对真善美的追求。

对联之一：青菜萝卜糙米饭，瓦壶天水菊花茶。

此联作于家乡兴化东城外住宅。年轻板桥在此设馆授徒，于书房门上提此联。这是他初获社会职业私塾先生时的生活写照：粗茶淡饭。他不以为苦，而能从中体味安适，翻成对联，书于门上，自我欣赏，又与他者分享，其情趣不俗。

对联之二：山光扑面因朝雨，江水回头为晚潮。

此联作于真州江上茶肆。据《郑板桥年表》，板桥 26 岁设塾于真州江村，作有《村塾示诸徒》，诗云："飘蓬几载困青毡，忽忽村居又一年。得句喜拈花叶写，看书倦当枕头眠。萧骚易惹穷途恨，放荡深惭学俸钱。欲买扁舟从钓叟，一竿春雨一蓑烟。"此时他已养成睹物生情、吟诗作词的习惯，并萌生外出游历、以山水为乐的念头。上面所引对联对仗工整，把山光与朝雨、江水与晚潮联结起来，得趣其中。

对联之三：怜莺舌嫩由他骂，爱柳腰柔任尔狂。

此联作于扬州常书民园。板桥用莺舌喻简傲，用柳腰喻狂放，皆人群中之少数，不可视为异类，而要加以怜惜包容。如此雅量出于庄子：《逍遥游》云"举世誉之而不加劝，举世非之而不加沮”,《齐物论》云“故为是举莛与楹，厉与西施，恢恑憰怪，道通为一”。板桥有道家情怀。

对联之四：秋从夏雨声中入，春在寒梅蕊上寻。

此联与上一对联同作于扬州常书民园。俗话说：一场秋雨一场寒。在秋雨淅沥声中秋天已向我们走来，敏感的人已觉察到了。那么春天呢？它的来临是不声不响的，可是我们从寒梅的花蕊上已经找到它了。宋代诗人宋祁《春景》诗云：“东城渐觉风光好，縠皱波纹迎客棹。绿杨烟外晓寒轻，红杏枝头春意闹。浮生长恨欢娱少，肯爱千金轻一笑。为君持酒劝斜阳，且向花间留晚照。”此诗因“红杏枝头春意闹”一句而名垂世间。原来春天像活泼的儿童，在红杏枝头闹春呢！板桥对联寓春于梅蕊，宋祁诗寓春于红杏，前者为早春，后者为仲春，一静一动，异曲同工，皆为咏春名句。

对联之五：删繁就简三秋树，领异标新二月花。

按《郑板桥全集》集外诗文中所列对联的先后顺序，此联应作于乾隆年间成进士之后。对联题名“书室”，后记“与韩生镐论文，郑板桥”。可知对联的内涵是指向诗词文章的。其要领有二：一是除去铺排繁复，达到简明扼要，如同秋天树木叶落枝净；二是带头开拓创新，领风气之先，如同在乍暖还寒的早春二月先开的梅花，能引导百花。板桥把诗文写作与“三秋树”、“二月花”对接，点明词文要言不烦、精品先行的道理，用花树的形象表述文论的沉思，形成自己的创作风格。他后来的诗词画正是文简意深、不泥古、不随俗，而自树其帜。这对于学子也有很好的启示作用，故此联在后世受到人们喜爱，流传甚广。如今扬州八怪纪念馆中明代所建楠木大殿前抱柱楹联就用的此对联，因为它有代表性，据云是板桥手迹拓本。

对联之六：（六十自寿长联）。

上联：常如作客，何问康宁，但使囊有余钱，瓮有余酿，釜有余粮，取数叶赏心旧纸，放浪吟哦，兴要阔，皮要顽，五官灵动胜千官，过到六旬犹少。

下联：定欲成仙，空生烦恼，只令耳无俗声，眼无俗物，胸无俗事，将几枝随意新花，纵横穿插，睡得迟，起得早，一日清闲似两日，算来百岁已多。

其时板桥为潍县令，主持修城隍庙，已是文艺大家。他在清廉爱民的同时，人生情趣仍在追求道家式的逍遥自得。上联回顾自己大半生游历跋涉未曾安顿，只要基本生活过得去，便致力于诗画文创作，描写内容要广阔，作品能经得起推敲，把眼、耳、鼻、舌、心的功能充分发挥出来，过得充实，虽已六旬，仍感觉心理生命很年轻。下联述说自己不信道教长生成仙，只求如老庄道家那样脱俗，不听不看不想俗间计较私利之事，只在艺术上制作新花朵，使其多姿多彩。每天晚睡早起，一天制艺的清闲自得能顶两天的世事忙碌，这样算来，自己已经活过百岁有余了。板桥的这副长联表达出一种新的生命观：真正的长寿不在年岁大，而在快乐的时光多；没有精神生活的幸福不算幸福，经常悲郁烦恼的长寿也不是福寿。

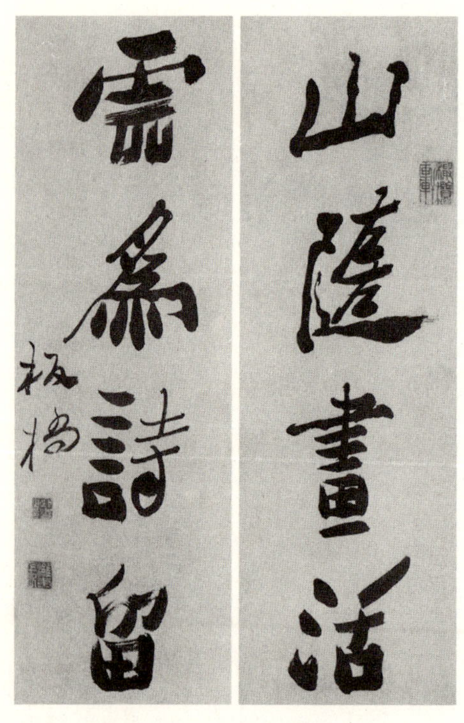

对联之七：山为画活，云为诗留。

（署：乾隆戊寅七夕，板桥道人。）

板桥自称道人，所画的山峦能呈现出勃勃生气，所写的咏云诗能留住云朵的流变。庄子曰："天地有大美而不言。"板桥要用诗画为天地言之。

对联之八：霜熟稻粱肥，几村农唱；灯红楼阁迥，一片书声。

（落款：乾隆壬午蕤宾月。）

其时板桥70岁，心中念念不忘两件事：一件是金秋农业丰收，农民欢歌；一件是在连绵的灯红楼阁里传出来的不是曼妙歌曲，而是一片读书之声。他希望读书成为风气，不只是学子，还包括官员，故同时写了另一副对联："民于顺处皆成子，官到闲时更读书。"直到72岁，他又写对联："百尺高梧，撑得起一轮月色；数椽矮屋，锁不住五夜书声。"这是写平民读书。农业丰收、农民安居是社会稳定的经济基础，官员读书、上下读书是文教兴旺的保障。两者兼有，社会的治理便易于走上健康之途。

对联之九：竹疏烟补密，梅瘦雪添肥。

此联收入《邗江三百吟》卷七。竹林的疏隙会有舒卷烟云来填补，梅花的孤瘦常有皑皑白雪相伴随。这既是大自然的景观，也经常成为画家笔下的映象。板桥用"疏"与"密"、"瘦"与"肥"的对称词形容竹与烟、梅与雪的关系，是其苦心炼句的成果，把景物写活了，也为画艺增色。

对联之十：咬定几句有用书，可忘饮食；养成数竿新生竹，直似儿孙。

题为“扬州马氏小玲珑山馆”。上联写板桥把读好书、精读书当作精神食粮，下联写板桥把生长中竹林看成自家孩子。“咬定”二字他曾用于竹石画题词，有“咬定青山不放松”句，给人印象深刻，此处用于读好书，形象化地加强了他反复诵读经典之作的一贯主张。他平生绘画以兰、竹、石为“三君子”，其中尤以亲竹画竹为至爱。他的另一竹石画题词云：“十笏茅斋，一方天井，修竹数竿，石笋数尺，其地无多，其费亦无多也。而风中雨中有声，日中月中有影，诗中酒中有情，闲中闷中有伴，非唯我爱竹石，而竹石亦爱我也。”他的儿子早夭，只有一叔弟相依，在血亲上是孤独的。但他在家院和笔墨生涯中有兰、竹、石相伴，在社会有诸多文友相交，他在情感上又是不孤独的。

对联之十一：室雅何须大，花香不在多。

（注：镇江焦山别峰庵藏木刻）

此联在社会上广为流传，用于平民人家。权贵人家庭房富丽堂皇，内外繁花似锦，主人若无文化素养，便显得空俗冷峻。普通百姓如有点文化，便会使小小房间雅致实用，家人感到温馨，朋友愿意聚谈。刘禹锡《陋室铭》云：“山不在高，有仙则名。水不在深，有龙则灵。斯是陋室，惟吾德馨。苔痕上阶绿，草色入帘青。谈笑有鸿儒，往来无白丁。可以调素琴，阅金经。无丝竹之乱耳，无案牍之劳形。南阳诸葛庐，西蜀子云亭。孔子云：

何陋之有?”板桥对联可以视为《陋室铭》的浓缩。有雅士便有雅室,是俗人必然居俗屋,气场不同致之也。

对联之十二:虚心竹有低头叶,傲骨梅无仰面花。

(注:1982 年 11 月 13 日《新华日报》载有此联)

此联用竹与梅形容君子品格十分精彩。君子应像竹子虚心又有节,像梅花傲霜雪而不媚上。我喜欢这样一句话“人应有傲骨而无傲气”,可以视为此联的注脚。

三十八、

紫琼崖主人：板桥心中的贵族雅士

郑板桥一生与社会各阶层人士交往，朋友遍及多种职业，上有贵族高官，下有贫士贫民，旁有官吏、文友、族亲、僧道，其中贯穿一条主线，即坚守朴直善良，用诗文结缘，不与权势粘附。紫琼崖主人（又称紫琼崖道人，春浮居士）是高级贵族中亲王级的文人雅士，板桥与他是“以文会友，以友辅仁”的关系，二人心心相印，毫无功利的成分。

板桥诗文中有多篇与紫琼崖主人相关，大都是在他50岁左右为范县令时之作，其中最重要、最详备的是《随猎诗草·花间堂诗草跋》（以下简称《跋》）。《跋》的第一段写诗草作者身世与品性：“紫琼崖主人者，圣祖仁皇帝之子、世宗宪皇帝之弟、今上之叔父也。其胸中无一点富贵气，故笔下无一点尘埃气。专与山林隐逸、破屋寒儒争一篇一句一字之短长，是其虚心善下处，即是其辣手不肯让人处。”这位紫琼崖主人非同一般，乃是康熙之子、雍正之弟、乾隆之叔，是大富大贵的慎郡王允禧。那么板桥是要趋炎附势吗？非也。板桥尊重他的地位，看重的却是他的文才和超脱，虽富贵而“胸中无一点富贵气，故笔下无一点尘埃

《允禧训经图》

气”，就是为人平和，词文清逸，毫不受门第影响。他能以平等的一员与隐逸之士、寒门儒者讨论诗文的对错，甚至为文句当否争论不休。板桥认为，这正是其虚心谦下之处，同时也是他固执真理而不妥协之处。在我看来，这也是板桥见识高明之处。在一般人眼里，谦谦君子只应向人求教而不与人争论，与人争对错是自高自大，两者不能兼顾。可是现实生活不是如此，两者可以统一。君子式的真正平等的好朋友恰恰是在真善美追求上经常有争论的：一是对错不易分清需要反复讨论，所谓真理愈辩愈明；二是文理风格气派可以百家争鸣、长期共存。从来不争论的群体，要么是俗不可耐的“乡原”，要么是结党营私的同伙。好朋友在争论中自然会相互借鉴，且加深友谊。以势压人的官僚从不与上级、下属争论，他只需要服从上级和要求下属服从自己。

《跋》文接着探讨学问：“学问二字，须要拆开看。学是学，问是问。今人有学而无问，虽读书万卷，只是一条钝汉尔。琼崖主人读书好问，一问不得，不妨再三问，问一人不得，不妨问数十人，要使疑窦释然，精理迸露。故其落笔晶明洞彻，如观火观水也。”很多人都知道学问是读书学出来的，不知道是求教问出来的。紫琼崖主人不耻下问，而且不断追问、多方请教，务要穷根究底，所以写出来的作品道理讲得透彻，使人明白易懂。这在他那个高层贵族中是少有的学问家。

《跋》文讲述如何读书写诗文：“善读书者曰攻、曰扫。攻则直透重围，扫则了无一物。紫琼道人深得读书三昧，便有一种不可羁勒之处。试读其诗，如岳鹏举用兵，随方布阵，缘地结营，不必武侯八阵图矣。曰清、曰轻、曰新、曰馨。偶然得句，未及写出，旋又失之，虽百思之不能续也。又有成局已构，及援笔兴来，绝非□□，若有神助者。主人深于此道，两种境地，集中皆有。一兽奔来万众呼，是大景；毡帏戏插路傍花，是小景。偶然得之，便尔成趣。《五经》、《廿一史》、《藏》十二部，句句都读，便是呆子。汉魏六朝、三唐、两宋诗人，家家都学，便是蠢才。紫琼道人读书精而不骛博，诗则自写性情，不拘一格，有何古人？何况今人！主人深居独坐，寂若无人，辄于此中领会微妙。无论声色子女不得近前，即谈诗论文之士亦不得入室。盖谭诗论文，有粗鄙熟烂者，有旁门外道者，有泥古至死不悟者，最足损人神智，反不如独居寂坐之谓领会也。紫琼道人□□□□□渊默自涵，一旦心花怒发，便如太华峰头十丈莲矣。他人作诗何其易，主人作诗何其难。千古通人，总是此个难字。他人检阅旧诗，辄便得意；主人检阅旧稿，辄不自安；即此不自安处，所谓前途万里长也。”板桥善于运用生动简洁字词表达宏观慧思，用“攻”与“扫”的军事术语讲读书要领，即要突入书籍的千军万马般的文字资料，抓住它的核心理念，则其各色知识物象可一卷而空。紫琼道人的诗，其结构与笔力有如岳飞用兵，随机而动，灵活自如。其诗的品格呈现出“清”（能晶透）、“轻”（不滞重）、“新”（不类同）、“馨”（有芳香），下笔之际若有神助。其诗的境况有时出现如猛兽冲来引起万众惊呼的浩大场面，有时出现居所毡帷随意插上野花的日常小景。板桥一向反对读书死背硬记、杂而不精，反对文章模仿前人、泥古不化。此处板桥再次强调读经、史、藏要选而精读，学汉魏辞赋、唐宋诗词不能因循无择。紫琼崖道人读书求精求透，作诗自写性情，既不像古人，又不似今人，诗就是他自己。他能“深居独坐”、“渊默自涵”，不近声色，不滥交俗流，专心致志于诗文构思，以“难”字自训，反复修改，一旦悟成便是高雅精品，这也是他前途远大的基础。

《跋》文在褒奖紫琼崖道人的同时，还提示他的诗作尚未臻于至境，但前景喜人："问琼崖之诗已造其极乎？曰：未也。主人之年才三十有二，此正其勇猛精进之时。今所刻诗，乃前矛，非中权，非后劲也。执此为陶谢复生，李杜再作，是谄谀之至，则吾岂敢！英伟俊拔之气，似杜牧之；春融澹泊之致，似韦□□；□□清远之态，似王摩诘；沉□□□□□，似杜少陵、韩退之。种种境地，已具有古人骨干。不数年间，登其堂、入其室、探其钥、发其藏矣。"板桥写此《跋》时年50岁，故得以长者身份指明32岁的紫琼崖道人的诗艺尚处在前期发展阶段，自己不会说些阿谀奉承的话，如陶潜谢灵运复生、李白杜甫再作之类；但其诗作已近似杜牧、王维、杜甫、韩愈的气质，继续努力便可登堂入室、究其奥妙了。

《跋》文最后一段说紫琼三绝在当时社会的影响力："主人有三绝：曰画、曰诗、曰字。世人皆谓诗高于画，燮独谓画高于诗，诗高于字。盖诗、字之妙，如不云之月，带露之花。百岁老人，三尺童子，无不爱玩。至其画，则荒河乱石，盲风怪雨，惊雷掣电，吾不知之，主人亦不自知也。世人读其诗，更读其画，则不知足之蹈之，手之舞之。"板桥对紫琼三绝的评价异于世人，认为其"画高于诗，诗高于字"，理由是：其诗与字像明月露花，人见人爱，而其画如乱石怪雨、惊雷闪电，不易为人解读，作者自己也说不出究竟，只会令人振奋欢乐。这符合常理。好的诗文、书法固然须人细细欣赏，毕竟有字句以示其旨意；好的画作只能靠审美直觉，更须喜爱者长期揣摩，而且千人千样，它是有图无字的天书。

《跋》的结尾说："此题后也，若作叙，则非燮之所敢当也。故段段落落，随手写来，以见不敢为序之意。乾隆七年六月二十五日，板桥郑燮谨顿首顿首。"说明作《跋》不作《序》的缘由，是谦虚之语。

笔者初读《跋》文之后并不满足，很想进一步了解紫琼崖道人其人其事。《清史稿·诸王列传》有载："慎靖郡王允禧，圣祖第二十一子。康熙五十九年，始从幸塞外。雍正八年二月，封贝子。五月，谕以允禧立志向上，进贝勒。十三年十一月，高宗即位，进慎郡王。允禧诗清秀，尤工画，远希董源，近接文徵明，自署紫琼道人。乾隆二十三年五月，薨，予谥。"此传简略，其诗画一笔带过，对自署紫琼未作交代。所幸他的《花间堂诗钞》、《紫琼岩诗钞》等存于世，又有各种史录、画集、文论流传，使今人得以窥见其人品格才艺的丰富性。由此得知，其画擅长山水、花卉，"笔致超逸，画风清淡"，时人评为"本朝宗藩第一"。乾隆称其诗为"国朝诗别裁之首"。他曾得端溪石砚一方，宝爱之，曰"紫琼岩"，遂自号紫琼岩主人。又雅爱老、庄、渊明道家人物，故又称紫琼崖道人。康熙去世时，他年仅12岁，未介入诸兄夺储之争，又自幼性情淡泊名利，无趣政治，便专心于诗画书，且好学不倦，礼贤下士，与郑板桥等文人雅士交游为乐。其画作《夏山高隐图》今藏天津艺术博物馆，描写峰峦峻岭、气势雄伟，云烟微茫、林木苍郁，在画上题五言诗："叠嶂青未了，幽处云忽白。飞流泻清寒，滴此涓涓石。"题别号樗南并三题画诗。"花间堂"是其所居西园十二景之一。其七言诗《题翁照春篷听雨图》："一夜春涛打船尾，雨声破梦催人起。推篷晓失四山青，柔橹摇摇水云里。借问扁舟何处归？去来长在钓鱼矶。幽人事业挥如许，卧看江上白鹭飞。"《晚晴簃诗汇》载其部分诗作，中有《读渊明诗》："轻重若云殊，毫末形泰山。此身亦外物，穷达应齐观。渊明瑰伟人，毕世空投闲。弹琴与饮酒，笑语杂长叹。微辞契道妙，冥心何怨言。遗编照寰宇，把读怡心颜。娟娟松柏林，惠风流其间。精金宁思锻，良玉非待镌。眷怀世已远，知音古所难。"此诗可知允禧身在王府，心却在山林，向往道家式自由自在的田园生活，故其心志与情趣与板桥相投，留下互赠诗文若干以怡后人。可惜他壮年早逝，天命所限，令人叹惋。

板桥诗钞词钞中有若干首为赠允禧而作，如《将之范县拜辞紫琼崖主人》、《玉女摇仙佩·寄呈慎郡王》，还有书札《与紫琼崖主人书》等，称颂紫琼为"天上神仙，来佐人间圣世"，"其胸中无一点富贵气，故笔下无一点尘埃气"。回过来说，允禧对板桥同样赞赏高看，他有诗《紫琼崖主人送板桥郑燮为范县令》："万丈才华绣不如，铜章新拜五云书。朝廷今得鸣琴牧，江汉应闲问字居。四廓桃花春雨后，一缸竹叶夜凉初。屋梁落月吟琼树，驿递书筒莫遣疏。"《花间堂诗钞·题板桥诗后》有《紫琼崖道人慎郡王题词》："高人妙义不求解，充肠朽腐同鱼蟹。此情今古谁复知，疏凿混沌惊真宰。振枯伐萌陈厥祖，浸淫渔畋无不无。按拍遥传月殿曲，走盘乱泻蛟宫珠。十载相知皆道路，夜深把卷吟秋屋。明眸不识乌雌雄，罔与盲人辨乌鹄。”紫琼称板桥有“万丈才华”，其诗文为“月殿曲”、“蛟宫珠”。两人皆视对方为上天降临的奇才，俊士惜俊士，互敬互知，来往频繁，只恨相处时光太短，匆匆即永隔两世。据云，板桥为范县令与紫琼推荐有关，但前提是紫琼认定板桥能够胜任，“朝廷今得鸣琴牧”。而板桥并不为此沾沾自喜，却谓“一别朱门，六年山左，老作风尘俗吏。总折腰为米，竟何曾小补民生国计”。板桥心里想的是为官一任、造福一方。

在君主专制的宗法等级社会里，皇家王爷诗画才艺高超如紫琼者罕有，能以平等的文人身份与出身下层、官无上品、但有才华的士子真挚相交，且互尊互重，更是少见。紫琼与板桥的诗画交谊为我们留下一段文化史的佳话。

三十九、

板桥一生忠贞的伴侣：竹、兰、石

我在随笔中两次主写板桥与竹、兰、石，他的生活与诗画都同竹、兰、石结为一体，称之为“三友”；竹、兰、石是他的不会变心的伴侣，彼此时刻不相分离。《郑板桥全集·板桥集外诗文》有“板桥题画佚稿”，载题画小品、三言、四言、五言、七言、杂言，共30篇，读后觉得自己必须再写一篇“三友”随笔，否则对不住这些优雅的题画诗。现选几首，试品读之。

《竹》（下面分句读）

生成劲节气横秋，肃肃声疑雨未收，林月新筛个簇簇，谷风韵泻笛悠悠。

此段写秋竹劲节，风吹竹叶萧萧声如秋雨淅沥，月光透过竹林筛选形成有间隔的一束一束竹影，谷风吹拂竹叶的韵律如同笛声悠扬。此乃是自然之美，是天籁之乐。

君能干直凌霄汉，我亦心虚脱俗浮，六逸七贤归去后，人间谁是伴清幽。

此段写竹君子的品格是正直凌霄、虚心脱俗，这也是板桥的君子品格。板桥说古代君子式人物“六逸七贤”离世之后，只剩下竹君子是我清雅幽静生活的伴侣了。“六逸”指唐代李白、孔巢父、韩准、裴政、张叔明、陶沔六人，隐居于徂徕山竹溪。“七贤”指魏晋嵇康、阮籍、山涛、向秀、刘伶、阮咸、王戎七人，他们不拘礼法，游于竹林，畅饮高歌，放任自得。他们是板桥心目中的榜样。

心虚节直耐清寒，阅尽炎凉始觉难，惟有此君医得俗，不分贫富一般看。

此段写竹喻人生做正直君子之难，必须耐得住清贫，看得破世态，尤为重要的是不嫌贫爱富，而能一视同仁。要学竹君子，医治人情冷暖、世态炎凉的低俗之风，使穷人得到平等的尊重。这是何等超前的意识！

一林寒竹护山家，秋夜来听雨似麻，嘈杂欲疑蚕食叶，萧森还似蟹爬沙。

寒竹绕护山家，是一幅田园清幽图画，而秋雨夜落竹林之声使人浮想联翩，如麻秆酥脆，如蚕食桑叶，如蟹爬河沙，总之，雨打竹叶奏出的乐章是轻音乐，是秋虫夜曲。

心秉虚兮节挺直，啸傲空山人弗识，任他雨露又风霜，四时不改青青色。

此段将竹子虚心而有节与君子人格相比拟，君子笑傲山林，不怕寂寞，能耐风雨露霜，而四季青翠如一，其耿直人格具有一贯性、坚定性，这是最为可贵的。正像他的《竹石》诗所云："千磨万击还坚劲，任尔东西南北风。"

积雨初收翠筱凉，又扶新绿上晴窗，笑他烧笋林间客，不为花忙为竹忙。

此段写竹子的生命繁衍力强大无比，刚刚把小竹子割下，不久又有新竹生长出来，可笑那些试图把竹笋烧除的人，并不知道这无法为栽花开拓地盘，却正是为竹子的连根繁衍帮大忙呢。

烟蓑雨笠作生涯，只种篨篨不种花，一任化龙兼化凤，动人情趣不繁华。

篨篨是竿长叶阔的竹子，适于用作钓鱼竿。柳宗元《江雪》：

“千山鸟飞绝，万径人踪灭。孤舟蓑笠翁，独钓寒江雪。”柳诗可注解板桥诗意。板桥爱竹，一是造就清幽环境，二是提升人生境界，三是闲暇竹竿垂钓，四是妙化龙凤、入诗入画。

水云天际是吾家，多种篠簩少种花，一笔万竿摇远绿，宜烟宜月更宜霞。

此段是上段的延续，述说作者的田园情趣、种竹爱好，画竹万竿能使远山近水披上绿装，搭配上云烟、月色和彩霞，处处都是美景如画。

宦海归来两鬓霜，更无心绪问银黄，惟余数节潇湘竹，做得渔竿八尺长。

此段首句表明，《竹》诗作于板桥罢官后回归山林生活的老年时期，更无心于富贵，只愿做个披着蓑衣戴着斗笠的渔翁，用长长竹竿度垂钓生涯。

只画潇湘竹一竿，疏疏绿影动春寒，人生独立能如此，不怕红尘热眼看。

此段写作者画竹，使春寒增添翠绿，能把生活打扮得更美丽，这种独立自得的人生无须防范世人的嫉妒，不妨碍别人的生活，还可以为爱好者提供观赏珍藏的画作。

知希我贵品原高，空谷何曾怨寂寥，却被三闾轻物色，漫恃臭味入离骚。

此段首句出自老子，《道德经》七十章：“知我者希，则我者贵。是以圣人被褐而怀玉。”李白《将进酒》亦云：“古来圣贤皆寂寞，惟有饮者留其名。”板桥深谙老庄之学，与竹为伴，不怕寂寥。他对《离骚》评价甚高，常将《左》、《史》、《庄》、《骚》并称为一流经典。屈原曾任三闾大夫，其《离骚》流芳百世。板桥感到遗憾的是屈原未表彰翠竹（只提到小竹枝“筳”），因为它没有芷兰、香草的芬芳，而后者成为《离骚》反复用来比喻人品高洁的植物。

江上人家翠竹光，竹屏竹几竹方床，生之气味原谱竹，竹屋还须胜画梁。

这一段很有新意，它把竹文化从文人生活扩展为平民百姓的家常日用，使之大众化。江上人家种竹养竹既是美化宅院，也是用作家用器物如竹屏、竹几、竹床乃至竹屋等，板桥认为那里百姓的经济来源靠种竹，生活方式里充满竹的气味，在他看来，竹楼要比雕梁画栋的木石豪宅强多了。我有同感，曾访云南西双版纳和瑞丽，当地傣家竹楼使傣族同胞惬意，也使外来游者流连忘返。当然北方冬天寒冷，住宅不仅仅要木石结构，更多的是钢筋骨架、水泥浇注，外加暖气防寒。不过在家具制作上可否更多使用毛竹为质料？南方毛竹生长较快，做成器物，既轻便实用，又节约木材，这已经是题外话了。

板桥的题画诗《竹》12句，336字，是他所有竹诗中最长的一首，足见其对竹用情之专了。在兰、竹、石“三友”之中，竹是老大哥，板桥反复吟咏之而意味无穷尽，此诗可以看作是他的竹诗总论之作，是一篇“竹友颂”。

《兰》

味自清闲气自芳，如何沦落暗神伤，游人莫谓飘零甚，转眼春风满谷香。不减群芳作色鲜，生成石径力犹坚，却缘冢草休为伍，寂寞空山只自怜。八畹兰花七畹开，无花一畹也须栽，明年定与春光发，只待天门响震雷。为买春风二月天，苏松宿草种成田，隔江相望无多路，一到扬州便值钱。谁向山中挖得来，长枝短叶几花开，先生好把瓯盆买，点石铺苔细细栽。

一种幽兰信笔栽，不沾雨露四时开，根繁叶密春常在，可惜无香蝶不来。水殿风濒翠幄凉，丛兰九畹飘芬芳，离骚纫作幽人佩，今日方称王者香。林下佳人迥异常，临风无语淡生香，凭谁写作灵均赋，为尔招魂到楚湘。若有香从笔底过，墨如金玉水如珠，欲将孤竹幽兰比，只是夷齐屈大夫。浓处清幽淡处香，花开楚畹久名扬，暖风意入高人手，移得金盆上玉堂。

这是一首咏兰长诗，10句，280字，是板桥题画兰诸诗中最长者。兰花与竹不同，不能四季翠绿，它寒冬凋敝，逢春复苏。它能在石径缝隙中顽强生长，却无法与坟墓野草为伍，因为清明扫坟要把周围青草拔除，兰花只好长在空谷。人们用八畹土地种兰，至少有七畹兰花开放，即使不开花也要栽兰一畹，到明年春光到来、春雷震天的时候，兰花就开了。人们为了利用早春二月天气，不仅兰花，就是苏松宿草也一起栽种，因为把它们运到只一江之隔的扬州，使能卖出好价钱。也有人到深山空谷挖来几株长枝短叶的兰花，栽到精致的花盆里，土上盖着碎石、铺上青苔，制成盆景。画家笔下的幽兰是随手挥成的，不沾雨露而四时盛开，能够使兰花长年根繁叶密，只可惜它不散发幽香、引不来彩蝶。水旁宫殿在不停秋风中使青纱帐里的人感到寒意阵阵，九畹的丛兰飘散着芬芳。诗人屈原在《离骚》中用菌桂枝条联结兰草给独居者佩戴，现在人们才知道兰花是王者拥有的香草。林中佳人非同一般，伴着兰花不言不语，在微风中淡淡生出香味，有谁能像灵均（“灵均”为屈原之字）那样写出诗赋，把幽兰之香引到潇湘来？假若画家画兰能笔下生香，那么墨水就变成金玉珠宝了。再把孤竹与幽兰作一比较，孤竹就像是伯夷、叔齐、屈原那样清高避俗。兰草碧绿而开花清淡，它在楚地久负盛名，在高人手中移栽到金盆里，就可以美化宝殿玉堂了。

板桥此诗写了五种兰：空谷自生幽兰、农家成片田兰、盆栽小景香兰、画家笔下墨兰、诗赋颂中清兰，各有特色，相映成趣。这五种兰的共同点是素淡、坚贞、清香，都是君子人格灵性的表现，是人不是物，是境界不是形色。故板桥另一首《兰》云："兰花不是花，是我眼中人，难将湘管笔，写出此花神。兰香不是香，是我口中气，难将湘管笔，写出唇滋味。七十三岁人，五十年画兰，任他雷雨风，终久不凋残。一笔与两笔，其中皆妙隙，何能信手挥，不顾前人迹。有根不在地，有花四季开，怪哉一参透，天机信笔来。"他把画兰看成人生的妙悟。

板桥题画佚稿中有两首《兰竹石》。

六言诗《兰竹石》

画兰画竹画石，敢云不朽之物，悬之大厦高梁，香气清风拂拂。

此诗只有四句，却有高度概括性，指明兰、竹、石三者将在人间恒在，画此"三友"并悬挂于广厦殿堂之上，能带来香气清风，使之高雅怡性。

《盆兰图》

七言诗《兰竹石》

画兰画竹已多年，竖抹横涂总自然，更画云中一块石，令人如望藐姑仙。买得兰根满地栽，素心拣起上花台，短墙低处加三尺，不许狂蜂浪蝶来。竹石萧疏又写兰，春风江上解春寒，不须红紫夸桃李，秀色如君尽可餐。

此诗抒意有四：一是作者画兰、竹、石已达到随心所欲而道法自然的境界；二是兰竹配上云中石所造之境就像《庄子》说的“藐姑射之山，有神人居焉。肌肤若冰雪，绰约若处子；不食五谷，吸风饮露；乘云气，御飞龙，而游乎四海之外；其神凝，使物不疵疠而年谷熟”；三是栽培兰花是为了过上清素生活并与契友来往，不愿意俗人（狂蜂浪蝶）来观赏；四是有了兰、竹、石足以消解春寒，表达春意，不须大红大紫的桃李来凑趣。这情景如同陶渊明诗所云：“结庐在人境，而无车马喧。问君何能尔，心远地自偏。采菊东篱下，悠然见南山。山气日夕佳，飞鸟相与还。此中有真意，欲辨已忘言。”陶渊明与菊为伴，板桥与兰、竹、石为伴，都能在喧嚣的人间开辟出属于自己的一方清静之地，所谓以高情避世者也。此中真意何须言说，当在体悟之中。

四十、

后世口碑中的郑板桥

人们说，公道自在人心，此话乃是历史的真理。郑板桥是世界级的大文艺家，他的作品在国内外有着广泛而持续的影响。他的“难得糊涂”的横额随处可见，他的“一枝一叶总关情”的诗句在媒体上经常出现，他的“咬定青山不放松”的话语为社会上下所引用，他的“直摅血性为文章”的铭言为文化学者所追求，他的“删繁就简三秋树，领异标新二月花”的对联常现于书家笔下，板桥体的书法和竹、兰、石画更是真迹难得，仿品亦不胫而走。他的声誉不是靠别人捧起来的，更没有权势门第可资依凭，而是靠自己作出来的，是靠人品和作品感动社会得来的。他兼有骨气、简秀、韶润、思致诸美之质，是位不世出的奇才。

这里不说同时期的“扬州八怪”之一金农和贵族雅士紫琼崖道人允禧对他的赞美，只说说他身后各界人士对他的评赞。

首先是《清史·郑燮传》(《郑板桥全集》引)，用极简的文字，勾勒出具体而微的板桥动态连环画像。《传》云，板桥少时颖悟，“读书饶别解”;“家贫，性落拓不羁”，“臧否人物，以是得狂名”;“乾隆元年进士，官山东范县知县，调潍县”，“曲尽情伪”;官潍县时，岁歉，人相食，燮大兴修筑，招饥民赴工就食，令大户开厂煮粥，责富者积粟平粜，“活者无算”，却“以请赈忤大吏，乞疾归”；“善诗，工书画，人以‘郑燮三绝’称之。书画有真趣”，“所绘兰竹石亦精妙，人争宝之”；“内行醇谨，幼失怙恃，赖乳母教养，终身不敢忘。所为家书忠厚恳挚”；“晚年归老躬耕，时往来郡城，诗酒唱和”；“尝置一囊，储银及果食，遇故人子及乡人之贫者，随所取赠之”。此传记载板桥少年形成特立独行的狂放性格；及为官，能公正清廉，救灾活饥民，并因放赈而得罪上司，故罢官归乡；其诗书画有极高成就，人称“三绝”，世间争为收藏；幼时家贫失怙，不忘乳母恩德，寄舍弟书“忠厚恳挚”，守道德家风；晚年躬耕陇亩，与文友诗酒来往，以文艺娱生；不忘行善积德，救困济贫。这就是板桥的一生，人品高尚，作品超迈，为官爱民，治家有方，令人敬仰。

其次是《扬州府志》和《兴化县志》所载。《扬州府志》增补了板桥为官的情景：他罢官后，“潍人为建生祠”，即当地官民把板桥当神建祠供奉纪念；“官东省先后十二年，无留牍，无冤民”，是位清官。《兴化县志》增补了板桥“一缣一褚，不仅海内宝之，即外服亦争购之”。“外服”古代指外国，板桥的书画条幅被域外国家争相购藏，《郑板桥集》中《刘柳村册子》便载“高丽国索拙书，其相李艮来投刺”。

再看清朝高层名士的评论。曾在清代乾隆、嘉庆、道光三朝任高官，被人称为“三朝阁老、九省疆臣、一代文宗”的阮元，对板桥敬重有加。他在《题板桥先生行吟图》中说："板桥先生出宰潍县，爱民有政迹。余督学时，潍之士犹感道之不衰，片纸只字，皆珍若圭璧，固知此君非徒以文翰名世也。"阮元生在板桥去世前两年，他在山东督学时深感到潍县士庶对板桥的敬念和对板桥作品的珍爱，知道这是板桥德政所致，非徒以文章留名。此外，《清代学者象传》（叶衍兰、叶恭绰编）特意标明"去官日，百姓痛哭遮留，家家画像以祀"。板桥已活在潍县人民的心里，才会有如此感人的景象。

清代戏曲家、文学家蒋士铨（1725—1785年）与板桥生年交叉而稍晚，他在《忠雅堂诗集》中对板桥书画有精妙评说："板桥作字如写兰，波磔奇古形翩翻；板桥写兰如作字，秀叶疏花见姿致。"的确如此，板桥写字如同画兰，其字形飘逸像兰叶那样灵动起舞；板桥画兰又像是写字，其叶秀花疏像其字体那样神态飒爽。扩而言之，板桥写字不仅与画兰相通，还与画竹画石相渗，在彼此互动中透出一种特有的风韵。

清末民国，褒奖板桥者所在多有。曾出任过民国大总统的徐世昌，在《题郑板桥画兰竹》（载《水竹村人集》）中说："君子劲节自可风，美人香草动遐瞩。等闲抛却七品官，卖画扬州殊不辱。"他赞赏板桥作品有君子气节，可美化生活，可资效法，又能感动远人，其弃官卖画体现出独立的有尊严的人生。民国文化学大学者柳诒徵在《禺余轩存稿序》中说："郑克柔授徒之地（指兴化竹泓），文采风流，蝉嫣数百年不替，他邑乡镇弗能逮。"他最欣赏的是板桥人品作品教化民风之力，其设塾授徒的故乡兴化，长期以来形成重人文士行、重人才教育的风气，百年不衰，其他地方不能比拟。这种无形的精神力量是多么强大啊！

当代大画家傅抱石（1904—1965年）为上海古籍出版社编辑的《郑板桥集》（1962年版）写“前言”，对“扬州八怪”和郑板桥有空前系统的评说。傅抱石以画作《江山如此多娇》而闻名全国，他还是一位画史研究专家，撰写了《中国古代绘画之研究》、《中国绘画变迁史纲》等绘画史学术著作。因此，他评板桥是内行评内行，有许多真知灼见。虽然受到当时理论气候的影响，用词不免有时套用“封建社会”、“阶级”身份等话语，但基本方面是真切和深刻的。其“前言”上手就引了板桥的题竹画诗：“衙斋卧听萧萧竹，疑是民间疾苦声，些小吾曹州县吏，一枝一叶总关情。”接着评云：“这四句诗，深刻地描绘了封建社会一位‘读书志在圣贤，为官心存君国’想为老百姓做点事的亲民之官的虔诚愿望。”他又引了板桥《偶然作》：“英雄何必读书史，直摅血性为文章；不仙不佛不贤圣，笔墨之外有主张。”然后说：“很明白，这四句诗充分说明了‘三绝’郑板桥所憧憬的和所追求的是什么；同时，在一定程度上，也说明了他的思想抱负乃至做人的基本态度。”又说：“他认为‘文章’是经国之大业，不朽之盛事，体‘圣贤天地之心，万物生民之命’，不是徒托空言，就能为社稷民生解决问题的。”“‘八怪’中，除他以外，我不知道哪一‘怪’，曾经‘怪’过当时荒淫无耻、民不聊生的现实，说过几句同情人民的话来。”又说：“在板桥的文学作品里，无论是诗、词或者别的，最突出的是使人读了感到作者一种强烈、丰富、真挚的‘民胞物与’的感情，这种感情深刻地体现在对广大人民同情上面。”他引用了板桥作品《悍吏》、《私刑恶》、《孤儿行》、《后孤儿行》、《姑恶》、《逃荒行》、《还家行》及《田家四时苦乐歌》、《渔家》、《田家》、《潍县竹枝词》等，来说明他“诗中有画”，是“历史画”，是“流民图”，“不断画出了封建社会的许多黑暗面，画出了所谓‘盛世之民’在死亡线上挣扎的情景”。“前言”又用很大篇幅评论了“扬州八怪”和郑板桥的文艺成就，说“八怪”(郑板桥、李鱓、金农、高翔、汪士慎、黄慎、李方膺、罗聘)“是指形成于扬州的八位画家共同的某些特征，或曰扬州画派。他们多数从事花鸟画（梅、兰、竹、菊是重要题材)，其次是人物画，山水画则不是主要的。这就给了当时占统治地位的‘空山无人’、‘行云流水’的山水画家一个有力的冲激，有力的挑战”。“‘扬州八怪’的贡献，就在于创造性地发展了花鸟画，扩大了许多生动的题材，丰富了许多现实的内容；提倡诗、书、画、印的综合发展。特别是后者，他们作出了辉煌的业绩并留下了丰富的财富。应该说，‘扬州八怪’的形成和发展，是近代中国绘画史上一次伟大的革新，使现实主义的优秀传统大大向前推进了一步。”“前言”首次阐明了“扬州八怪”在中国绘画史上突破山水画的局限，开创出花鸟画的新格局并推出诗、书、画、印综合艺术的重要贡献。“前言”特别指出：“‘扬州八怪’里面，突出的应推郑板桥。”也就是说，板桥乃是“八怪”之首。“‘板桥有三绝，曰画、曰诗、曰书。三绝之中又有三真，曰真气、曰真意、曰真趣。’（引《松轩随笔》）这话我以为相当有见解。”“前言”还引梁章钜《楹联丛话》的对联“三绝诗书画，一官归去来”来概括板桥的一生，并说板桥的画，“特别是竹和兰，今天已遍布全世界，受到世界人士的喜爱和重视”。板桥的诗画追求新的意境，书法则创造出“把真、草、隶、篆四种书体而以真、隶为主的综合起来的一种新的书体，而且又用作画的方法去写”。几千年来未曾见过，“应该说是‘怪’到家的了”。“前言”用现代语言对板桥的为人、做

《竹石图》

官、制艺作了全方位、有情意、有深度的褒扬，能够表达20世纪画家们对板桥由衷的敬仰。

卞孝萱是文史大家、南京大学教授，其学术活动晚于傅抱石。他编辑了《郑板桥全集》（齐鲁书社1985年版）并为之写“前言”。他不是专业画家，他在“前言”里对板桥的文艺成就着墨不多，但有温度有层次，又是扬州人，故有一种乡情在其间，说：“板桥擅长诗、词、书、画、篆刻，是一位多才多艺的文人。‘诗、词皆别调’，书法自称‘六分半书’，画兰、竹‘脱尽时习’，间画山水、花果、草虫‘亦非凡手所能’，‘印章笔力朴古’。”卞氏的主要贡献在编辑出一部迄今资料最为丰富的《郑板桥全集》，包括“板桥集”、“板桥集外诗文”、“板桥研究资料”，近五十万字，为人们研究郑板桥提供了极大的方便。板桥的诗、文，在他生前自己动手整理刻印出一部分，但还有很多作品赠送他人而无存留，尤其是书法和绘画，在流传于世过程中为有关人士分别保存或渐归于各地馆藏，要搜集齐全谈何容易！至于他人对板桥的评论更是分散于多种文集存稿之中，需要长期努力寻找才能渐趋完整。“《全集》不全”乃是出版事业的常态。

历史经过世纪之交走到了新世纪的今天，“板桥热”仍然持续不衰或更盛。据笔者所知，《郑板桥研究》在大陆和台湾均有书出版，《郑板桥画集》亦问世，还有一批论文如《郑板桥家书研究》、《郑板桥诗歌研究》、《郑板桥书法艺术研究》、《郑板桥散文研究》等陆续出场。2013年兴化籍学者莫其康主编的《郑板桥研究》问世。他在《郑板桥的亲民思想——纪念郑板桥诞辰320周年》一文中指出:“在中国书画史上，很难找到一个艺术家能像板桥这样广为人知，影响历久不衰。”“郑板桥之所以得到人民群众的喜爱，获得历史的优待，是因为他对后世的影响，绝不仅表现在书画艺术方面，还表现在诗词文翰方面，更表现在政绩、政声及人品与作品的交相辉映。”作者把板桥的亲民思想概括为“重民”、“忧民”、“安民”、“济民”、“慰民”五条，“其灵魂和精髓是爱民。爱民的人才会被人爱，被人祀，这是天道”。“在其家乡兴化和他为官的潍县、范县，当代均建有郑板桥纪念馆”。

总而言之，郑板桥是一位由于立德、立功、立言而成为“三不朽”的伟大人物，他是中华民族的骄傲。

附　录

郑板桥生平经历简表 *

1693 年（康熙三十二年），郑板桥出生于扬州府兴化县。父郑立庵，私塾先生。母汪氏。

1696 年（康熙三十五年），4 岁。母汪氏卒，育于乳母费氏。

1706 年（康熙四十五年），14 岁。继母郝氏卒。

1709 年（康熙四十八年），17 岁。读书于真州之毛家桥。

1712 年（康熙五十一年），20 岁。师从陆种园学填词，与王竹楼、顾桐峰同读私塾。

1717 年（康熙五十六年），25 岁。堂弟郑墨生。

1718 年（康熙五十七年），26 岁。设塾于真州江村，有《村塾示诸徒》诗。

1722 年（康熙六十一年），30 岁。父立庵卒，作《七歌》。

1724 年（雍正二年），32 岁。出游江西庐山，结识无方上人。

1725 年（雍正三年），33 岁。出游北京，与禅宗僧人游，作

* 在上海古籍出版社 1962 年版《郑板桥集》后附“郑板桥年表”及傅抱石为本书所写“前言”《郑板桥试论》基础上删节略增而成。

《燕京杂诗》。

1727年（雍正五年），35岁。客于通州。

1728年（雍正六年），36岁。读书于兴化天宁寺，手写《论语》《孟子》《大学》《中庸》。

1729年（雍正七年），37岁。作《四时行乐歌》，完成《道情十首》初稿。

1731年（雍正九年），39岁。客于扬州，夫人徐氏卒。

1732年（雍正十年），40岁。游杭州，有家书《杭州韬光庵中寄舍弟墨》。赴南京乡试，中举人。作《金陵怀古》词十二首。

1733年（雍正十一年），41岁。叔郑省庵卒。

1735年（雍正十三年），43岁。读书镇江焦山，作《寄舍弟墨》家书四封。

1736年（乾隆元年），44岁。赴北京，试礼部中式成进士。游西山，作《赠瓮方上人》《赠图牧山》《寄青崖和尚》《山中夜坐再陪起林上人作》等。

1737年（乾隆二年），45岁。作《乳母诗》，南归扬州。

1741年（乾隆六年），49岁。入京，慎郡王允禧（号紫琼道人）敬礼之。

1742年（乾隆七年），50岁。为山东范县令，刻其诗词集付梓。与紫琼道人唱和，为其文集作跋。

1743年（乾隆八年），51岁。《道情十首》付梓。

1744年（乾隆九年），52岁。作《范县诗》《音布》等，寄家书四封。妾饶氏生子。

1745年（乾隆十年），53岁。作《姑恶》《示舍弟诗》。

1746年（乾隆十一年），54岁。调署潍县。是岁山东大旱，人相食，板桥多方救济，活人无数，作《逃荒行》。

1747年（乾隆十二年），55岁。饥荒未已，放赈救之。

1748年（乾隆十三年），56岁。乾隆东巡，板桥为书画吏，治顿所，卧泰山顶四十余日。逃荒饥民陆续还乡，作《还家行》。作《与江宾谷、江禹九书》，论为文应自树其帜。

1749年（乾隆十四年），57岁。写家书五通，重订家书十六通、诗钞、词钞，付梓。撰《板桥自叙》。子于兴化病殁，作《哭犉儿》。

1750年（乾隆十五年），58岁。作《潍县文昌祠记》。

1751年（乾隆十六年），59岁。不满官场黑暗，作《思归行》《思家》等。

1752年（乾隆十七年），60岁。撰《城隍庙碑记》。

1753年（乾隆十八年），61岁。以请赈忤大吏，罢官，作诗别潍县吏民。为官潍县，无留牍，无冤民，去官日，百姓遮道挽留，家家画像以祀。其间作《潍县竹枝词四十首》。

1754年（乾隆十九年），62岁。游杭州、湖州、钱塘、会稽，赋诗多首。

1757年（乾隆二十二年），65岁。与会红桥修禊事，游高邮。

1758年（乾隆二十三年），66岁。慎郡王卒。作《真州八首》

诸诗。

1759 年（乾隆二十四年），67 岁。自定书画润格，作《自在庵记》。

1760 年（乾隆二十五年），68 岁。撰《板桥自序》《刘柳村册子》。

1763 年（乾隆二十八年），71 岁。与袁枚相晤于卢雅雨席上。作《怀潍县》。

1765 年（乾隆三十年），73 岁。卒，葬于兴化管阮庄。

主要参考文献

1.《郑板桥集》，上海古籍出版社 1962 年版。

2.《郑板桥集》（影印版），北京师范大学出版社 1993 年版。

3. 卞孝萱编：《郑板桥全集》，齐鲁书社 1985 年版。

4. 莫其康主编：《郑板桥研究》，凤凰出版社 2013 年版。

5. 金景芳：《周易全解》，吉林大学出版社 1991 年版。

6. 胡平生、张萌注：《礼记》，中华书局 2017 年版。

7. 朱熹：《四书章句集注》，中华书局 1986 年版。

8. 牟钟鉴：《老子新说》，金城出版社 2009 年版。

9. 郭庆藩：《庄子集释》，中华书局 1982 年版。

10. 司马迁：《史记》，中华书局 2009 年版。

11. 郭朋：《坛经校释》，中华书局 2012 年版。

12. 霍松林等：《唐诗精品》，时代文艺出版社 1995 年版。

13. 蘅塘退士编，陈婉俊注：《唐诗三百首》，中华书局 2005 年版。

14. 刘树勋：《唐宋诗选讲》，中国少年儿童出版社 1981 年版。

15. 上彊村民编，刘乃昌注：《宋词三百首》，中华书局 2014

年版。

16. 张廷玉等:《明史》，中华书局 1999 年版。

17. 赵尔巽:《清史稿》，中华书局 2020 年版。

18. 王国维:《人间词话》，上海古籍出版社 1998 年版。

19. 阿克当阿:《扬州府志》，中华书局 2006 年版。

20. 叶衍兰、叶恭绰编:《清代学者象传》，上海书店出版社 2014 年版。

21. 蒋宝龄著，程青岳注:《墨林今话》，上海古籍出版社 2015 年版。